2016年国家社科基金项目"中国妇女体育意识培育、体育参与率提升路径及实证研究"（项目编号：16BTY080）

河南省高等学校哲学社会科学创新团队项目"城乡公共体育服务"（项目编号：2018-CXTD-08）

中国妇女体育政策内容设计

域外镜鉴与现实诉求

李 敏 ◎ 著

The Content Design of
Chinese Women's Sports Policy

Extraterritorial Mirrors and Realistic Demands

中国社会科学出版社

图书在版编目（CIP）数据

中国妇女体育政策内容设计：域外镜鉴与现实诉求/李敏著.
—北京：中国社会科学出版社，2023.9
ISBN 978-7-5227-2557-4

Ⅰ.①中… Ⅱ.①李… Ⅲ.①妇女—体育—公共政策—研究—中国 Ⅳ.①G808.17

中国国家版本馆CIP数据核字（2023）第165976号

出 版 人	赵剑英
责任编辑	任睿明　刘晓红
责任校对	周晓东
责任印制	戴　宽
出　　版	中国社会科学出版社
社　　址	北京鼓楼西大街甲158号
邮　　编	100720
网　　址	http://www.csspw.cn
发 行 部	010-84083685
门 市 部	010-84029450
经　　销	新华书店及其他书店
印　　刷	北京君升印刷有限公司
装　　订	廊坊市广阳区广增装订厂
版　　次	2023年9月第1版
印　　次	2023年9月第1次印刷
开　　本	710×1000　1/16
印　　张	19.25
字　　数	291千字
定　　价	99.00元

凡购买中国社会科学出版社图书，如有质量问题请与本社营销中心联系调换
电话：010-84083683
版权所有　侵权必究

摘　要

中国妇女体育参与率较低，男女差异较大。如何从政策角度全面提升中国妇女体育参与率、尽快消除体育领域内性别差距、保护妇女体育权利是当前我国亟待解决的重要课题。本书采用文献法、调查法、文本分析法、比较分析法、历史研究法等对我国妇女体育政策进行研究。结果如下：

（1）妇女体育政策是由政府、团体或组织机构制定的，为解决中国妇女参与体育所遇到问题的行动准则和指南。妇女体育政策具有导向、控制、激励、分配和规范等功能；能够唤醒妇女体育意识；提升妇女在体育领域内的领导权；消除妇女体育领域内就业歧视；全面提升妇女体育参与率；提高妇女体育媒体覆盖率。

（2）当前我国没有全国性妇女体育政策，相关政策零星地分布于一些体育政策和妇女政策中。晚清时期的"禁止缠足"和《奏定女子学堂章程》使我国妇女身体获得解放，开始接触体育；中华民国时期首次从国家政策方面规定了妇女的受教育权和体育参与权，学校女生参与体育人数迅速增加，体育项目更加多样化。中华人民共和国成立后，我国出台了一系列解放妇女的政策、体育政策以及一些零星的妇女体育政策，妇女体育事业全面展开，女子竞技体育取得了辉煌的成绩。

（3）国际奥委会（IOC）、世界妇女与体育工作组（IWG）、英国、澳大利亚、加拿大、美国等均制定有专门的妇女体育政策，政策内容涵盖妇女体育参与、培训、管理、领导、就业、媒体覆盖、资源分配、科学研究与交流、性别统计等；同时也制订了配套行动方案。

（4）中国妇女体育发展现状不容乐观：女性竞技运动员后备力量

不足，经常参加体育活动的比例低于发达国家；学校体育资源分配不均衡，女生参与业余训练人数低于男生；女性体育就业水平低于国内其他领域和发达国家，女性媒体报道率低于男性；体育行政部门、企事业管理岗位尤其高层管理岗位女性比例较低，体育氛围、体育资源更有利于男性，妇女体育需求与服务供给之间矛盾较大，绝大多数妇女有参加体育健身的愿望，希望出台专门的妇女体育政策保护其参与体育的各项权利。

（5）确立我国妇女体育政策构建意义、价值取向、主要目标、基本理念与核心内容体系。核心内容体系包括：媒体宣传与体育文化氛围营造、群众体育参与、学校体育、竞技体育、体育就业、体育参政、体育资源配置、科学研究与交流、性别统计等。适宜政策工具包括劝告、激励、能力建设、系统变革和命令等。

关键词：中国；妇女体育；体育政策；政策工具

Abstract

The participation rate of Chinese women's sports is lower, and the difference between men and women is large. How to promote the participation rate of women in sports through implementation of sports policy and how to eliminate the gender gap by protecting woman's rights in sports have been two of the most important issues demanding prompt solution in China. This book, adopting such research methods as literature survey, textual analysis, comparative analysis and historical study, tries to make a thorough investigation of the sports policies for women in China. The findings of this study are as follows:

(1) Sports policies for women are formulated by the government or other social organizations, consisting of a series of strategies, measures, regulations and methods which are aimed to promote female participation in sports. The functions of female sports policies usually include orientation, manipulation, stimulation, distribution and regulation. The proper application of sports policy can evoke the awareness of women in participating sports events, enhance female leadership in the field of sports, eliminate discrimination against women in sports, and promote the participation rate as well as media coverage on female sports.

(2) Since ancient times, there have been no sports policies for Chinese women on a national basis, with only fragmentary policy items scattering among sports policies or women policies in general. In the late Qing dynasty, the forbidden foot-binding and the Suggested Programs for Female Schools started liberating females, which laid a solid foundation for women to

receive physical education. The Republic of China in early twentieth century ensured in national policies the rights of women to participate in sports as well as in education. After the implementation of these policies, the number of women participating in sports and diversity of sports programs increased rapidly ever since. After the founding of People's Republic of China, a whole series of new policies as well as certain sporadic sports policies for women were established to liberate women and encourage them to participate in sports. Female sports began to develop in full wing and achieved tremendous success.

(3) International sports organizations such as IOC, IWG and individual countries such as Britain, Australia, the United States and Canada have formulated specialized sports policies for women. The content of their policies covers a wide range of female participation in sports, training, management, leadership, employment, media coverage, resource distribution, scientific study and gender statistics. Meanwhile, supporting plans of corresponding actions are also formulated in these organizations and countries.

(4) The current situation in the development of female sports in China is not optimistic: The reserve strength in female athletes is far from satisfying; the rate of population regularly participating in sports is much lower than that in developed countries; sports resource distribution in schools indicates a gender imbalance; the number of female students participating in amateur training is obviously lower than that of male students; the chance of women getting employed in sports field is substantially less than that in other fields and in developed countries; media coverage of female sports is lower than that of males; the proportion of women engaged in senior management is lower than that of men, etc. In a word, the sports atmosphere and sports resources in China show an imbalance in favor of men. There's a huge conflict between women's demand and need in sports and the actual service offerings they get from society. Nowadays, most women have the desire to participate in sports and fitness training, and they hope that specialized sports policies

Abstract

for women can be formulated and put into practice to protect their rights to engage in various sports activities.

(5) During the construction of sports policies for women in China, we should first of all realize its significance and establish its value orientations, main objectives, basic concepts and core content systems. The proposed core content systems should cover the following aspects: media promotion and sports atmosphere cultivation, mass sports participation, campus sports, competitive sports, sports employment, sports management, sports resources allocation, scientific research and exchange, gender statistics, etc. The suitable sports policies should include a systematic mechanism of persuasion, incentives, capacity-building, system changes and orders.

Key Words: China; female sports; sports policy; policy tool

目 录

第一章 绪论 ………………………………………………… 1

第一节 研究背景与问题提出 …………………………………… 1
第二节 研究目的与意义 ………………………………………… 13
第三节 研究基本思路与主要内容 ……………………………… 15
第四节 研究的创新点、重点与难点 …………………………… 19

第二章 文献综述 …………………………………………… 21

第一节 国内外体育政策的研究现状 …………………………… 21
第二节 妇女体育的国内外研究现状 …………………………… 24
第三节 国内外妇女体育政策的研究现状述评 ………………… 30
第四节 关于政策工具和妇女体育政策工具的相关研究 ……… 34

第三章 研究对象与研究方法 …………………………… 45

第一节 研究对象 ………………………………………………… 45
第二节 研究方法 ………………………………………………… 45

第四章 理论建构：妇女体育政策相关基础理论研究 … 59

第一节 妇女体育政策制定的核心概念及功能作用 …………… 59
第二节 妇女体育政策制定的理论基础 ………………………… 72

第五章 历史镜鉴：中国妇女体育相关政策历史回顾 … 79

第一节 晚清时期（1898年6月11日至1911年12月31日）
妇女体育发展相关政策研究 …………………………… 80

1

第二节 民国时期（1912年1月1日至1949年9月30日）
妇女体育发展相关政策研究 …………………… 86

第三节 中华人民共和国成立后（1949年10月1日至1966年
5月16日）妇女体育发展相关政策研究 …………… 97

第四节 改革开放至今（1978年12月18日至今）
妇女体育发展相关政策研究 …………………… 107

第六章 域外经验：国际组织与发达国家妇女体育政策探索 …… 119

第一节 国际组织妇女体育政策文本核心内容探索 ………… 119

第二节 发达国家妇女体育政策文本核心内容探索 ………… 145

第七章 现实需求：中国妇女体育参与走势及妇女体育政策
文本内容体系建构 ………………………………… 186

第一节 中国妇女体育参与基本状况与需求分析 …………… 186

第二节 方向、目标与核心：中国妇女体育政策文本
核心内容体系构建 ……………………………… 238

第八章 结论与建议 ……………………………………… 269

第一节 结论 …………………………………………… 269

第二节 建议 …………………………………………… 272

参考文献 …………………………………………………… 274

附录 ………………………………………………………… 287

后记 ………………………………………………………… 297

第一章

绪 论

第一节 研究背景与问题提出

从历史上看,女性在社会中的地位可以作为该社会达到文明程度最突出的一个指标。我们认为,这一观点在今天仍然是正确的。无论她们具体的生活境况如何,社会对女性典型的、传统的期望都是"她们应以家庭作为自己生活的舞台"。虽说北美很多工人阶级女性与黑人女性经历有所不同,但女性的主要角色是贤妻良母,而不是作为工作者与公民。20世纪,尤其是工业化国家,女性在公共场合(包括工作场合)的可见度已大大增加,使人们更清楚地看到了女性在家里家外所做贡献的重要性。女性角色的这种变化对社会提出了一些新问题。从微观上说,现在女性觉得自己有权享有一定的休闲权利,但在自己的日常生活中又难以找到时间和场所来增加自己休闲的机会;同时又有许多体制限制的问题[1]。家庭设施电器化减少了女性从事家务劳动上的时间和精力,中产阶层妇女经济条件上的优势,使她们可以最大限度地利用这些科技产品和家政服务来降低花在家务劳动上的时间和精力,这样她们就可以空出一部分时间作为自己的休闲时间,使

---

[1] Deem, R., *All Work and No Play: The Sociology of Women and Leisure*, Open University Press, 1986.

她们利用空闲参与各种体育健身活动成为一种可能。

男女平等价值观是国际社会发展过程中不断形成的理论共识和知识结晶。男女平等是中国的基本国策，1954年就被写入《中华人民共和国宪法》。2012年11月的中国共产党第十八次全国代表大会首次将男女平等作为基本国策写入报告，男女平等基本国策完成了从"政府承诺"到"立法确认"再到"执政党意志"的全方位"认证"。可见，实现"男女平等"是中国各项事业全面发展的最重要目标之一。2013年10月31日，习近平总书记在参加全国妇联新一届领导班子成员集体谈话时强调指出："做好党的妇女工作，关系到团结凝聚占中国人口半数的广大妇女，关系到为党和人民事业发展提供强大力量，关系到巩固党执政的阶级基础和群众基础，必须坚持男女平等基本国策，充分发挥中国妇女伟大作用，为实现'两个一百年'奋斗目标、实现中华民族伟大复兴的中国梦而奋斗。"① 中华人民共和国成立以来，妇女解放取得了旧中国不可比拟的成就和进步，但与国际社会相比，实现完全意义上的"男女平等"仍有很长路要走。《全球性别差距报告》（*The Global Gender Gap Report*）被认为是国际上反映各个国家性别平等比较权威的排名之一，它由瑞士民间智库世界经济论坛（WEF）发起，并于2006年首次发布，以后每年发布一次，报告主要从经济参与和机会、教育、政治赋权、健康与生存等几个方面对男女差别进行比较。截至2022年，共发布17次，中国四项指数的具体排名如表1-1所示，中国在实现"男女平等"方面与国际发达国家有较大差距，男女总体平等有下降趋势，尤其"健康与生存（Health and survival）指数排名"在连续11年的报告中，在100多个国家中始终处于倒数5名之内，说明中国妇女健康与生存状况与男子的差距处于国际的最落后状态。

---

① 习近平：《坚持男女平等基本国策 发挥妇女伟大作用》，http：//www.gov.cn/ldhd/2013-10/31/content_2519107.htm。

第一章　绪　论

表1-1　近10年《全球性别差距报告》中国性别差别指数排名（2010—2022）

年度	参评国家数量（个）	经济参与机会排名（指数）	受教育程度排名（指数）	健康与生存排名（指数）	政治权力排名（指数）	总体排名（指数）	相对总国家数量百分位数（%）
2010	134	46（0.692）	88（0.981）	133（0.929）	56（0.150）	61（0.688）	45.52
2011	135	50（0.683）	85（0.982）	133（0.933）	57（0.150）	61（0.687）	45.19
2012	135	58（0.675）	85（0.982）	132（0.934）	58（0.150）	69（0.685）	51.11
2013	136	62（0.675）	81（0.988）	133（0.940）	59（0.160）	69（0.691）	50.74
2014	142	76（0.656）	89（0.986）	140（0.940）	72（0.151）	87（0.683）	61.27
2015	145	81（0.657）	83（0.988）	145（0.919）	73（0.162）	91（0.682）	62.76
2016	144	81（0.656）	99（0.967）	144（0.919）	74（0.162）	99（0.676）	68.75
2017	144	86（0.654）	102（0.963）	144（0.918）	77（0.160）	100（0.674）	69.44
2018	149	86（0.653）	111（0.958）	149（0.915）	78（0.164）	103（0.673）	69.12
2019	153	91（0.651）	100（0.973）	153（0.926）	95（0.154）	106（0.676）	69.28
2021	156	69（0.701）	103（0.973）	156（0.935）	118（0.118）	107（0.682）	68.59
2022	146	37（0.741）	120（0.936）	145（0.940）	120（0.113）	102（0.682）	69.86

资料来源：表中数据来源于世界经济论坛官方网站（http://reports.weforum.org/）。

体育活动具有使两性关系变为平等的潜能。体育作为促进人类健康与生存的重要手段，实现其男女平等，是确保国家整体实现"男女平等"的重要构成部分。同时，妇女体育由于女性生理结构、心理特点及兴趣爱好明显不同于男性，其体育公共服务内容与服务产品种类也明显有别于男性。妇女体育被国际社会认为是性别平等、尊重女性的重要体现，在人类发展中具有特殊地位，诸多发达国家对妇女体育高度重视。如英国把每年的6月15—22日定为"妇女运动周"；美国XI权利法案中明确规定，所有涉及国家、地方政府或相关组织的体育活动资金资助项目，绝不允许出现女性歧视，要充分考虑女孩和妇女的体育权利、特殊体育需求。

"妇女""妇女体育""男女平等"问题也引起了中国学者的极大关注，并对中国男女性别在不同领域造成的"不平等"现状进行深入探究，究其原因，主要归结为四大方面：①惯性思维：社会性别观念是造成男女现实不平等的主要原因①。②公共政策：有些政策看上去是针对妇女需要，为促进妇女发展而制定的，但并没有真正起到维护妇女权益的作用，因为多数公共政策并非是由两性共同制定，而是以男性为主导完成②。③强化物质贡献：市场经济强调效益优先的原则，同时也强化了等级化的性别分工模式，对女性造成不利影响③。④女性自主意识弱化：表现为回归传统，归依家庭，依附男性，逃避自身作为社会主体对社会所担负的使命和应尽的责任④。针对上述情况，学者也提出了诸多破解对策，其中提出的最重要对策是"在国家制度层面上，政府要着力创新公共政策体系，完善相应法律法规"。在2015年3月8日的《人民日报》首版，评论员特稿《共担促进男女平等的责任与使命》提出："于公共政策层面，必须把男女平等的国策贯彻到国家治理的各领域各层面各环节，每颁布一部法律、每出台一项政策都要进行认真的评估，看它是否会影响性别平等，让政府决策的示范效应得到充分释放。"⑤可见，要真正实现"男女平等"，仅有制度还远远不够，制度如何细化为政策、细化为政府执行准则并落实到每一项政府治理环节才能实现事实上的效果。

改革开放以来，女性体育参与的迅速扩大不仅是一种体育现象，更是一种社会现象。当前，妇女参与体育障碍已经减弱，个人参与体育的自由度不断提高，但妇女参与体育在制度上和文化意识上仍存在一定的限制因素。这些限制因素影响到妇女体育参与的深度和广度，以及她们对体育参与的真正意义和价值的认识，正如世界体育社会学学会主席伊丽莎白·派克所言："妇女体育发展中的一些问题一直存

---

① 陶娟：《当今社会性别不平等的原因分析》，《学理论》2014年第27期。
② 郑丽萍：《社会性别视域下的妇女解放与发展》，硕士学位论文论文，湘潭大学，2014年。
③ 蒋文昭、卫中玲：《社会转型期的性别平等：问题、原因与出路》，《中州学刊》2014年第7期。
④ 江百炼：《转型期女性自主意识的弱化及其原因》，《长沙理工大学学报》（社会科学版）2008年第1期。
⑤ 中国政府网：《共担促进男女平等的责任与使命》，https://www.gov.cn/zhengce/2015-03/08/content_ 2829981.htm。

在，未曾改变。"① 这些"问题"就如同一个个"障碍因素"，阻碍着妇女体育的参与。

政策、法律已成为获得男女平等的一种有效手段。就像美国妇女体育基金会的执行总监Donnal Lopiano所说："平等只能通过战略性的政治组织和施加压力获得"，她号召底层组织提供系统的支持，并大力推动女子体育政策的快速发展②。美国著名教育家拉尔夫·W·泰勒（Ralph W. Tyler）和约翰·杜威（John Dewey）认为要解决妇女与体育提供者的冲突，使她们获得平等的体育机会，需要颁布全面的体育运动规则，以破除原有的性别歧视；体育运动服务的提供者还必须制定并执行新的政策，以减少现在体育运动政策中不合理的规定，从而导致一系列的社会问题③。《布莱顿体育宣言》提出：女性在参与体育运动的过程中，体育资源、权利、责任等方面应不带性别歧视地平均分配，体育运动中如果没有女性领导者、决策者和决定性人物，妇女的平等机会就不可能取得。因此，应制定相应的政策以全面增加女性决策者、领导者、管理者和教练员人数。宣言还就体育资源、体育比赛、学校体育、高水平竞技、体育研究等方面如何给妇女提供平等的权利提出了具体的目标和措施。近年来，虽然中国在出台的部分群众体育政策文件中提到关注妇女体育相关问题，但还没有从真正意义上站在女性主义视角出台专门的妇女体育政策。如何把中国的群众体育政策坚实地、有效地落实到女性人群中，推动中国妇女体育的快速发展是中国妇女体育学研究亟待解决的课题。当前，中国没有全国性的妇女体育政策，制定合理的妇女体育政策内容体系及配套行动方案是解决妇女体育问题、实现妇女全面参与体育、促进妇女健康的重要手段。

一 国际妇女体育政策为制定中国妇女体育政策提供经验

国际妇女体育政策成熟与完善为中国妇女体育事业发展与政策的

---

① 伊丽莎白·派克：《体育领域男女仍不平等 女性应有自己的声音》，https://sports.qq.com/a/20131101/014171.htm。
② 杰·科克利（美）：《体育社会学——议题与争议》，《清华大学出版社》2003年。
③ 李晓红、陈士强：《国内外关于妇女体育发展研究的整理分析》，《广州体育学院学报》2012年第4期。

完善提供了良好契机。妇女作为人类的重要组成部分，会随着人类解放的实现而获得解放。马克思（1868）曾提出："没有妇女的酵素就不可能有伟大的社会变革。社会的进步可以用女性（丑的也包括在内）的社会地位来精确地衡量。"① 世界范围内的女权主义运动已有将近150年历史，并取得了巨大的进步。1979年，联合国通过了《消除对妇女一切形式歧视公约》，女权主义运动取得了突破性的进展，妇女人权保障工作迈出了重要一步。女权主义运动在体育领域随着现代奥运会的主办也取得很大的进展，一系列的国际妇女体育大会和国际妇女体育政策相继出台，为中国妇女体育事业的发展与政策完善提供了良好的契机与经验。

联合国举办的世界妇女大会一直关注妇女体育的发展：从1975年第一次联合国世界妇女大会召开，到1995年共召开了四次联合国世界妇女大会。在北京召开的第四次妇女大会上专门设立了"妇女与体育"专题，讨论妇女群众体育、体育与观念的转变、妇女参政与体育管理等。

国际奥委会（IOC）创办了专门的世界妇女体育大会：它是国际奥委会最高级别的全球性妇女体育会议。国际奥委会主办的"世界妇女体育大会"每四年一届，至今一共举办了六届，每届大会都从各个层面探讨了国际妇女体育相关议题，大大促进了世界妇女体育事业发展。另外，国际上许多发达国家已经制定了一系列相对完善的妇女体育政策和与政策配套的行动方案（见表1-2），并取得了显著效果。这些政策制定的成功经验为中国妇女体育政策制定与运行机制建设提供了有益借鉴。

世界妇女与体育工作组（IWG）：1994年5月，在英国的布莱顿市召开了"首届世界妇女与体育大会"，讨论并签署了促进妇女更广泛地参与体育运动的行动纲领——《布莱顿体育宣言》，形成了"体育运动是平等公正开展的文化活动""是每个国家文化不可分割的一部分""女性的经验、价值和态度能丰富和促进体育的发展""体育运

---

① 马克思、恩格斯：《马克思恩格斯全集》，人民出版社2006年版。

表1-2　　　　　　　国际、发达国家促进和保护妇女
参与体育运动的政策、法律、文件

分类		文件名称
国际	国际性文件	《奥林匹克宪章》《布莱顿体育宣言》《洛杉矶宣言》《死海行动计划》等
	区域性文件	《非洲妇女与体育战略》《英联邦联合会妇女体育战略》《欧洲妇女与体育战略》《泛美地区妇女体育发展战略协议》《欧洲体育宪法》
	发达国家妇女体育政策、文件	《美国教育修正案第Ⅸ法案》《澳大利亚妇女体育政策》《加拿大妇女体育政策》《英国妇女体育发展框架》《德国妇女体育干部培养行动计划》等

动中如果没有女性领导者、决策者和决定人物,妇女的平等机会就不可能取得"的共识[①]。世界妇女体育工作组相继出台了《温得和克行动呼吁》《蒙特利尔工具包》《熊本合作承诺》《悉尼记分牌》《布莱顿+赫尔辛基体育宣言》等促进妇女体育参与的政策和行动计划。

二　中国体育体制改革为制定中国妇女体育政策提供机遇

体育体制改革使中国妇女体育的发展面临着前所未有的机遇和挑战。2014年10月,国务院印发《关于加快发展体育产业促进体育消费的若干意见》(以下简称《体育消费意见》)。《体育消费意见》指出:"发展体育事业和产业是提高中华民族身体素质和健康水平的必然要求,有利于满足人民群众多样化的体育需求、保障和改善民生,有利于扩大内需、增加就业、培育新的经济增长点,有利于弘扬民族精神、增强国家凝聚力和文化竞争力。"同时,还把全民健身上升为国家战略,把增强人民体质、提高健康水平作为根本目标;力争到2025年,体育产业总规模超过5万亿元,成为推动经济社会持续发展

---

① 商静、王亚妮:《不可忽视的特殊体育——女子体育》,《北京体育大学学报》2007年第S1期。

的重要力量①。2014年12月,国家体育总局在其官网上发布《关于加强和改进群众体育工作意见》,该政策文件指出:"结合国务院近期出台的若干重要文件要求,进一步优化市场环境,完善政策措施,抓紧研究制定调动社会力量、鼓励社会组织及个人投入和支持全民健身工作的政策和办法,充分调动全社会的积极性与创造力,不断提高提供适应群众需求、丰富多样的全民健身产品和服务能力。"1995年,中国颁布的《全民健身计划纲要》强调:"重视妇女和老年人的体质与健康问题,积极支持她们参加体育健身活动。注意做好劳动强度较大、余暇时间较少的女职工的体育工作。"国务院印发的《全民健身计划(2011—2015年)》明确指出:要建设"妇女健身站(点)",加强"妇女健身展示"。满足人民群众多样化的体育需求,推动中国体育事业和产业的发展,不仅有利于扩大内需和增加就业、培育新的经济增长点,也有利于弘扬民族精神、增强国家凝聚力和文化竞争力。近年来,中国女性的生活消费发生着巨大的变化,正从温饱型消费向发展型、享受型消费转化,都市女性逐渐成为体育和文化消费的生力军。当前中国大部分妇女人群接受过教育,文化思想开明、开放,经济上独立自主,购买力较强,容易接受新鲜事物,比较关注自身形象和身体健康,对于购买体育服务和体育健身产品相对容易接受,是推动中国体育产业发展不可或缺的重要力量。女性参与体育活动的情况将直接影响到全民健身计划的实施进程和质量,影响体育产业快速发展。中国当前出台了一系列关于体育的政策,为中国妇女体育的快速发展提供了良好的机遇。

三 "健康中国2030"对妇女体育提出了新要求

加快妇女体育事业的快速发展、促进妇女健康,是贯彻落实《"健康中国2030"规划纲要》,实现全民健康的重要组成部分。《"健康中国2030"规划纲要》中明确提出:"将妇女作为重点促进体育活动人群,并制定实施妇女体质健康干预计划……加强科学指导,

---

① 《国务院关于加快发展体育产业促进体育消费的若干意见》,http://www.gov.cn/zhengce/content/2014-10/20/content_9152.htm。

促进妇女、老年人和职业群体积极参与全民健身",到2030年,我国经常参加体育锻炼人数将达到5.3亿人,妇女作为重点促进全民健身人群对这一指标的完成具有决定性意义。由此可见,体育作为提高全民健康的一个重要手段被重点列出,全民健身的"国家战略"地位再次凸显。由国家体育总局政法司于2006年发布的《中国妇女大众体育参与状况的调查研究》可知:改革开放后,妇女参与体育的进程和水平大大提高,尤其在竞技体育方面可谓成绩斐然,甚至出现了"阴盛阳衰"的局面。然而,在大众体育活动中,妇女则是一个十分薄弱的群体,与竞技体育中的妇女体育形成了强烈的反差。通过查询文献和调研报告发现,影响中国妇女参与体育的原因是众多的、复杂的,有场地设施缺乏、妇女家务时间较多、闲暇时间较少、经济压力较大、没有掌握一项或多项运动技能、不了解体育运动带来的好处、传统观念的影响、缺乏政府政策的支持等多方面的原因。长期以来,中国在妇女健身参与方面的关注度较低,学校教育、场地设施建设、资金投入和媒体宣传等均缺乏性别意识,妇女体育健身权利意识薄弱,因此,出台专门的妇女体育政策促进妇女身体健康和心理健康对实施《"健康中国2030"规划纲要》起到了推进作用。

四 中国体育发展性别不均衡需要妇女体育政策予以纠正

中国女性社会体育人口性别比、竞技体育与群众体育发展严重失衡,站在历史的角度,中国女性在竞技体育领域内取得了骄人的成绩。如1992年中国军团在巴塞罗那奥运会上赢得16枚金牌,其中的12枚由女运动员获得,占金牌总数的75%;1996年的亚特兰大奥运会上,中国女运动员获得了16枚金牌总数中的9枚,占56.3%;2004年的雅典奥运会上,中国代表队获得32枚金牌,跃居世界第2位,其中女运动员获得19.5枚金牌,占61%;2008年的北京奥运会,中国代表队获得51枚金牌,其中女运动员获得27枚,占53.0%;2012年的伦敦奥运会,中国38枚金牌中,女子项目获20枚金牌(含混双项目),占52.6%;2016年的里约奥运会,中国26枚金牌中,女子项目获14枚金牌,占53.8%;2020年的东京奥运会,中国38枚金牌中,女子项目获23枚,占60.5%。

妇女作为社会的一个特殊群体,因为社会分工中无法避免的局限性和不公平性，加之其生理特点和心理特点决定了她们在体育活动参与中也会受各种因素限制而无法享受体育的乐趣①。在群众性体育活动中，妇女体育是一个十分薄弱的环节，社会体育人口性别比严重失衡，2011年，全国调查数据显示，中国体育人口性别比为179.17%，和中国现阶段总人口性别比103.34%相比，高出75.83%②。造成这一现象有社会、经济、文化、政治等多方面的原因，如何改变妇女体育参与率低的现象才是关键，如何使妇女积极投入全民健身的行列，使这一薄弱环节强大起来，是当前推进全民健身计划进程中无法回避和必须面对的现实问题。虽然中国出台了一系列推动大众体育普及与发展的群众体育政策文件，并高度重视国民体质健康，但在推进全民健身的实践中仍然面临着虚化和弱化的问题，群众体育政策面临着落地难的困境。另外，中国妇女在体育领域内就业、管理、领导及技术官员等所占比例偏低。出台专门的妇女体育政策纠正体育领域内的性别不均衡，保障妇女体育权利，促进妇女全面参与体育是十分必要的。

五 中国妇女体育需求存在极大差异

在现实生活中，男女之间对体育的需求是不同的，而且不同年龄、不同职业、不同生活背景等的妇女在体育需求方面也表现出极大差异。刘素敏对不同年龄女性的调查表明：51.3%的20—30岁女性参加休闲体育活动的动机是为了娱乐和交往的需要，居首位；而30—45岁女性有41.2%参加休闲体育活动的主要目的是保持体型和健美、情绪调节的需要；到了60岁，48.4%的女性参加休闲体育的动机是健康和人际交往的需要③。周琥等调查指出，不同年龄女性在运动项目选择上是有很大差异的：青年女性喜欢的体育项目排前三位的是健身操、羽毛球、乒乓球；中年女性排前三位的是慢跑与散步、羽毛

---

① 张凤仙：《我国现代妇女体育开展现状及存在问题研究》，《安徽文学（下半月）》2008年第9期。

② 新浪体育：《中国体育人口年龄性别结构 女性比率明显低于男性》，http://sports.sina.com.cn/o/2011-07-16/22515661311.shtml。

③ 刘素敏：《浅谈女性休闲体育活动的参与动机》，《体育师友》2008年第2期。

球、登山；老年女性排前三位的是慢跑与散步、棋牌、太极拳[①]。张李飞（2011）调查表明，不同职业的女性休闲体育项目选择情况存在很大差异：单位负责人收入较可观，社会地位较高，对休闲体育运动的理解也较为全面，因此接触的休闲体育项目也较为全面[②]。她们喜好慢跑、散步和打太极等活动量较小的项目，但是近年来参加羽毛球、网球和游泳等大活动量项目的人数也呈上升趋势。她们喜好传统体育项目，但也经常参与到交际舞、高尔夫球等体现休闲品位的项目当中；单位办事人员和相关人员相对较为年轻，比较注重形体的保持，参与瑜伽、有氧操和体育舞蹈等项目的比例较高；科研、教育和技术人员往往受过高等教育，对休闲体育的认识较为全面和深刻，加之余暇时间相对较多，因此对项目的选择也较全面；商业服务人员余暇时间较少，往往选择改善体形和娱乐性较强的项目，如瑜伽、体育舞蹈以及羽毛球等；生产运输设备操作工的工作时间较长，强度较大，因此参与休闲体育活动的热情较低，精力也有限。她们倾向于参加散步、跑步等简便省时的运动，其他项目的参与比例普遍低于其他职业。

因此，应根据妇女年龄分布、职业特点、生活背景制定相关的妇女体育政策，保障不同妇女人群的体育权利。

六 妇女体育政策的实施缺乏有效的政策工具

有效的政策工具是实现中国妇女体育政策目标的基本途径。中华人民共和国成立以来，为了有效地解决和管理妇女、体育及妇女体育方面的各种社会事务，中国政府根据社会发展的实际情况，相继出台了一系列保护妇女各项权利的妇女政策和推动体育事业快速发展的体育政策，并间接提出了一些促进妇女参与体育活动的体育政策。为了使制定的政策目标得以实现，就需要以各种政策为媒介，选择合理有效的政策工具保障政策目标的实现[③]。

---

① 周琥等：《不同年龄阶段女性休闲体育活动的特征分析——以郴州市为例》，《湘南学院学报》2014年第5期。
② 张李飞：《西安市职业女性参与休闲体育活动的现状与对策研究》，硕士学位论文，西安体育学院，2011年。
③ 曲洁：《义务教育改革与发展的政策工具研究》，博士学位论文，复旦大学，2013年。

政策工具是政府赖以推行政策的手段。政策工具研究的核心是"如何将政策意图转变为管理行为，将政策理想转变为政策现实"①。当前在发达国家，政策工具理论在财政金融、环境保护、废物处理、土地资源管理、农业政策、基础设施治理、就业服务、教育、科技、药品安全监管以及艾滋病防治等领域得到广泛应用，并取得了良好的效果。因此，政策工具研究日益在德国、荷兰和美国等西方国家盛行，学术与实践的密切联系促使了更多的学者投身于运用政策工具解决实际社会问题的研究领域。目前，中国还没有出台专门针对促进和保护妇女参与体育运动的政策和法律，明显落后于国际上发达国家。本书试图解析中国妇女体育政策文本内容体系的同时，希望把政策工具理论引入妇女体育政策中，目的是希望构建中国特有的妇女体育政策，选择合适的政策工具，把妇女体育政策意图、目标转变为管理行为，把中国妇女体育政策理想转变为政策现实，实现中国妇女体育全面地、快速地发展。

为此，本研究欲借助"政策学""公共政策学""政策工具"等基本理论及其实践策略，梳理自戊戌变法以来中国妇女体育相关政策的探索历程，借鉴妇女体育政策与妇女体育工作开展富有成效国家的先进经验，结合中国国情，通过对中国妇女体育政策进行系统研究，构建有利于中国妇女体育工作开展的文本政策内容体系、政策工具，以期解决阻碍妇女参与体育活动的种种障碍，使中国的广大妇女能够克服种种困难积极地参与到各种体育健身活动、竞技体育活动、体育就业、体育管理和体育产业等各项事业中来，提高全体妇女的健康和生活质量，增加妇女的就业、妇女在领导层的话语权等；鼓励更多妇女经常参加体育健身，更加注重身体健康；同时也鼓励多部门协调合作及多种社会组织参与到这项工作中来。总之，妇女体育政策的最终目标就是保障妇女积极参与体育活动或体育就业、体育管理等领域均衡的参与机会或参与权，并能够体现妇女的意志和价值观，使妇女体会到参与体育活动的文化价值，实现事实上的男女平等。

---

① 丁煌、杨代福：《政策工具选择的视角、研究途径与模型建构》，《行政论坛》2009年第3期。

第二节 研究目的与意义

一 研究目的

如何利用政策学、公共政策学、政策工具等的基本理论，借鉴历史"古为今用"与国外经验"洋为中用"，探索未来理想中国妇女体育政策文本内容体系，选取合适政策工具，把当前中国的妇女政策和体育政策紧密地结合起来，对政策执行者起到指导作用，把各种政策快速有效地执行到每个环节的妇女体育工作中去；对政策制定者起到启示作用，尽快出台专门的、有针对性的保护妇女体育权利的妇女体育政策，起到了承上启下的作用。

具体目的如下：

（1）利用政策学、公共政策学、政策工具等的基本理论，厘清妇女体育、妇女体育政策及其政策工具选择的基本理论。

（2）全面调研中国妇女相关体育政策演进历史，国际组织和发达国家妇女体育政策制定与执行成功经验，演绎、归纳、总结其成功经验及发展规律，剖析其存在的问题与教训。

（3）按照国际公认指标，全面调研中国妇女在体育领域领导话语权、体育参与率、体育企业就业率、媒体覆盖率等基本概况，与发达国家相关指标对比分析，找出差距及其产生的制度、政策原因。

（4）创设中国妇女体育政策文本核心内容体系，确立中国不同体育领域妇女体育政策工具的选择类型。

二 研究意义

（一）理论意义

中国当前对体育政策、妇女政策的研究比较薄弱，特别是对政策的核心内容、执行和实现工具等方面研究较少，更没有利用政策学、公共政策学、政策工具理论的视角来研究妇女体育政策的核心内容制定、执行和落实等方面的问题。因此，本书把政策学、公共政策学、政策工具理论引入妇女体育政策研究，并依据我国妇女体育政策演进史、国际妇女体育政策核心内容和我国妇女体育事业发展现状，确立了我国妇女体育政策文本内容体系应包含的具体内容，具有重要学术价值。

具体学术价值如下：

（1）本研究对中国妇女体育、妇女体育政策相关基本概念内涵与外延、分类、涉及领域及涵盖内容等基本理论的梳理与厘清，完善了中国妇女体育相关基本理论，为后续学术研究提供理论参考。

（2）本研究所构建的中国妇女体育政策文本核心内容体系、妇女体育政策工具选择理论体系将弥补中国妇女体育研究理论和中国体育政策研究的不足，丰富了妇女体育的研究内容，拓宽了妇女体育的研究领域。

（二）现实意义

男女平等是中国的基本国策，也是中国对国际社会的郑重承诺（中国是《消歧公约》的签约国），它被写进了《中国妇女发展纲要》《中华人民共和国妇女权益保障法》《"健康中国2030"规划纲要》和党的十八大报告中。妇女权利在现实生活中体现在生育权、受教育权、健康权、发展权、体育参与权等。如何把妇女的权利落实到现实生活中的每一个环节，实现男女事实上的平等是中国政府和研究者急需解决的一个重要课题。妇女政策和体育政策不仅要保证中国女性公民最基本的受教育权和健康权，更要注重男女平等的利用社会体育资源、平等的体育参与权、平等的体育就业权、平等的体育参政权等，以期满足中国妇女各方面的体育需求，快速促进中国妇女体育事业尤其是妇女大众体育健身事业的发展，推动中国全民健身事业的快速发展，促进妇女体育消费和妇女体育创业，拉动内需，促进中国体育产业的快速发展。虽然中国的妇女政策和体育政策都提出了一系列男女平等参与体育的基本政策，但要在体育事业的各个方面实现事实上的平等，真正实现男女平等的体育文化认同仍是摆在政策制定者和研究者面前的一个巨大挑战。选择合适的政策工具可以起到事半功倍的作用，使中国女性参与体育的权利得到保障。由此可见，关于中国妇女体育政策的制定、政策工具选择问题的研究，将对中国政府相关部门制定相关妇女体育政策、选择合理政策工具具有重要的借鉴价值。

具体应用价值如下:

(1) 对国际发达国家和中国妇女体育政策演变历史规律的调研,研究报告成果可以直接为中国政府部门制定妇女体育政策提供参考。

(2) 本研究所构建的中国妇女体育政策文本核心内容体系,是在更广泛范围调研的基础上形成的,可以直接纳入中国妇女体育政策制定的实践之中,内化为政府妇女体育政策的具体内容。

(3) 本研究所构建的中国不同体育领域妇女体育政策文本内容及政策工具选择的具体模式可以直接引入妇女体育政策运行的实践中。

第三节 研究基本思路与主要内容

一 研究的基本思路

第一,国际、国内妇女体育、妇女体育政策理论探索与实践,提出的问题及中国的定位(问题视角)。

由于社会文化规范和男女生理结构的差异,妇女已然是体育参与中的弱势群体,"妇女体育"的概念就是在这种情况下提出的。从国际相关组织的调研结果、国际妇女体育政策的提出及围绕妇女体育开展的各种活动均可明证。从中华人民共和国成立到改革开放,再到今天,中国妇女体育活动的开展取得了翻天覆地的变化,可谓成就斐然。然而,国际组织所作的《全球性别差距报告》及国内学者作的调研报告显示,在体育领域的参与率、媒体关注程度等男女性别差异明显。更大的问题是,在我们走访相关女性的时候,多数女性还没有意识到中国男女在参与体育上的不平等问题。进一步追访,多数女性认为:"体育活动是男人的事情""我没有兴趣""我不会体育""我想参加就参加,没有人不让参加"等[①]。世界卫生组织、塔克研究中心、

[①] World Economic Forum Geneva, "The Global Gender Gap Report 2006", https://www.weforum.org/reports/global-gender-gap-report-2006.

英国不列颠疾病预防中心、澳大利亚维多利亚健康促进会等公布的全球妇女体育参与障碍因素有缺乏时间、缺乏可选择的运动项目、缺少可锻炼的设施环境、缺少运动知识和技巧、缺乏运动资金、家庭和工作压力、缺乏体育兴趣、自身的惰性以及受教育程度等，这些障碍因素来自妇女家庭、工作、环境等各个方面，这些障碍因素容易被察觉，也较容易改善，但更多来自妇女个人、人际关系及社会文化等方面——埋藏得较为隐蔽、不容易被发觉的障碍，才是真正阻碍妇女体育参与的重要因素。且不同妇女人群因其所处的不同环境、不同社会身份等，其体育参与障碍因素也大不相同，我们不能简单地把妇女归类为一个同质的整体去分析，因此需要对不同妇女人群进行分别调查，总结阻碍其体育参与的真正原因。

党的十九大报告明确指出：为把中国建设成为富强、民主、文明、和谐、美丽的社会主义现代化强国而奋斗。"富强、民主、文明、和谐、美丽的社会主义现代化强国"必然更加重视男女性别在各个领域的真正平等，这也是践行"男女平等"国策的具体体现。因此，我们应该透过中国男女参与体育活动的表面现象，剖析其深层次妇女体育参与障碍问题，厘清障碍产生的原因，并正视这些障碍，分阶段、分步骤地逐步改善、解决这些障碍因素。针对妇女体育参与障碍因素从国家、地方政府层面消除由于政策因素而产生的这些障碍，保障妇女体育参与权利，促进妇女参与体育。

第二，国际上政策科学研究的范式、基本理念发生重大变化，为制定中国妇女体育政策提供新的理论指导，进一步明晰我们的研究思路（方法视角）。

20世纪中叶，丹尼尔·勒纳（Daniel Lemer）和哈罗德·拉斯维尔（Harold D. Lasswell）主编的《政策科学：范围和方法的最近发展》一书标志着政策科学研究成为一门独立的学科。经过70多年的发展，国际政策科学研究呈现两大发展趋势：①政策科学研究的范式从静态研究转向动态研究、从形式研究转向过程研究、从理论研究转向应用研究，即政策研究从文本文献分析转向政策文本分析与政策实践活动本身结合的研究。其本质是使政策研究体现出更为明显的行动研究的特征①。公共管理学泰斗泰勒（Taylor）也指出，"政策的涵义远远超越了政策文本，它还包括先于文本的政策过程，包括政策文本产生之后而开始的政策过程，以及对作为一种价值陈述及行动期望的政策文本的修正和实际的行动"②。政策科学这种研究范式的转变，对于研究中国妇女体育政策内容及选用什么样的政策工具确立了正确的价值、路径取向，即更多地体现在实践取向上。要进一步思考在制定相关政策时，如何把这些政策条文转化为具体的行动。②随着政策研究理念的不断变化，政策不再仅仅被视为"社会服务的法定提供"，它已经被提升到影响并决定整个社会长远发展的高度，其原有的"补缺主义"的政策理念正被"发展主义"的政策理念所取代，更强调以满足人民的基本需求为政府治理目标，强调以权利保障为基础的发展思路，强调一种平等主义的发展战略③。政策科学研究的这种发展理念，正是中国妇女体育政策发展所需要体现的理念，符合中国妇女体育的价值追求，二者高度一致。

基于上述两个视角，本研究试图全面系统地分析国际卫生组织、国家人权组织、国际妇女组织、国际体育组织、国际妇女体育组织及发达国家妇女体育政策制定过程、政策工具选择、发展演变、实施效果及政策文本分析，结合自戊戌变法以来中国妇女体育相关活动及相关政策的演变历程，依据中国政治、经济、文化、社会、法律等发展水平、发展趋势及价值取向，构建中国的妇女体育政策文本内容体系，并选取合适的政策工具。从逻辑上讲，本研究将沿着"妇女体育、政策科学基本理论梳理→中国妇女体育及相关政策的历史考察与现实反思→国际妇女体育政策借鉴→中国妇女体育政策体系构建→中国妇女体育政策工具选择"的基本思路进行研究（见图1-1）。

---

① 肖前玲：《我国农民工教育政策体系构建研究——以包容性发展理念为视》，博士学位论文，西南大学，2013年。

② SandraTaylor, et al., *Education Policy and the Polilics of change*, RoutIedge, London and NewYork, 1997: 25.

③ 肖前玲：《我国农民工教育政策体系构建研究—以包容性发展理念为视》，博士学位论文，西南大学，2013年。

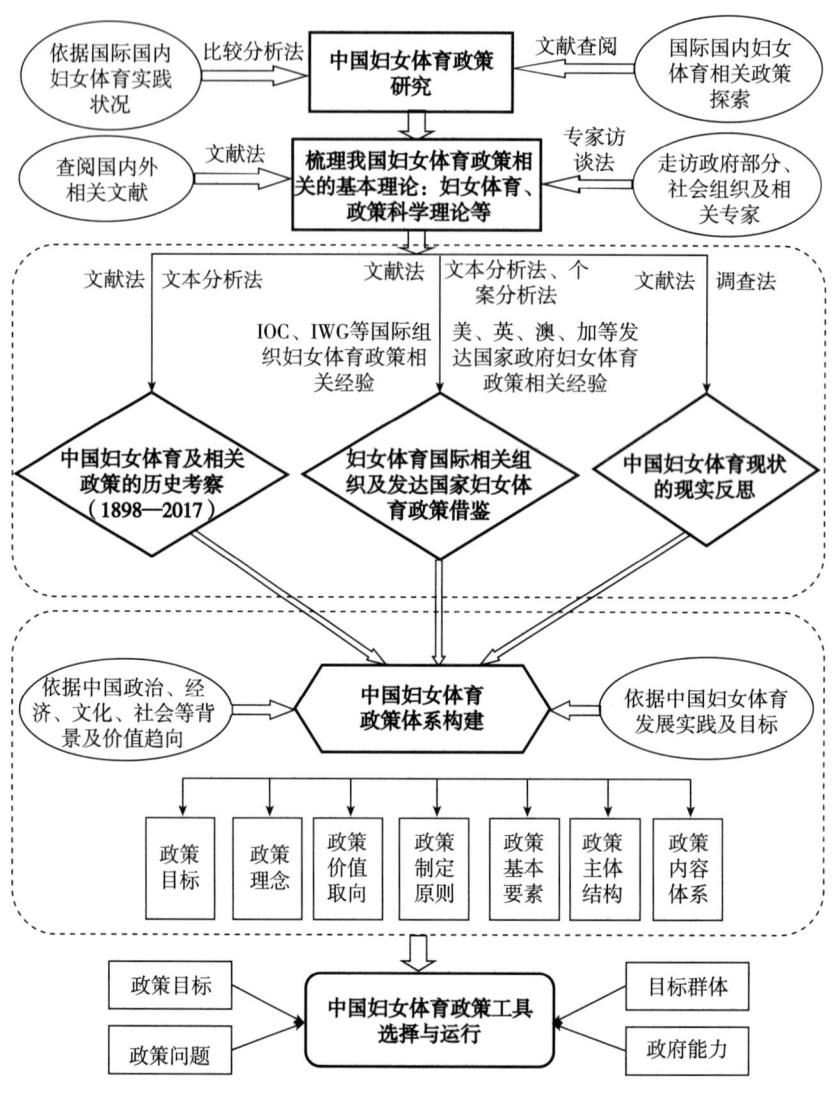

图1-1 本研究的基本思路与技术路线

二 研究的主要内容

本研究重点围绕以下六个方面展开研究：①妇女体育与政策科学基本理论问题。即妇女体育的内涵与本质是什么？涵盖哪些领域？具体用哪些指标可以反映妇女体育的状况？政策科学是什么？构建一个政策体系需要考虑哪些因素？其制定过程与步骤是什么？何谓政策工具？政策工具选择的依据与标准是什么？如何选择？等基本理论问题。②考察戊戌变法（1898年）以来，中国妇女体育相关的政策制定及演变历程。即近代以来，中国不同时期政府对妇女及妇女体育有哪些革新或探索？具体措施或可行的方法手段是什么？其效果如何？尤其是中华人民共和国成立以来，妇女体育发展有哪些尝试？相关政策有哪些突破？等均是本研究要重点考察的内容，为制定中国妇女体育政策提供借鉴。③按照国际公认指标，妇女在体育领域话语权、体育参与率、体育企业就业率、媒体覆盖率等是妇女体育参与水平的核心指标。那么，中国妇女在这些指标方面状况如何？有哪些差距？怎样反思这些差距？造成这些差距的原因是什么？④国际组织与发达国家对妇女体育政策实践及理论研究比中国要早几十年，已经取得了明显成效。那么，相关国际组织与发达国家制定妇女体育政策的动因、目标、理念、原则及内容体系、政策工具选择、政策成效及发展历程等是什么？有哪些特征？有哪些成功经验与教训？对中国有哪些启示？对此进行比较分析、系统研究，为制定中国妇女体育政策体系提供借鉴。⑤面对国际妇女体育、妇女体育政策发展的价值趋向、理念与趋势，结合中国政治、经济、文化、社会等的国情与发展目标，中国妇女体育政策发展的目标、理念、原则及内容体系是什么？本研究就是要结合上述分析，构建具有中国特色的妇女体育政策文本内容体系。⑥政策工具是实现政策目标的手段或方式。它是已制定的政策是否能够实现的重要保障，也是达成政策目标的基本途径。中国妇女体育政策内容体系构建完成后，结合中国的具体情况，不同政策内容体系该采取哪些政策工具？这些工具的优势与弊端是什么？如何使政策工具更好地达成妇女体育政策目标？等。

第四节 研究的创新点、重点与难点

一 研究的创新点

本研究的创新体现在以下六个方面：

（1）首次从政策学的角度对妇女体育政策的基本理论问题进行了梳理。

（2）首次从政策学的角度对中国妇女体育相关政策进行了系统调研，剖析了戊戌变法以来影响中国妇女体育发展的相关政策。

（3）系统地、全面地梳理了国际奥委会、世界妇女与体育工作组（International Working Group on Women and Sport，英文缩写IWG）、英国、美国、澳大利亚和加拿大的妇女体育政策制定、实施、效果及成功经验。

（4）按照国际惯例及中国国情，较为全面地调研了中国妇女在体育各领域参与的基本状况及妇女体育需求、妇女体育政策愿望。

（5）依据中国妇女体育发展史、国际妇女体育政策的内容体系及成功经验，结合中国现阶段妇女体育发展现状，构建了中国妇女体育政策文本内容体系。

（6）依据新确立的中国妇女体育政策文本内容体系，探索了中国妇女体育政策工具选择的基本思路。

二 研究的重点与难点

本研究的重点：①构建妇女体育政策基本理论体系。②确定中国妇女体育政策内容体系依据、标准、原则、方法、内容等。③依据中国当前的妇女政策、体育政策，创设中国妇女体育政策文本核心内容体系，选择适合中国国情的妇女体育政策工具。

本研究的难点：对当前中国不同层次的妇女体育需求、中国相关政策执行过程中存在的问题、政策制定者理想的政策目标等问题进行深入分析，结合专家访谈，构建出适合中国国情的、尽量能够达到或接近政策目标的中国妇女体育政策体系及合适的政策工具选择是本研究的重点，也是难点。对不同层次妇女体育需求的调研与分析，对访谈对象和访谈地区的确立，对访谈提纲的设计，对政策工具理论的分析，对国外妇女体育政策资料的获取都将为本研究写作过程带来一定的难度。

第二章

文献综述

第一节 国内外体育政策的研究现状

一 国外体育政策的研究现状

国外相关的体育政策出台较早,国外学者对体育政策的研究起步也较早,研究成果较多,其中在运动(Sport)、健身(Physical Activity)、体育教育(Physical Education)三个概念下的相关政策研究主要集中在以下几个方面:

(1)促进国际体育成功、快速发展的国际体育政策因素的研究,如《导致国际体育成功的政策因素框架分析》(*A Conceptual Framework for Analyzing Sports Policy Factors Leading to International Sporting Success*)研究结果显示:"尽管越来越多的国家投入大量的资金用于发展本国的竞技体育,这个因素很重要,但是,通过对竞技体育发展较好的国家的研究显示,政府对体育发展的重大决策(即体育政策)对体育的成功、快速发展最低起到了50%的作用。"《体育政策的趋同:一个分析框架》(*Sport Policy Convergence: A Framework for Analysis*)指出:对体育文化和体育政策深刻理解有利于体育的快速健康发展。《奥林匹克运动会与参与者的上升:证据的系统评价与示范效应的政策审查》(*The Olympic Games and Raising Sport Participation: A Systematic Review of Evidence and an Interrogation of Policy for a Demonstration*

Effect）提出："体育政策对促进体育的快速发展起到了非常重要的作用"等。

（2）各个国家或地区关于体育政策的研究较多，如《土耳其体育政策》（*Sport Policy in Turkey*）、《小州地区的体育政策与体育改革：新西兰损害与恢复之间的斗争》（*Sport Policy and Transformation in Small States：New Zealand's Struggle between Vulnerability and Resilience*）、《英国体育政策对竞技体育的影响》（*The Impact of UK Sport Policy on the Governance of Athletics*）等。

（3）对体育教育政策法规的研究也较多，如《西班牙教育改革中的政策、实践与转变：教学与体育教育》（*Policy，Practice，and Reconversion in Spanish Educational Reform：Teaching and Teacher Education in Physical Education*）、《英国体育教育人才培养：全国性的政策调查与实践》（*Talent Development in Physical Education：a National Survey of Policy and Practice in England*）等。此类研究较多，研究内容具有针对性，研究领域宽泛，对世界体育的快速发展起到了推动作用。但就体育政策文本内容本身研究较少，一般都是对政策出台后的执行效果、政策本身是否合理、制定政策应考虑的因素、原则等进行研究，而对体育政策应该包含哪些内容元素、为什么应包含这些等问题的研究较少。

二　国内体育政策的研究现状

中国学者以体育政策为主题的研究很多，其研究成果主要有以下几个方面：

（1）体育政策的现状研究。有些学者以中国体育政策为研究对象展开现状研究，也有些学者以国外其他国家的体育政策为研究对象展开现状研究，以期找到中国与其他国家的差距和借鉴依据。并指出中国公共体育政策在一定程度上完成了国家和民族赋予的历史任务和政治目标，但政治色彩特别浓厚，没有走上真正意义上的法制化道路，应兼顾群众体育的利益，扩大对群众体育的投资等。如门阔的《1949年以后中国的体育政策发展》、徐金尧和李启迪的《改进和加强中国体育政策研究的思考》、苗治文的《当代中国体育公共政策分析》、冯国有的《公共体育政策利益分析》、肖谋文的《新中国群众体育政策的历史演进》等。

（2）体育政策文本研究。中国学者分别从政策学、律法学、经济学等视角对中国出台的相关体育政策进行分析与解读，指出中国现存政策文本的不足之处，试图找到中国未来体育政策文本的发展方向和路径，为中国相关部门制定和完善体育政策提供了科学的参考依据。如杨卫东在《〈2001—2010年体育改革与发展纲要〉的政策学分析》中指出："《2001—2010年体育改革与发展纲要》（以下简称《纲要》）的指导思想和具体内容是务实和实事求是的，但它仅是一个良好的开端，自身还存在着一定的不足，如《纲要》未能充分考虑到各利益群体之间的平衡，影响力、权威性、可操作性还不够强；对如何加大群众体育工作的力度，以满足人们不断增长的体育文化需求，《纲要》还体现得不够明确等。"[①] 王世洲在《关于体育法的若干基本理论问题》一文中指出："中国体育法在稳定的国家体育政策的支持下，对特定的体育领域采取干预主义的立法模式；在需要灵活调整体育政策的领域采取不干预主义的立法模式。在国家各级政府对体育的责任问题上，认为中国体育法可以采取以中央集权式的立法为基础，以地方性立法为补充的模式。地方性立法原则上只应当在中央规定的基础上，规定更高的地方性标准和地方性责任。在国家体育运动的统一性问题上，认为中国应当对重要的竞技性体育运动采取统一性模式，对一般性竞技项目和群众性体育运动采取非统一性模式，并且根据形势发展进行调整。"[②]

（3）学校体育政策研究。中国学者主要从执行情况、发展情况、学校体育政策的本质、学校体育政策的历史演进、学校体育政策的传播、国外学校体育政策分析等方面进行研究，如王书彦的博士论文《学校体育政策执行力及其评价指标体系实证研究——以黑龙江省普

---

① 杨卫东：《〈2001—2010年体育改革与发展纲要〉的政策学分析》，《中国体育科技》2004年第3期。

② 王世洲：《关于体育法的若干基本理论问题》，《北京大学学报》（哲学社会科学版）2006年第3期。

通中学为例》指出："中国学校体育政策执行力处于中等水平，表现为执行力度一般、执行效果一般。其中，学校体育政策本身相对较好，个人执行力、组织执行力为其次，而执行资源与环境、执行效力为最差。由此可见，学校体育政策执行力建设的薄弱环节，更多地体现在执行资源与环境建设和执行效力的提高两大方面。"[①] 张文朋和王健在《新中国成立以来学校体育政策的演进：基于政策文本的研究》中提出："新中国成立以来学校体育政策演进的主要特征为：政策演进的主题围绕着学校体育教学展开、政策演进的方式体现为渐进调适、政策演进中的溢出效应不足在于文化、社会和心理对体育认同的缺失。提出了学校体育政策优化的现实路径是'加强政策制定主体之间的协调与协同作用'，关键路径是'完善学校体育政策的评估体系'，根本路径是'从政策上促进人们对学校体育的文化、社会及心理认同'。"[②] 刘凯在《新媒体环境下学校体育政策的传播策略》一文中指出："新媒体环境下，学校体育政策传播面临着3个方面的问题。①受众的刻板印象及多元化信息来源导致对政策认同度降低。②对政策的解读需要满足多层次的受众。③突发事件容易被放大成为社会广泛关注的焦点。建议相关管理部门应当积极融入新媒体传播环境中，充分利用新型平台的传播优势，增强对传播过程的监测和管理，注重发挥专家学者在政策解读中的重要作用，逐步改善和公众的沟通状况。"[③]

第二节 妇女体育的国内外研究现状

当前国内外学者对妇女体育主要从生理学、心理学和社会学的视

[①] 王书彦：《学校体育政策执行力及其评价指标体系实证研究——以黑龙江省普通中学为例》，博士学位论文，福建师范大学，2009年。

[②] 张文朋、王健：《新中国成立以来学校体育政策的演进：基于政策文本的研究》，《中国体育科学》2015年第2期。

[③] 刘凯：《新媒体环境下学校体育政策的传播策略》，《中国学校体育》2014年第10期。

角进行研究。综观国内外的研究成果，学者从社会学的视角研究妇女体育的成果较多，女权主义、文化批判主义和马克思主义等理论被用于研究妇女体育，研究对象从女运动员扩展到女教练员、女性管理人员、一般大众妇女群体，甚至还扩展到男性对妇女群体的关注等，但主要围绕妇女体育参与的平等权进行研究的成果居多，并侧重于分布性研究，因为分布性研究提供了分配和资源占有不平等的证据，可以为发展妇女体育提供种种理由和实据，具体研究领域分布见表2-1。世界上关于妇女体育的研究从男女两性差异社会化结果的分析到男女两性差异的文化研究。

表2-1　　　　　　　　国内外学者对妇女体育研究概况

研究领域	主要研究内容
生理学领域	1. 妇女体育参与的男女生理学差异。 2. 妇女体育参与健康促进的生理学机制。 3. 妇女"三期"体育参与的生理学特点及注意事项。 4. 具体运动项目对妇女健康促进的作用及注意事项。 5. 女运动员训练过程中生理指标与运动成绩。
心理学领域	1. 妇女体育参与类型（社会化、动机等）。 2. 女运动员的个性特征。 3. 女运动员比赛中焦虑。 4. 女运动员的运动成绩与练习行为。 5. 道德问题。 6. 运动员参与方面的性别差异。
社会学领域 （资源占有和分配额）	1. 女性在体育领域内的就业机会。 2. 女运动员的参赛机会。 3. 女教练员和裁判员职位。 4. 体育管理人员的女性比例。 5. 体育领域女性就业人员的收入（包括女运动员的收入）。 6. 妇女体育的媒体关注与资金赞助。 7. 妇女体育发展史研究

一 国外妇女体育研究现状

国外妇女体育研究起步较早，成果较多。主要集中在以下几个方面：①妇女体育平等权问题：如 Kinavey William 的《大学体育中的妇女：1972 年美国教育法修正案以来的女权斗争》(*Women in Collegiate Sport：The Struggle for Equity Since the 1972 Title Ix Education Amendment*)；Michael Klein 的《工作和娱乐：关于就业和体育中性别平等的国际证据》(*Work and Play：International Evidence of Gender Equality in Employment and Sports*)；Marianne Meier 的《性别平等，运动与发展》(*Gender Equity，Sport and Development*)；Laura Pappano 和 Eileen McDonagh 的《与男孩一起玩：为什么分开在体育中是不平等的》(*Playing with the Boys：Why Separate is Not Equal in Sports*) 等。②妇女体育参与障碍问题：国外对于体育参与障碍因素的研究开始较早，Goodale 等（1987）认为休闲障碍因素是指任何影响参与者休闲偏好、休闲决策过程及休闲体验，而导致其无法、不愿意或减少参与休闲活动的因素及其内在制约机制。Bronfenbrenner（1977）建立的影响人类体验和行为的社会生态模型，包括影响人类参与体育活动等健康行为的个人障碍因素、人际关系障碍因素、组织障碍因素和社会文化环境障碍因素（Richard et al.，2011；Stanley et al.，2012）。劳福德等 1991 年提出休闲障碍模型（Hierarchical Models），包括自身心理障碍因素、人际交往障碍因素和结构性障碍因素。③妇女体育与媒体关注：Holly Sullivan 的《关于体育媒体中的女性的调查》(*A Survey of Womenin Sports Media*)；Marie Hardin 和 Stacie Shain 的《数字的力量？女性职业媒体人的经历和态度》(*Strength in Numbers？The Experiences and Attitudes of Women in Sports Media Careers*)；Marie Hardin 等的《"没有性别歧视的职业"：体育新闻向年轻女性敞开了大门》('*There's no Sex Attached to Your Occupation*'：*The Revolving Door for Young Women in Sports Journalism*)；Pirkko Markula 的《奥林匹克与妇女：国际视野》(*Olympic Women and the Media：International Perspectives*) 等。④妇女体育与投资风险：如 Nicole Neverson 的《高风险商业：WTSN 的兴衰与加拿大妇女体育的商务代表》(*Risky Business：The Riseand Fall of*

WTSN and the Commercial Representation of Women's Sportin Canada); Elaine M. Blinde 等的《男子和女子校际篮球赛的媒体覆盖率的差异：性别意识的反思》的（Differential Media Coverage of Men's and Women's Intercollegiate Basketball: Reflection of Gender Ideology）等。⑤妇女体育的历史梳理：如 Reekie 等的《英国妇女体育运动与休闲的历史：1700—1850 年》（A History of Sportand Recreation for Womenin Great Britain, 1700—1850）; Carol A. Osborne 和 Fiona Skillen 的《妇女体育史》（Women in Sports History）。⑥妇女体育与奥林匹克运动：如 Ron Hotchkiss 的《无敌的六人：加拿大第一个女子奥运会队伍》（The Matchless Six: The Story of Canada's First Women's Olympic Team）; Richard Rambeck 的《1996 年美国女子奥运体操队》（1996 U.S. Women's Olympic Gymnastics Team）等。⑦妇女体育与政治：Mary Jo Festle 的《干得好：妇女体育中的政治与道歉》（Playing Nice: Politics and Apologies in Women's Sports）; Nancy Theberge 的《更高的目标：女子平等与性别政治》（Higher Goals: Women's Ice Hockey and the Politics of Gender）; Jennifer Hargreaves 的《体育中的女英雄：政治差异与政治认同》（Heroines of Sport: The Politics of Difference and Identity）等。⑧妇女体育中性骚扰问题：如 Laura Robinson 的《太过分：加拿大国家体育的性骚扰与暴力》（Crossing the Line: Sexual Harassment and Abuse in Canada's National Sport）; Kari Fasting 等的《体育中性骚扰对女运动员的后果》（Consequences of Sexual Harassment in Sport for Female Athletes）; Karin AE. Volkwein 的《体育中的性骚扰：影响、争议与挑战》（Sexual Harassment in Sport: Impact, Issue and Challenges）等。⑨妇女体育参与与身体健康：如 Sheila Mitchkll 的《1900—1926 年女性参与奥运会》（Women's Participation in The Olympic Games 1900—1926）; Kwiatkowski Maria 的《体育与女性：体育与休闲中对女性和同性恋的认知》（Sporting Femininity: Perceptions of Femininity and Homophobia within the Sport and Recreation Experience of Women）; Deborah J. Hambly 的《妇女体育健身中的精神体验：运动、武术和舞蹈》（Spiritual Experiences of Women in Physical Activity, Sport, Martial Arts and Dance）等。⑩体育组

织中妇女领导权问题：如 Lorrie Mickelson 的《加拿大体育"妇女参与体育政策"分析：女性在国家体育组织中担任的领导职务》(*An Analysis of the Sport Canada 'Women in Sport Policy': Women in Leadership Positionsin National Sport Organizations*) 等。⑪不同民族和种族的体育参与：如 Krystyna Golkowska 的《Muslim Women and Sport》；Hazel-Maxwell 等的《社区体育重点社会融合：澳大利亚穆斯林妇女个案研究》(*Social Inclusion in Community Sport: A Case Study of Muslim Women in Australia*) 等。

二 国内妇女体育研究现状

本研究分别以"女性体育""女子体育""妇女体育"为篇名检索词在中国知网、万方数据库等进行检索，其中以"女性体育"为检索词的文献有231篇，以"女子体育"为检索词的文献有189篇，以"妇女体育"为检索词的文献有142篇。

以"女性体育""女子体育""妇女体育"为检索词的文献主要从以下七个方面进行研究：①女性体育参与的状况：如熊欢的《中国城市中产阶层妇女的体育参与研究》；杜熙茹的《珠江三角洲城市职业女性体育生活方式研究》；刘锦玲的《城市中青年职业女性体育行为方式研究》等。②女性体育与性别：如李继军的《性别逻辑对女性体育文化发展的影响》；陈海珊的《女性性别本位观念对女性体育发展的影响》；倪湘宏的《社会性别学视野下大学女生阳光体育运动推广策略的实验研究》等。③女性体育的媒体呈现：如穆晓静的《女性体育的媒介呈现》；唐冬辉等的《当代传媒话语权下对女性体育文化的思考》等。④女性主义与社会学理论：如马永涛的《生态文明视野下中国女性体育的发展》；金梅等的《女性主义视角下的体育社会学研究》等。⑤女性身体观与体育：如徐长江的《女性身体观与女性体育互动关系的历史演变》；杨斌的《健身健美体育：女性身体美的理性回归》；李景刚的《谁在操纵着女性身体的美——关于女性身体审美现象及审美意识历史流变的考察》等。⑥女性与奥林匹克运动：如王智慧、李福祥、周惠娟等的《女性参与现代奥林匹克运动的百年历程对女性思潮嬗变的影响》；江英俊的《奥林匹克运动与女性主义》；

马良的《中国当代女性体育对奥林匹克运动的贡献与影响》等。⑦体育中的男女平等：马良莹在《浅析体育运动中的男女平等》一文中指出：随着妇女解放运动的深入发展，女性权益在体育运动方面有了明显的进步，但依然有不公平的现象①。

此外，在对文献的梳理过程中发现，中国学者对不同地区、不同年龄妇女（女性、女子）参与体育锻炼、体育生活方式、体育消费现状调查的文章有74篇，其中，地区基本上遍及了整个中国，年龄分布为18—75岁。结论是不同地区、年龄的人群参与人数、项目、体育消费有明显差异，但整体是落后的，排在前四位的原因是：①工作时间、家务劳动时间较长，没有时间从事体育健身活动。②体育场地不足，她们没有合适的体育锻炼场所。③缺乏政策的支持。④缺少体育健身知识，健身欲望较低。以上四个主要原因都与缺乏政策的支持或者政策没有得到很好的落实有一定的关系，这一点与学者给出的对策与建议是一致的，他们往往给出的、排在首位的对策或建议就是加大政府投资力度和政策的扶持，至于如何扶持、出台什么样的政策，学者均没有明确说明。

小结：国外对妇女体育的研究无论是理论上还是实证上都已经很深入。分别从范畴研究、分布性研究、文化研究三个层面进行了深入细致的研究，运用不同的研究方法，从不同的社会角度对妇女参与体育、妇女运动成绩和运动能力的性别关系、体育文化中的两性关系、体育资源分配中两性分配不平等问题进行研究，丰富了妇女体育研究的内容，在一定程度上对国际妇女体育各种政策的颁布做出了突出贡献，为中国的妇女体育研究提供了思考和借鉴。中国妇女体育研究起步较晚，大部分研究成果仅停留在表层，研究方法和研究领域比较单一，对妇女体育现状调查和文献梳理较多，纵深方向的研究较少。

---

① 马良莹：《浅析体育运动中的男女平等》，《山东女子学院学报》2014年第4期。

第三节 国内外妇女体育政策的研究现状述评

通过查询国际、发达国家官方文件,发现一系列保护妇女体育发展的官方文件,这些文件的具体内容都将为本书的完成提供强有力的理论支撑。虽然国际上和一些发达国家相继出台了保护妇女参与体育运动和体育事业的妇女体育政策和法律文件,但国内外学者对"妇女体育政策""性别体育政策"的直接研究较少,相关的研究成果较多。

一 国外妇女体育政策的研究现状

国外学者对妇女体育政策研究主要表现在:①竞技体育中的性别认定问题:如加拿大作者 Teetzel Sarah[①] 的《包容的责任:体育政策和体育运动中女性性别的执行》(The Onus of Inclusivity: Sport Policies and the Enforcement of the Women's Category in Sport)论文重点研究女运动员体内雄性激素多和变性运动员的资格认定问题,从哲学和伦理学的角度重新讨论了比赛中的性别认定,重点放在新政策的执行和确定责任方面。美国学者 Claire F. Sullivan[②] 的《竞技体育中的性别鉴定和性别政策:资格与"公平"》(Gender Verification and Gender Policies in Elite Sport: Eligibility and "Fair Play")提出了当前奥运会中对女性性别认定、监测等方面的质疑。②韩国作者南允信和朱承熙的《妇女体育中的再就业与职业政策措施中断》(Reemployment and Policy Measures of Career Interrupted Women in Sports)论文就25—55岁体育学院或体育大学毕业的女性经历职业中断后的再就业欲望、再就业和找工作的经济活动支持、经济政策支持展开调研,结果表明:体育专业的家庭主妇和妇女在再就业中受到更加严重的歧视,找工作比其他领

---

① Teetzel S., "The Onus of Inclusivity: Sport Policies and the Enforcement of the Women's Category in Sport", *Journal of the Philosophy of Sport*, Vol. 41, No. 1, 2014, pp. 113-127.

② Sullivan C. F., "Gender Verification and Gender Policies in Elite Sport: Eligibility and 'Fair Play'", *Journal of Sport and Social Issues*, Vol. 35, No. 4, 2011, pp. 400-419.

域女性更困难。提出妇女职业中断是指妇女因为怀孕、生孩子、照顾婴幼儿和照顾家庭而被迫中断现已从事的职业。③Nam Y. S. 和 Ha S. W. 2011 年发表的《促进妇女参与依据女性生理周期的体力活动的体育政策建议》(*Sports Policy Proposal for the Activation of Women's Physical Activities with Consideration for Women's Life Cycle*)① 论文以 94 名女孩、282 名孕妇和生小孩的妇女、104 名正在抚养孩子的妇女、180 名更年期妇女、104 名老年妇女为研究对象,交叉分析了每个年龄段妇女生理周期,依据分析结果提出了专业的女性生理周期评估办法和促进妇女体育发展的体育政策,结论如下:一是就女孩而言,需要增加学校体育活动和改善公共体育设施,给她们提供专业的体育指导人。二是对孕妇和刚刚生过孩子的妇女而言,给她们提供体育活动课程和适合的各种体育项目是必不可少的。三是对正在照顾小孩和家庭的妇女而言,发展满足这类人群多样需求的体育项目是必不可少的。四是对更年期的妇女而言,终身体育教育的必要性和体育活动的再教育及效果反馈是必不可少的。五是就老年妇女而言,依据她们身体健康水平而制订的体力活动计划必须考虑到她们的建议。④《关于妇女体育文化政策的研究》(*A Study about the Women's Sports and the Women's Cultural Policy*) 中指出:女性主义文化运动使人们意识到了男女性别平等,在文化、法律、风俗等方面消除性别歧视,体育极大地强化了象征着阳刚之气的父权制的现象已经发生了深刻的变化,但体育中性别歧视问题依然存在,如体育俱乐部和职业运动队经常发生的暴力和性骚扰问题,体育事业中女性领导者选举中的性别歧视问题等。当前针对这些问题的法律措施和几个政策都还不完备,甚至是缺乏,是当前学者急需研究的问题,是相关政府机构急需解决的问题。⑤美国学者 Kanters M. A. 等的《两种不同学校体育政策下学校体育参与的对比研究:种族/民族、性别和社会经济地位》(*School Sport Participation under Two School Sport Policies:Comparisons by Race/Ethnicity, Gen-*

---

① Nam Y. S., Ha S. W., "Sports Policy Proposal for the Activation of Women's Physical Activities with Consideration for Women's Life Cycle", *Journal of Physical Growth and Motor Development*, Vol. 19, No. 2, 2011, pp. 153-159.

der, and Socioeconomic Status）对中学 11—14 岁青少年课外体育活动的种族、性别和家庭收入进行对比分析，并得出低收入家庭和黑人青少年的体育活动参与率低，女生体育活动参与率均低于男生[1]。⑥关于一个城市出台的促进妇女参与体育的政策，如 Werle V. 和 Oliveira Saraiva M. C. 的论文《弗洛里亚诺波利斯市体育基金会的性别关系：一般政策、性别关怀》（Gender Relations in the Florianopolis Municipal Foundation for Sports: General Policy, Gender Care）[2]。

此外，1972 年美国国会通过教育法案之第九号修正案出台的 Title IX 对教育领域的性别歧视做了规定。该联邦法律禁止在招生、住宿、管理、经济资助、教职员工的聘任和工资待遇及最棘手的体育方面的歧视。体育被认为是最棘手的问题，是因为男子美式橄榄球和篮球项目长期以来夺取了其他体育经费，并且总能获得体育预算的最大份额。该法案的总体影响是促使大量女性能够参加体育运动。Title IX 对促进美国事实上的男女平等跨进了一大步，并推动美国女子体育进入了一个崭新的阶段。据赫普勒的总结，在 Title IX 成为法律之前，美国参加大学校际体育竞赛的男生有 17 万人，女生只有 3 万人。而在 30 年后，分别为 20.9 万人与 15.1 万人。1972 年，美国大学平均只有 2.5 支女子体育校队，到 2004 年为 8.32 支，参加美国全国校际体育联盟（NCAA）的女子运动队有 8402 支。长期以来，Title IX 一直是国际上的专家学者重点研究对象，他们从不同角度对其进行了深入的研究。如 Janet S. Fink 等的《选择的自由：精英女运动员在代言机会中的首选代表》（The Freedom to Choose: Elite Female Athletes' Preferred Representations within Endorsement Opportunities）[3]；Clarke P. 和 Ayres I. 等的《查斯坦效

---

[1] Kanters M. A., et al., "School Sport Participation under Two School Sport Policies: Comparisons by Race/Ethnicity, Gender, and Socioeconomic Status", *Annals of Behavioral Medicine*, Vol. 45, No. suppl_1, pp. 113-121.

[2] Werle V., Oliveira Saraiva M. C., "Gender Relations in the Florianopolis Municipal Foundation for Sports: General Policy, Gender Care", *Movimento*, Vol. 19, No. 3, 2013, pp. 57-78.

[3] Fink, Janet S., et al., "The Freedom to Choose: Elite Female Athletes' Preferred Representations Within Endorsement Opportunities", *Journal of Sport Management*, Vol. 28, No. 2, pp. 207-219.

应：使用第九条来衡量参加高中体育活动对成年女性社交生活的因果效应》(*The Chastain Effect: Using Title IX to Measure the Causal Effect of Participating in High School Sports on Adult Women's Social Lives*) 等[1]。

二 国内妇女体育政策的研究现状

当前中国没有出台专门的妇女体育政策，也没有学者对中国的妇女体育政策进行专门研究。有关妇女体育政策研究的文献主要集中在以下三个方面：

（1）通过对大范围的调查，了解中国不同地区、不同层次、不同年龄阶段的妇女参与体育情况，体育需求状况，提出中国妇女体育政策、体育设施、社区体育服务欠缺的结论。如杨闯建的《城市妇女参加体育锻炼的社会支持的心理动因》从社会支持的结构方面把妇女参加体育运动的社会支持分为五个方面：政府支持、社区支持、家庭支持、朋友同事支持和邻居支持。作者以1450名经常参加体育锻炼的妇女为调研对象，得出："妇女参加体育锻炼寻求社会支持的结果和功能存在差异，她们主要从家庭、朋友同事和邻里中获得归属感和情感支持，而从政策、社区中获得的条件和信息较少。"[2] 王静的硕士论文《影响西安市中年在职妇女体育锻炼习惯与行为的社会学因素分析》中指出制约西安市在职妇女参加体育锻炼的首要因素是：法律及政策中欠缺对职业妇女权利的维护[3]。

（2）从中国女性竞技体育的辉煌探讨中国的性别体育政策。如常晓茗和林颂华在《从女性竞技体育的辉煌看中国性别平等及其政策》一文中指出："女性竞技体育的辉煌展现了体育领域中女性对平等的追求和实现，男女平等的政策促进了女性竞技体育的繁荣和发展。"[4]

---

[1] Clarke P., Ayres I., "The Chastain Effect: Using Title IX to Measure the Causal Effect of Participating in High School Sports on Adult Women's Social Lives", *The Journal of Socio-Economics*, Vol. 48, 2014, pp. 62–71.

[2] 杨闯建：《城市妇女参加体育锻炼的社会支持的心理动因》，《武汉体育学院学报》2007年第2期。

[3] 王静：《影响西安市中年在职妇女体育锻炼习惯与行为的社会学因素分析》，硕士学位论文，西安体育学院，2011年。

[4] 常晓茗、林颂华：《从女性竞技体育的辉煌看中国性别平等及其政策》，《南京体育学院学报》（社会科学版）2007年第2期。

（3）国际奥委会妇女体育政策研究。当前中国以奥委会妇女体育政策为研究对象的文献有4篇，作者均是阳煜华。如阳煜华的硕士论文《国际奥委会妇女体育政策研究》对国际奥委会妇女体育政策的基本内涵、历史沿革、特征分析、重要作用、执行等方面进行了详细的研究[①]。阳煜华等学者的《风格迥异的各届国际奥委会主席及其妇女体育政策的演变》一文从历史的角度详细分析了近代奥委会主席的妇女体育思想、妇女体育政策的历史演变等[②]。

小结：国内外学者对妇女体育政策研究较少，仅通过研究当前缺乏哪些方面的妇女体育政策或针对某一有关妇女的体育政策出台后带来的社会效果进行了分析，研究不够深入，停留在呼吁妇女体育政策出台的层面上，对出台什么样的妇女体育政策、妇女体育政策应涉及哪些内容领域、妇女体育政策的目标、功能、意义、内容体系是什么、妇女体育政策出台后如何执行、采用何种政策工具等问题很少有人进行研究。因此，如何在体育领域把男女平等的政策落实到公共政策的具体环节，使先进性别文化得到全面的普及与认同，妇女的体育权利得到全面实现，男女两性更加平等协调地发展等是中国学者今后研究的方向，也正是本书研究的出发点和立足点。

第四节 关于政策工具和妇女体育政策工具的相关研究

一 关于政策工具的相关研究

综合国内外研究文献，政策工具理论研究兴起于20世纪80年代，经历了90年代及21世纪初的迅速发展后，目前已成为当代西方公共管理学和政策科学的研究焦点和重要研究途径，并正在迅速成长

[①] 阳煜华：《国际奥委会妇女体育政策研究》，硕士学位论文，北京体育大学，2012年。

[②] 阳煜华等：《风格迥异的各届国际奥委会主席及其妇女体育政策的演变——从皮埃尔·德·顾拜旦到雅克·罗格》，《中华女子学院学报》2013年第5期。

为一个新的学科分支。政策工具研究首先兴盛于欧洲大陆,特别是荷兰和德国,然后才是英美。20世纪八九十年代,政策工具研究在欧美得到了迅速的发展,尤其在环境政策、节约能源的政策、经济政策等研究领域出现了大量涉及政策工具理论发展的经验性研究。相应的政策工具理论研究也得到了不断发展,出现了关于政策工具研究的三本代表性著作:①胡德(C. Hood)的《政府工具》,主要代表内容是工具选择的途径[①]。②彼得斯和尼斯潘(B. Guy Peters and FranK. M. van Nispen)的《公共政策工具——公共管理工具评价》,该书是1992年春天在荷兰鹿特丹Erasmus大学举行的政策工具国际研讨会的论文集。研讨会的主题是"政策工具及对公共选择有效性的影响",较全面地反映了当时欧洲大陆及北美政策工具研究的成果[②]。③美国约翰·霍普金斯大学著名公共管理学者萨拉蒙(Lester M. Salamon)教授主编的《政府工具——新治理指南》(The Tools of Government: A Guide to the New Governance)(2002年)新近的代表性著作,这是关于政策工具研究的新著,代表了国外政策工具研究的新进展。此外,豪利特(Howlett)和拉米什(Ramesh)合著的《研究公共政策:政策循环与政策子系统》(*Studying Public Policy: Policy Cycles and Policy Subsysterms*)提出了有影响力的政策工具分类方法,也是国外政策研究非常有影响力的著作。Howlett等[③]的政策工具是根据强制性程度来分类的,将政策工具分为自愿性工具(非强制性工具)、强制性工具和混合性工具三类。与其他分类方法相比,他们的分类框架更具有解释力、更合理。同时,国际也出现了研究政策工具的论文。如布鲁金和霍芬的《研究政策工具的传统方法》、林德尔和彼德斯的《政策工具研究:四个思想学派》、巴格丘斯的《在政策工具的恰当性与适配性之间权衡》等论文对政策工具实施的政策环境和试图解决的政策问题

---

① 黄伟:《试析政策工具研究的发展阶段及主题领域》,《国家教育行政学院学报》2008年第9期。

② 舒皋甫:《城镇医疗保障体制改革政策工具研究》,硕士学位论文,复旦大学,2009年。

③ Howlett M., et al., *Studying Public Policy: Policy Cycles and Policy Subsystems*, Toronto: Oxford university press, 1995.

进行了相关的研究。

在中国，政策工具研究尚是政策科学的新兴研究领域，起步比较晚，已取得的研究成果也不多。经过对国家图书馆和北京大学图书馆及互联网进行相关检索，中国目前尚无专门研究政策工具的专著。国内20世纪90年代几本有影响力的政策科学著作，如陈振明主编的《政策科学》（1998年）、张国庆的《现代公共政策导论》（1997年）、张金马主编的《政策科学导论》（1992年版）等都尚未将政策工具作为研究对象。陈振明编著的《公共政策分析》2002年版开始将政策工具作为专门一章进行介绍。陈振明主编的《政策科学》第二版（2003年）是在《政策科学》第一版及《公共政策分析》2002年版的基础上进行的修订，不仅将政策工具列为重要一章、在篇幅上进行了较大扩充，而且还取得了一些新的研究突破，如对市场化工具、工商管理技术和社会化手段的研究。在陈振明和张成福主编并由中国人民大学出版社出版的"公共政策经典译丛"第一批五本译著中，有一本是美国学者盖伊·彼得斯等主编的《公共政策工具：公共行政工具评价》。该书由顾建光翻译，已于2007年1月由中国人民大学出版社出版，是国内第一部关于公共政策工具研究的中文版译著。近些年，国内陆续出现了一些关于政策工具的研究论文，主要有张成福的《论政府治理工具及其选择》、陈振明的《政府工具研究与政府管理方式改进》、卢霞的《政府工具研究的新进展——对萨拉蒙〈政府工具——新治理指南〉的评介》、王伟昌的《"新治理"范式与政府工具研究》、徐程的《政府工具视角：一种审视政府治理的新途径》、储亚萍的《论作为政府管理工具的合同》、陈振明等的《政府工具研究的新进展》、吕志奎的《公共政策工具的选择——政策执行研究的新视角》、周奋进等的《政府"治理工具"的选择与行政伦理制约》、余瑶的《当代中国政府工具选择刍议》、朱喜群的《论政府治理工具的选择》、杨卫玲的《公共信息：政府治理工具箱中最有效的"软工具"》等。

由于国内外学者对政策工具的理论研究成果较多，结合本书需求，本书只对与本书关系紧密的政策工具的内涵、政策工具的分类、政策工具的选择与评估进行详细的综述。

(一) 政策工具的内涵相关研究

迄今为止,学术界对"政策工具"尚未形成统一的定义,学者们从不同的角度提出了不同的定义。他们分别从因果角度、目的角度、机制角度等对政策工具给出了不同的定义(见表2-2)。

表 2-2　　　　　　　　专家学者对政策工具定义

角度层面	学者姓名	定义内容
因果角度	英格汉姆	探讨政策问题与政策方案直接因果关系的过程
	萨拉蒙	把政府工具或公共行动的工具视为一种明确的方法,通过这种方法推动集体行动解决问题
	彼得斯尼斯潘	政策工具可以被刻画为目标,法律和政府的行为可以被看作其具体的工具
目的角度	埃莫尔	实现政策目标而对政策手段做出的权威性选择,并区分了四种政策手段:命令、激励、能力建设、权威重组
	林德尔彼得斯	实现政府目标的手段,涵盖间接的工具(道德劝诫、现金激励)和更直接的工具(政府直接提供)
	施耐德	激励目标群体遵守政策或利用政策机会的政策手段
机制角度	胡德	政策目标转化为具体政策行动的机制,通过工具箱中各个工具的不同组合来达到不同的政策目标
	休斯	政府干预的方式,在某种程度上也是政府行为正当化的应用机制
	尼达姆	相对于公共主体的、可用的、具有合法性的治理机制
	豪利特拉米什	政府的治理途径,即政府影响其政策的有效方式和手段
集合活动	林格林	致力于影响和支配社会进步的具有共同特性的政策活动的集合
	彼得斯尼斯潘	政策活动的一种集合,它表明了一些类似特征,关注的是对社会过程的影响和治理

(二) 政策工具的分类相关研究

政策工具的类型是指运用既定的标准,对抽象、综合的政策工具做出具体的分类与划分。由于国内外学者对政策工具的分类标准不统一，对政策类型的划分也千差万别，因此当前政策工具的具体种类也千差万别。学者也往往根据研究的需要而选择适合自己的政策工具类型。

当前主要的政策工具分类如下：①荷兰经济学家科臣（E. S. Kirschen）着重研究即："是否存在着一系列的执行经济政策以获得最优化结果的工具。"他以此整理出了64种一般化政策工具，但他未进行进一步系统化的分类，也没有对这些工具的起源加以理解化讨论。②美国政治家罗威、达尔和林德布洛姆等将政策工具归入一个宽泛的分类框架中，将工具分为规制性工具和非规制性工具两类。萨尔蒙继承并推进了他们的讨论，增加了开支性工具和非开支性工具两种类型。③著名政策分析家狄龙（Van der Deolen）将政策工具划分为法律工具、经济工具和交流工具三类，每组工具又都有其变种，可以限制和扩展其影响行动者行为的可能性。另外一种新近的三分法是将政策工具分为管制性工具、财政激励工具和信息转移工具。④胡德提出了一种系统化的分类框架。他认为所有政策工具都使用下列四种广泛的"政府资源"之一，即政府通过使用其所拥有的信息、权威、财力和可利用的正式组织来处理公共问题。⑤麦克唐纳尔和艾莫尔（L. M. McDonell and R. F. Elmore）根据工具所获得的目标将政策工具分为四类，即命令性工具、激励性工具、能力建设工具和系统变化工具。⑥英格拉姆（H. M. Ingram）等也做出一个与麦克唐纳尔等类似的分类，将政策工具分为激励、能力建设、符合和规劝、学习四类。⑦加拿大公共政策学者豪利特和拉米什（M. Howlett and M. Rramesh）根据政策工具的强制性程度来分类，将政策工具分为自愿性工具（非强制性工具）、强制性工具和混合性工具三类（见图2-1）。与其他分类相比，他们的分类框架更具有解释力、更合理。①

---

① 陈振明：《政府工具研究与政府管理方式改进——论作为公共管理学新分支的政府工具研究的兴起、主题和意义》，《中国行政管理》2004年第6期。

```
自愿性工具          混合型工具         强制性工具
┌──────────────────┬─────────────────────┬──────────────────┐
家庭和社区  自愿性组织  私人市场 │ 信息和劝诫  补贴  产权拍卖  税收和使用费 │ 监管  公用事业  直接提供
低                        国家干预程度                        高
```

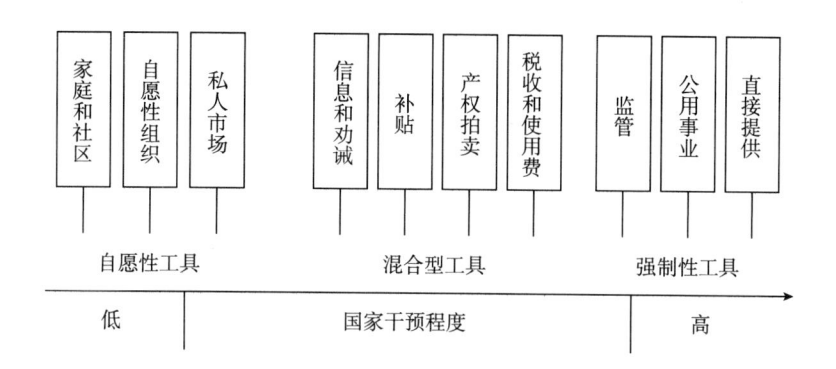

图 2-1　豪利特和拉米什的政策工具分类图谱

（三）政策工具的选择与评估

1. 政策工具的选择

政策工具的正确选择是顺利实现政策目标的基本保证，也可增加政策制定的科学性，改善政策执行过程与效果[①]。政策执行在很大程度上涉及把政府的一种或多种基本工具应用到政策问题中去。不管是以自上而下的"设计"模式，还是以自下而上的"行政"模式来研究政策的执行过程，都涉及从政府的工具箱里选出几种可用工具的选择路径。政策工具的选择常常取决于有待解决的政策问题的复杂性以及该复杂性的本质[②]。

（1）胡德（C. Hood）从四个方面分析政策工具的选择：①只有在充分考虑到其他的替代方案时，我们才能确定哪种工具被选择；②工具必须与工作相匹配，没有哪种工具能够适应所有环境，因此政府需要针对不同的环境选择不同的工具；③工具的选择必须考虑人情、不必太过残忍，工具的选择必须符合一定的伦理道德；④有效性并不是唯一追求目标，理想结果的取得必须以最小的代价获得。

（2）林格林（Arthur B. Ring）指出，政策工具的选择须从经济学视角、政治学视角、规范视角与法律视角四种视角加以判断。他还建

---

① 丁煌、杨代福：《政策工具选择的视角"研究途径与模型建构"》，《行政论坛》2009 年第 3 期。

② 曲洁：《义务教育改革与发展的政策工具研究》，博士学位论文，复旦大学，2013 年。

构了探索政策工具选择的不同问题的概念框架,每个问题代表不同的视角与不同的标准。并且他认为政策工具选择的中心在于"适合",艾默里杰克(Emerijck)认为关于"适合"的问题有四种(见表2-3)。

表2-3　　　　艾默里杰克的四种政策工具"适合"类型

		文化—规范
适当逻辑性	可行性 (政策工具可行吗?)	可接受性 (政策工具具有规范意义上的正确性吗?)
结果逻辑性	效果 (政策工具运作吗?)	合法性 (政策工具被许可吗?)

(3) 豪利特将政策工具的选择区分为三种途径[①]：①资源途径强调政策工具本身的技术特性，各项工具都有其特殊的功能及运用的条件，因此工具之间是无法互相替代的。政府在选择政策工具时，是以问题的特质、治理的资源及工具本身的功能为考量基础，这也限制了可选择工具的范围。②连续带途径强调现存政策工具之间具有相似性，且认为工具在技术上并无太大差异，是可以相互替代的。在此途径的观点下，由于各工具之间并无明显的区别，因此，政府对政策工具的选择不是以技术考量为基础，而是受到政治因素的影响。③政策设计途径结合前两个途径的特殊，使得前两个途径的差异逐渐缩小。政策设计途径主张政策工具之间在技术上是可以相互替代的，但也受到政策子系统的影响。该途径一方面以治理的资源为基础，界定一些基本的政策工具类型；另一方面试图建立一个连续带，用以描述政策工具的选择。

(4) 中国学者张成福认为政策工具的选择应考虑以下七个方面的因素：①各种政策工具都有优缺点，并没有优劣之分。②公共利益是基本出发点。③政策工具的选择必须是理性的，而且必须以多元理性

[①] Michael Hewlett, "Policy Instruments, Policy Styles, and Policy Implementation: National Approaches to Theories of Instrument Choice", *Policy Studies Journal*, 1991, Vol. 7, No. 2: pp. 1-21.

为基础。④在选择和评估不同的政策工具时,其评价标准也应该是多元的。⑤政策工具的选择必须考虑到多元利害关系。⑥不同政策工具的使用效果取决于各种因素,并不完全取决于工具本身。⑦当前,公共问题的复杂性使得任何一个单一的政策工具都不足以完全解决某一公共问题①。

(5)陈振明把影响政策工具评估和选择的因素归纳为政策目标、政策工具的特性、工具的应用背景、以前的工具选择和意识形态五个方面②。

2. 政策工具的评估

当前,国内外学者关于政策工具评估标准的研究中最被广泛接受的是萨拉蒙(Lester·M. Salamon)的五个方面:有效性与效率、公平性、可管理性、合法性、政治可行性。国内学者大多引用这五个方面或五个方面的延伸③。

政策工具评估标准的五个方面的依次重要性见图2-2。

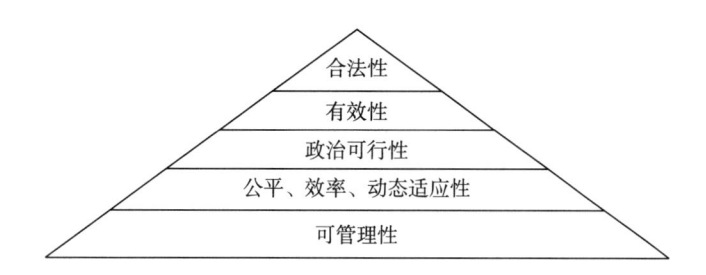

图2-2 政策工具评估标准

国外对政策工具的研究无论是在理论上还是在实证上都已经深入。公共政策工具研究已成为当代西方公共管理学和政策科学研究的焦点和重要的研究途径,并迅速成长为政策科学的一个新的分支和主

---

① 张成福、党秀云:《公共管理学》,中国人民大学出版社2001年版,第62页。
② 陈振明主编:《政策科学——公共政策分析导论》(第二版),中国人民大学出版社2003年版。
③ 刘洪:《政策工具的评价与选择》,硕士学位论文,厦门大学,2005年。

题领域。其主要研究内容集中在政策工具的含义、分类、选择和评价，其应用领域涉及财政金融、环境保护、农业、就业和社会保障等多个领域。公共政策工具的研究在中国起步较晚，是中国政策科学的新兴研究领域，虽然取得了一些初步研究成果，但目前仍处于对国外研究成果的吸收和借鉴阶段，结合中国国情研究成果虽然较多，但大多研究都不太深入。

二 关于妇女体育政策工具的研究现状

西方政策工具理论研究经历了一个产生、演化和发展的过程，实践中的政策工具选择呈现出民主化、效率化、科技化、法制化和多元化的发展趋势。它作为一门新兴的学科已经在政治学、经济学、环境学等宏观领域得到了纵深的发展，同时也在管理学、教育学、法学、就业、财政、金融等微观领域得到重视，但政策工具研究在中国还是政策科学的新兴研究领域，目前仍然处于对国外研究成果的吸收和借鉴阶段。政策工具理论无论是在体育学领域还是在女性学领域都还处于刚刚起步阶段，甚至可以说是萌芽阶段。以"政策工具""Policy Instruments"为检索词在中外文献检索系统上检索，其中体育领域内中文文献2篇，英文4篇；在女性学领域内没有检索到中文文献，英文1篇；妇女体育学领域内没有检索到相关文献。

（1）体育学领域内以"政策工具"为检索词检索到的2篇中文文献：其一，刘春华等[①]的《基于政策工具视角下的中国体育政策分析》，文中提出：体育政策工具作为实现体育公共政策预期目标的途径是政策分析的有效手段。并采用斯特劳斯（Strauss）和科宾（Corbin）的程序化型扎根理论为基础，按照构建政策分析框架、界定分析单元、编码归类、统计分析等步骤对《中华人民共和国体育法》从 X 基本政策工具和 Y 体育强国价值判断两个维度进行计量与分析，深入剖析体育政策在政策工具选择、组织、关联中存在的缺失与冲突，从而对体育政策的优化与完善给出合理化的政策指引和技术手段支持。

---

① 刘春华等：《基于政策工具视角下的中国体育政策分析》，《体育科学》2012年第12期。

第二章 文献综述

其二，郝大伟等[①]的《基于政策工具视角下的中国体育产业政策分析》，文中指出：体育产业政策工具作为实现体育产业繁荣发展的有效方式，是分析政策的必要手段，对体育产业政策在政策工具选择、实施、反馈中存在的缺失与冲突进行了深入的剖析，对体育产业政策的优化与完善给出合理化的政策指引和建议。

（2）体育学领域内以"Policy Instrument"为检索词检索到4篇英文文献，分别是：加拿大学者John C. Spence等的《为促进加拿大孩子参加体育活动实施的不可退还的税收减免政策工具是不公平的》(*Non-refundable Tax Credits Are an Inequitable Policy Instrument for Promoting Physical Activity among Canadian Children*)；意大利学者PoloDi Betta等的《媒体是影响职业足球商业模式的一种政策工具：意大利的证据》(*The Media as a Policy Instrument in Influencing the Business Model of Professional Soccer：Evidence From Italy*)；韩国学者李龙植的《公共信息作为政策工具在体育政策中的应用》(*Public Information as Policy Instrument and Application on Sport Policy*)。

（3）妇女学领域内以"Policy Instrument"为检索词检索到1篇英文文献：波兰学者Rekas Magdalena的《税收作为一种家庭政策工具：女性就业的影响》(*Taxationasan Instrument of Family Policy：Effects for Women's Employment*)。

由此可见，无论国外还是国内，妇女体育学领域内对政策的研究较少，研究成果也是针对某一方面问题的泛泛而谈，不够深入。对相关的妇女体育政策应该涵盖哪些内容、政策如何落实到具体环节上，目前还没有学者对其进行研究，更没有学者运用政策工具理论对现有的妇女体育政策如何落实和执行问题进行研究，这正是本书研究的立足点和研究目的。本书试图通过运用政策学、公共政策学、政策工具等的基本理论，借鉴历史"古为今用"与国外经验"洋为中用"，探索近代影响中国妇女体育发展的相关政策、国际上较为著名的妇女体

---

① 郝大伟等：《基于政策工具视角下的中国体育产业政策分析》，《武汉体育学院学报》2014年第9期。

育政策、中国妇女体育政策应涉及的内容领域，初步构建中国妇女体育政策文本内容体系，选取合适政策工具，把当前中国的妇女政策和体育政策紧密地结合起来，对政策执行者起到指导作用，把各种政策快速有效地执行到每个环节的妇女体育工作中去，促进中国妇女体育的快速发展。同时，通过本书的研究，希望能够引起相关政府部门的重视，尽快出台中国专门的妇女体育政策。

第三章

研究对象与研究方法

第一节 研究对象

本研究以国际组织和发达国家妇女体育政策、中国自戊戌变法以来影响妇女体育发展的相关政策内容以及妇女体育政策实施效果和使用的政策工具等作为研究对象。以中国妇女体育政策相关的制定者、政策的执行者、广大妇女健身爱好者、从不参加体育锻炼的女性人群、体育相关部门的领导、妇女相关部门的领导、相关专家等作为访谈调研对象。

第二节 研究方法

一 文献法

文献研究是一种通过收集和分析现存的,以文字、数字、符号、画面等信息形式出现的文献资料,探讨和分析各种社会行为、社会关系及其他社会现象的研究方式[①]。本研究通过对国家图书馆、国际互联网等中文文献数据、相关外文网站(如 http://www.bing.com;ht-

---

① 风笑天:《社会学研究方法》,中国人民大学出版社 2009 年版,第 233 页。

tp：//www.sportengland.org/；http：//scholar.Google.com；http：//www.caaws.ca；http：//canada.pch.gc.c；www.abs.gov.au；http：//www.health.gov.au；http：//www.ausport.gov.au；www.alswh.org.au，etc）等查阅，搜集了大量有关妇女体育、妇女体育政策以及政策工具方面的相关文献，其中包括现代奥运会以来的国际妇女政策、体育政策、妇女体育政策，发达国家的妇女体育政策，中国自1898年戊戌变法西方女性主义传入中国以来的妇女体育领域内相关政策文本，以及妇女体育与政策工具领域的中外期刊论文、书籍杂志、统计报告等。在搜集文献资料的基础上，对其进行了统计整理和分析，为本研究提供文献支撑。本研究主要考察与参考文献领域如表3-1所示。

表3-1　　本研究所涉及的主要文献领域及对本研究的贡献

所涉及的主要文献领域	具体内容	对本研究的贡献
政策科学类	主要收集查阅了政策科学、行政管理学、公共管理学等相关公共政策研究、制定及实施的相关著作、学术论文等	对本研究妇女体育政策研究提供政策科学的基本理论指导，提供研究政策制定及政策工具选择的方法、步骤及涉及主要因素等
国内妇女体育及相关政策类	（1）1898年以来中国关于妇女体育的相关政策文本	为考察近代以来中国不同历史时期对妇女体育工作政府层面的认知、措施及办法等提供支撑
	（2）1898年以来中国关于妇女体育及相关政策的研究成果	全面了解不同历史时期领导者、专家、社会名人、媒体及社会大众对妇女体育及相关政策的认知及态度等
	（3）1898年以来，中国关于妇女体育及相关政策的领导人、知名专家及社会名人讲话	
	（4）1898年以来，中国政府报纸杂志关于妇女体育及相关政策的报道、社论及评论等	

续表

所涉及的主要文献领域	具体内容	对本研究的贡献
国际妇女体育及妇女体育政策类	（1）国际组织关于妇女体育及妇女体育的相关政策文本	了解国际相关组织妇女体育及妇女体育政策制定具体内容、特征及对中国启示
	（2）国际组织关于妇女体育及妇女体育政策的相关调研报告	了解国际相关组织妇女体育相关政策取得的成效及存在问题
	（3）发达国家关于妇女体育及妇女体育政策文本	了解发达国家妇女体育及妇女体育政策制定的具体内容、特征及对中国启示
	（4）发达国家关于妇女体育及妇女体育政策的相关调研报告	了解发达国家妇女体育相关政策取得的成效及存在问题
	（5）国际关于妇女体育、妇女体育政策相关的学术论文、著作等	了解国外关于妇女体育政策研究的前沿、趋势及主要议题等
其他	（1）关于妇女及妇女政策的国际、国内相关文献	为本研究提供研究思路、问题涉及广度及方法学启示
	（2）关于政策及政策体系构建的学术论文与学位论文	
	（3）关于研究方法、统计学及逻辑学类著作等相关文献	为本课题研究提供具体的研究工具等

二 调查法

为了深入了解中国妇女体育发展状况、妇女体育与男性体育的公平状况、女性参与体育的需求及妇女体育政策出台的必要性与可行性等，本研究深度访谈了三类人群。

（一）妇女、妇女体育、政策科学研究的相关专家

为全面了解不同层面专家对妇女体育政策的意见与建议，本研究重点调查了三类专家：一是妇女、妇女政策研究方面相关专家。主要

访谈内容：专家本人对参加体育活动的态度、专家对女性参加体育活动与男性相比是否存在明显的不平等问题的看法、专家研究工作中是否考虑过妇女体育及妇女体育政策相关问题、专家对国家专门出台妇女体育政策的意见与建议等。二是体育、妇女体育研究方面专家。主要访谈内容：专家对中国妇女体育存在问题的看法、妇女参加体育活动与男性相比的公平状况、对中国出台专门的妇女体育政策的意见和建议。三是体育政策研究方面专家。主要访谈内容：专家对中国妇女参加体育活动的看法、妇女参加体育活动与男性相比是否存在性别不平等问题、对中国出台专门的妇女体育政策的意见和建议、对中国出台妇女体育政策的基本程序与内容体系的意见与建议。访谈专家情况见表3-2，访谈提纲见附录。

表3-2　　　　　　　访谈相关方面专家基本信息（n=9）

姓名	职称或学位	工作单位	备注
李××	教授	中华女子学院	全国妇联人才开发培训中心负责人
董××	教授、博士	北京大学体育部	北京大学妇女体育研究中心负责人
李×	教授	上海体育学院	博士生导师、体育休闲与艺术学院负责人
熊×	教授、博士	华南师范大学体育学院	博士生导师、女性体育研究专家
马××	教授、博士	北京体育大学体育艺术学院	博士生导师、妇女体育研究专家
孙××	教授	中华女子学院	全国人大代表，妇女研究专家
王×	教授、博士	北京体育大学管理学院	博士生导师、体育管理学专家
黄××	教授、博士	北京体育大学	博士生导师；中国体育科学学会体育社会科学分会常委；北京市决策学会常务理事
张××	教授、博士	河南大学体育学院	博士生导师、负责人

（二）妇女组织相关部门及体育主管部门领导者、工会相关负责人

对于妇女组织或相关部门领导者、工会负责人，主要调查了对妇

女体育的看法、本部门在工作中是否发现妇女体育性别不平等问题、本部门对国家出台专门的妇女体育政策的意见与建议等；对于体育主管部门负责人，主要调查了对妇女体育的看法、本部门在过去的工作中开展了哪些针对妇女体育的相关活动、本部门在出台相关规章制度中是否考虑男女性别的差异问题、本部门在工作中是否发现妇女体育性别不平等问题、本部门对国家出台专门的妇女体育政策的意见与建议、妇女体育政策应主要涉及哪些方面等。具体访谈负责人基本情况见表3-3，访谈提纲见附录。

表3-3　　　　　　　访谈妇女组织、体育主管部门等
相关方面负责人基本信息（n=15）

工作领域	人数（人）	职称/职务	学历	平均从事相关工作年限（年）
国家、省市体育局群体处主管领导	4	处级2；科级2	博士1　硕士1　本科2	7.2
省市教育厅体卫艺处负责人	4	处级3；科级1	硕士2　本科2	15.6
省市工会负责人	4	处级4	硕士1　本科1	9.7
省市妇联	3	处级3	本科3	13.1
合计	15			11.3

（三）不同阶层女性人群

为了进一步了解不同层面女性对妇女体育及妇女体育政策的意见与建议，根据中国社会阶层划分和本研究的实际需要，本研究共访谈了10类人员，并根据各类人员情况选择了各个领域有代表性的不同地区人员进行访谈，比如在役或退役女运动员，我们访谈了2017年国际田联世界田径锦标赛，女子标枪铜牌获得者、亚洲纪录保持者吕某某等。具体信息如表3-4所示，访谈提纲见附录。

表 3-4　　　　　　本研究访谈的 10 类不同层面的
　　　　　　　　　妇女分布基本信息（n=63）

序号	不同阶层女性	人数（人）	访谈核心内容
1	处级以上女性领导	7	1. 本人对参加体育活动的看法。 2. 本人是否认为男女在参加体育活动方面存在不平等问题。 3. 本人工作单位、生活社区是否在体育场馆设施配置、体育活动开展等方面存在男女不平等问题。 4. 本人自上学以来接受的体育教育、训练等方面是否存在男女不平等现象。 5. 本人认为国家是否有必要出台专门的妇女体育政策。 6. 若认为有必要出台专门的妇女体育政策，政策主要保障妇女哪些方面的体育权利等
2	大学副教授以上职称女教师	9	
3	企业中层女性管理人员	6	
4	一线女工	6	
5	农村妇女	5	
6	女性商业服务人员	6	
7	一般女公务员和技术人员	6	
8	女企业主	5	
9	女大学生	8	
10	在役或退役女运动员	5	

（一）问卷调查法

1. 问卷设计及内容效度检验

为了便于量化分析专家、相关人员对妇女体育、妇女体育政策相关的认识与看法，本研究设计了两套问卷：一是不同阶层女性参加体育锻炼、妇女体育及妇女体育政策看法等的相关问卷（见附录）；二是关于参与学校体育竞赛、业余训练男女生比例状况调查问卷（见附录）。

本研究分别对两份问卷进行专家内容效度检验，主要选择了该领域相关专家对问卷进行了审验。首先，依据有关文献和访谈情况设计了问卷初稿，然后送交相关专家评阅，请专家对问卷的设计内容进行检查；最后，根据专家所提出的修改意见进行问卷修改，并定稿。对问卷设计内容效度审核的专家信息见表 3-5，填写问卷专家对问卷内容设计的认可情况见表 3-6。表 3-6 的调查结果显示，问卷设计的内容得到了大多数专家的认可。

表 3-5　　　　　两份问卷设计内容效度调查专家信息

问卷 （调查人数）	职称		学历		
	教授（%）	副教授（%）	博士（%）	硕士（%）	本科（%）
不同层面妇女 调查问卷（n=12）	8（66.7）	4（33.3）	7（58.4）	4（33.3）	1（8.3）
中小学体育教师 调查问卷（n=10）	7（70.0）	3（30.0）	5（50.0）	5（50.0）	0（0.0）

表 3-6　　　　　两份问卷设计内容效度专家意见

问卷 （调查人数）	完全可以 人次（%）	比较可以 人次（%）	一般 人次（%）	比较不可以 人次（%）	完全不可以 人次（%）
不同层面妇女 调查问卷（n=12）	6（50.0）	5（41.7）	1（8.3）	0	0
中小学体育教师 调查问卷（n=10）	4（40.0）	4（40.0）	2（20.0）	0	0

2. 问卷发放对象与发放方式

①不同层面妇女调查问卷发放：按照研究设计，本研究首先确定了相关人员的调查数量，然后再到相关城市寻找符合相应条件要求的妇女，并采取实地现场发放问卷，主要筛选的 10 类人群情况见表 3-7（有效问卷调查对象情况），调查对象分布在北京、天津、武汉、太原、沈阳、重庆、西安、昆明、西宁、郑州、广州、杭州、成都 13 个省会城市及其下辖的农村，每个城市调查 150 名女性，其中：10 类人员分别发放问卷数为表 3-7 中每类人员后的"（ ）"内数量。②中小学体育教师问卷发放：主要利用 2017 年 9 月 1—3 日在浙江杭州举行的中华人民共和国第十三届学生运动会体育科学论文报告会期间，现场对参加会议的中小学体育教师进行现场发放现场回收，调查对象主要有福建、河北、广东、天津、浙江、河南、上海、重庆、北京、陕西等省份的中小学体育教师，问卷发放具体情况见表 3-8。

表3-7　本研究10类妇女人群问卷有效调查对象情况（n=1873）

不同层面妇女	人数（人）	具体情况
处级以上女性领导（5）	61	（1）年龄分布情况： 18—30岁占34.5%；31—40岁占27.3%；41—50岁占15.3%；51—60岁占12.4%；60岁以上占10.5%。 （2）学历情况： 初中及以下占30.3%；高中、中专及职高占41.9%；大专、本科占22.4%；研究生以上占5.4%。 （3）家庭婚育情况： 未婚占22.9%；已婚无子女占31.8%；已婚有子女占41.8%；离异或独居占3.5%。 （4）目前家庭人员情况： 独居占13.1%；二人占39.2%；三人占33.8%；四人及以上占13.9%。 （5）身体的健康状况： 非常好占20.7%；比较好占47.1%；一般占27.1%；不太好占4.0%；非常不好占1.1%
大学副教授以上职称女教师（20）	255	
企业中层女性管理人员（10）	127	
一线女工（20）	244	
农村妇女（20）	239	
女性商业服务人员（20）	250	
一般女公务员和技术人员（20）	254	
女企业主（10）	123	
女大学生（20）	258	
在役或退役女运动员（5）	62	
合计	1873	

表3-8　本研究问卷调查有效对象中小学体育教师信息

调查对象中小学体育教师	人数（人）	职称 高级（含特级）	职称 中级	职称 初级	学历 研究生及以上	学历 大专、本科	学历 高中、中专及职高
高中	60	38 (26.2%)	72 (49.7%)	35 (24.1%)	31 (21.4%)	95 (65.5%)	19 (13.1%)
初中	45						
小学	40						
合计	145						
调查对象年龄分布情况：	18—30岁占26.2%；31—40岁占47.6%；41—50岁占15.2%；51—60岁占11.0%；61岁以上占0						

注：145个教师分别分布在145所学校。

3. 问卷发放与回收情况

问卷的发放与回收情况见表3-9。

表3-9　　　　　　　　　　问卷的发放与回收情况

问卷	调查对象	发放份数（份）	回收份数（份）	回收率（%）	有效份数（份）	有效回收率（%）
不同层面妇女调查问卷	处级以上女性领导（5）	65	62	95.4%	61	93.8%
	大学副教授以上职称女教师（20）	260	257	98.8	255	98.1
	企业中层女性管理人员（10）	130	129	99.2	127	97.7
	一线女工（20）	260	248	95.4	244	93.8
	农村妇女（20）	260	241	92.7	239	91.9
	女性商业服务人员（20）	260	253	97.3	250	96.2
	一般女公务员和技术人员（20）	260	258	99.2	254	97.7
	女企业主（10）	130	124	95.4	123	94.6
	女大学生（20）	260	259	99.6	258	99.2
	在役或退役女运动员（5）	65	62	95.4	62	95.4
	合计	1950	1893	97.1	1873	96.1
中小学男女生参加体育训练、竞赛调查问卷	中小学体育教师问卷	160	151	94.4	145	90.6

从表3-9可以看出，本研究调查的所有问卷有效回收率均在70%及以上，两份问卷总有效回收率达到96.1%和90.6%，符合统计学有效性回收率70%以上的要求。

4. 问卷信度检验

对问卷填写的信度问题，本研究调查对象比较分散，不便于采取重测法，根据研究需要采取了两种方法：

对于10类不同层面的妇女调查问卷采取了"折半分析法信度检验"，主要基于两个原因：一是对不同层面妇女调查分布比较分散，人员数量较少，难以实施；二是对10类妇女的调查主要是态度和意见式题型，这是折半分析法的优势所在。本研究折半分析结果见表3-10，结果显示，本研究调查的10类妇女人群的折半信度系数均在0.85以上，符合统计学要求。

表3-10　　　　　10类不同层面妇女问卷信度检验系数

问卷	折半信度系数
处级以上女性领导	0.90
大学副教授以上职称女教师	0.92
企业中层女性管理人员	0.87
一线女工	0.85
农村妇女	0.84
女性商业服务人员	0.91
一般女公务员和技术人员	0.90
女企业主	0.88
女大学生	0.93
在役或退役女运动员	0.83
合计（均数）	0.88

对于中小学体育教师调查问卷，主要采取在问卷中设计了两个内容一致的检测题，即在正式调查后，对比所设置问题的回答的一致程度，对比计算结果显示同样的问题前后一致性达到92.7%，符合统计学的相关要求。

（二）网络、电话和实地调查法

为了全面地了解中国妇女体育基本状况，为妇女体育政策的制定提供现实依据，我们结合国际组织及发达国家的成功经验及共识指标，运用网络调查、电话调查和实地调查等方法，调查了表3-11相关数据。

表 3-11　　中国妇女体育基本状况调查指标或事项

涉及领域	选取调查指标或事项	调查方法
女性在体育领域领导权、参政权状况	（1）近几届全国人大代表中，男女体育领域代表数量及比例	网络查询调查
	（2）近几届全国政协委员中，男女体育领域代表数量及比例	网络查询调查
	（3）近几届31个省份人大代表中，男女体育领域代表数量及比例	网络查询调查
	（4）近几届31个省份政协委员中，男女体育领域代表数量及比例	网络查询调查
	（5）国家体育总局及各职能部门处级以上领导男女数量及比例	网络查询调查、电话调查
	（6）教育部体卫艺司及31个省份教育厅体卫艺处处级以上领导男女数量及比例	网络查询调查、电话调查
	（7）31个省份体育局及各职能部门处级以上领导男女数量及比例	网络查询调查、电话调查、实地调查
	（8）15所体育院校校级以上领导男女数量及比例	网络查询调查、电话调查
	（9）全国男女裁判员比例状况	数据库查询
女性在体育领域企业及相关部门就业状况	（1）全国10大品牌体育企业中7大公司男女员工数量及比例	电话调查、实地调查
	（2）国家队男女教练员数量及比例	电话调查、实地调查
	（3）31个省份体育局系统男女教练员数量及比例	电话调查、实地调查
	（4）中小学体育教师男女数量及比例	问卷调查（同问卷调查法）

续表

涉及领域	选取调查指标或事项		调查方法
媒体对女性体育关注情况	A. 电视媒体	(1) CCTV-5男女体育覆盖时间比例	网络视频回看统计分析
		(2) CCTV-1体育报道男女时间比例	网络视频回看统计分析
	B. 报纸类媒体	(1)《中国体育报》报道男女体育活动时间比例	《中国体育报》网络数字版查询统计分析
		(2)《人民日报》报道体育活动男女时间比例	《人民日报》网络数字版查询统计分析
女性参与体育状况	(1) 竞技体育领域：国家队男女运动员数量及比例		电话调查、实地调查
	(2) 竞技体育领域：31个省份省队男女运动员数量及比例		电话调查、实地调查
	(3) 竞技体育领域：参加最近一届全运会的男女运动员、裁判员、教练员数量及比例		实地查询2017年天津全运会赛事统计信息数据库
	(4) 社会体育领域：男女参与体育活动比例		查询中国知网近年相关研究文献
	(5) 学校体育领域：参加体育竞赛、业余体育训练的男女生的数量及比例		问卷调查（同问卷调查法）

（三）典型调查法

典型调查法（Typical Survey）是根据调查目的和要求，在对调查对象进行初步分析的基础上，有意识地选取少数具有代表性的典型单位进行深入细致的调查研究，借以认识同类事物的发展变化规律及本质的一种非全面调查。本研究所进行的中国妇女体育政策研究，在国内不多，在国际上一些发达国家已经实施多年，那么如何才能科学地构建中国的妇女体育政策体系？一方面，我们要对国际上妇女体育政策建设比较成功的英国、美国、澳大利亚、加拿大等国家进行典型深入调查，以吸取经验。另一方面，按照国际共识，我们要深入了解中国不同社会阶层女性对妇女体育、妇女体育政策的看法及需求，因此，要对不同阶层的女性进行典型深入访谈，了解其真实意图及诉求。

三　文本分析法

文本分析法，又称内容分析法，是一种对研究对象的内容进行深入分析，透过现象看本质的科学方法。通过一系列的转换范式，将文本中的非结构化自然信息转换为可用来定量分析的结构化信息形态。文本分析法主要包括：决定是否采用内容分析法、设计分析维度和体系、抽取分析资料、量化处理资料、分析和解释结果五个步骤。本研究主要采用文本分析法中的解读式文本分析法，这是一种通过精读、理解并阐释文本内容来传达作者意图的方法。通过精读国家和地方关于妇女体育政策的文本、国际妇女体育政策的文本、发达国家妇女体育政策的文本，重点分析国际组织及发达国家妇女体育政策制定的背景、目标、理念、原则、涉及领域、核心内容体系及实施策略等，并分析抽取出自愿、强制性和混合型等相关政策工具，为本研究妇女体育政策体系构建及政策工具选择提供直接依据。

本研究通过查阅分析电子报纸杂志的形式统计了 2016 年 7 月 1 日至 2017 年 6 月 30 日的《人民日报》（http：//paper.people.com.cn）、《中国体育报》（http：//www.Sports-press.cn/yls/zgtyb）、《新京报》（http：//epaper.bjnews.com.cn）分别报道男性和报道女性的文章数量、头版头条数量、专栏数量、图片数量、附带图片的文章数量、报道女性文章所处的版面位置、报道女性文章的内容，计算统计出其关于男性和女性报道的文章数量比例、头版头条数量比例、专栏数量比例、图片数量比例、附带图片的文章数量比例、报道女性文章所处的版面位置比例。

四　比较分析法

公共政策比较分析法主要借助时间上和空间上的因素进行异同研究，进而全面认识和了解公共政策的政治、经济、文化等社会环境条件及公共政策的时空边界，从而探索公共政策的本质和规律，预测公共政策的社会效果。本研究运用比较分析法，在时间维度上对中国体育体制改革与发展、妇女体育发展主要阶段政策进行分析与比较；在空间维度上对中长期体育改革与发展规划、妇女发展纲要中的国家相关政策以及相关政策工具的运用情况进行分析与比较。

另外，本研究也运用查阅节目单（http：//www.kandianshi.com）和视频分析（http：//tv.cctv.com/-cctv5/）、（http：//tv.cctv.com/lm/xwlb/index.shtml）相结合的方式重点对比分析了CCTV-5分别报道男性和报道女性的节目时长、节目时段、节目名称、节目类型、所报道的运动项目和CCTV-1《新闻联播》关于体育的报道中男性和女性的时长、报道内容、报道的运动项目。计算出2016年6月30日至2017年7月1日CCTV-5分别报道男性和报道女性的节目时长比例、节目时段比例、运动项目比例和CCTV-1《新闻联播》关于体育的报道中男性和女性的报道时长比例、报道的运动项目比例。

五 历史研究法

历史研究法是运用历史资料，按照历史发展的顺序对过去事件进行研究的方法。历史研究法强调对研究对象的历史变迁的梳理及所谓某些规律的把握。本研究主要是对自1898年戊戌变法以来，不同时期对妇女体育及妇女体育相关政策的历史变迁脉络进行梳理，考察中国相关历史经验，为构建具有中国特色的妇女体育政策体系及政策工具提供历史借鉴；同时，对IOC、IWG等国际组织及英国、美国、澳大利亚、加拿大等国家的妇女体育政策历史演变及动因、成效进行历史对比分析时也运用了历史研究法，为中国妇女体育政策文本核心内容体系构建提供参考。

第四章

理论建构：妇女体育政策相关基础理论研究

第一节 妇女体育政策制定的核心概念及功能作用

一 相关核心概念的界定

（一）"妇女体育"概念的内涵与外延及本研究界定

"妇女体育"概念涉及"妇女"和"体育"两个相关概念，在某种程度上既取决于两个概念的内涵与范围，也明显取决于更深入的内涵与目的，绝不是两个概念的简单叠加。

首先，"妇女"作为一个概念名词，在国际上通常用"woman""women"表示，通常都是指成年女性。国际上通常用"women and girls"表示所有年龄段的女性，汉语可以翻译为"妇女与女童"，相当于"女性"（female）。

妇女是相对于男性群体而言的女性群体的代名词，是以性别为基础而划分的社会群体。她们有共同的生理、心理特征和类似的社会历史文化特点，她们的生活方式也是取决于女性所特有生理、心理特点和长期的社会历史原因，有着许多共同的境遇、需求、利益等的社会群体。这种对妇女的划分是广义上的概念，统指所有女性群体。而在中国的官方词典中，妇女是指所有的成年女性，包括年满 18 周岁以上的未婚女性和已婚女性群体。但中国司法对妇女的定义是年满 14 周岁以上的统称为妇女，年满 14 周岁以下的称为儿童。

在中国，"妇女"属于国家话语，存在于公共领域，从基本国策、权益保障法等使用时多使用"妇女"一词，如《中国妇女发展纲要》《中华人民共和国妇女权益保障法》"中华全国妇女联合会"等。这里的"妇女"范围涵盖"女婴""女性未成年人""老年妇女"等所有年龄段的女性人群。

另外，通过查阅国际上的相关妇女体育政策发现，大部分政府出台的妇女与体育政策（Women and Sport policy）中的妇女（Women）基本上都包含着"Women"和"Girl"相关政策，也可以理解为所谓的妇女与体育政策（Women and Sport policy）是妇女（Women）和女孩（Girl）的体育政策，那么这里的妇女就是指全体女性（Female）。

基于上述分析，本研究题目中就用"妇女"代替"妇女与女童"（国际上的"women and girls"），意指涵盖所有年龄阶段的女性。这样，用"妇女"代替"妇女与女童"的表述更加简洁，更符合中国政府政策、法律及文件的惯例。

其次，"体育"概念国内外均有不同的界定，但基本内涵一致。在英式英语的体系中通常用"sport"指代"体育"，而美式英语的体系中常用"sports"代表"体育"，二者最早的含义均主要指"竞技体育"，包括身体竞技为主的（田径、足球等）、智力竞技为主的（棋类等）、以机械竞技为主的（一级方程式汽车赛、机动船比赛等）、以协调竞技为主的（台球等）和以动物支持为主的（马术运动）等运动项目。随着社会发展及体育在人们生活中的作用的延伸与变化，"sport"或"sports"有了更广泛的内涵，涵盖内容更全，在某种程度上已涵盖了所有体育活动相关的事项。如欧洲委员会（Council of Europe）在 1992 年通过的《欧洲体育宪章》（*European Sports Charter*）第二条第一款就把"sport"界定为："体育是指各种形式的体育活动，通过随意的或有组织的参与，旨在展示或改善身体健康和精神健康，形成社会关系或在各级比赛获得结果。"①

"体育"在汉语大词典中有两层意思：一是"以发展体力、增强体质为主要任务的教育，通过参加各项运动来实现"；二是"指体育运动。""体育"一词在中国有多层含义，它包含英文中的"Sports（运动）""Physical education（身体的教育）""Physical activity（身体活动）""Physical exercise（身体练习）""Physical culture（身体文化）"全部意思。综合国内外学者近年来对"体育"的理解，体育首先是文化的重要组成部分，是一个增强体质、促进健康的教育过程，是人和社会高度发展的统一。它的本质属性应该是促进健康，增强体质或提高竞技运动水平的一种身体活动。如《新华词典》把体育界定为："体育是增强体质，促进身体健康的教育，以各项运动为基本手段，是社会文化教育的重要组成部分。""广义的体育亦称体育运动，是指人类有目的、有意识地通过身体运动作用于人类自身，增强体质，促进身心全面发展，丰富文化生活的实践活动。受一定社会经济的制约，并为一定的社会经济服务。""体育是以身体活动为媒介，以谋求个体身心健康，全面发展为直接目的，并以培养完善的公民为终极目标的一种社会文化现象或教育过程。"

综合上述国际国内对"体育"内涵与外延的界定，本研究所指的"体育"是对应国际上的"sport"或"sports"，是把其作为一个复合名词来用，是指以促进人类身心健康、增强体质或提高运动水平、提高人的社会适应能力和生活幸福感为目的，以各种运动项目为基本手段的一种有目的、有意识的身体实践活动，包括竞技体育、群众体育、学校体育等各种体育类别及相关事项的总称。

最后，"妇女体育"概念提出有其特殊的内涵与涵盖领域，有特殊的目的与功能。

国际妇女体育实践已有数百年的历史，中国妇女体育也有一百多年的历史。特别是20世纪70年代以后，妇女参与体育运动的人数急

---

① Council of Europe, "Revised European Sports Charter (2001)", https://search.coe.int/cm/Pages/result_Details.aspx?ObjectID=09000016804c9dbb.

剧增加，妇女体育引起了国际组织、政府机构和研究者的重视，虽然不同国家和地区妇女参与体育的表现有很大的区别，但妇女体育已被当今世界广泛接受。在理论上，究竟什么是妇女体育？目前国内外学术界并没有给出一个完整的、确切的、权威的定义。

目前，国际上对"妇女体育"概念的英文表示主要有"women's sport""women's sports""women and sport""women sport""women physical activity""women and girl physical education""women and girl physical exercise"等。"妇女体育"的概念是基于"女性在体育参与中处于弱势地位"提出的，妇女体育包括所有的业余和职业竞技体育。1974年，Billie Jean King 在美国旧金山成立的"妇女体育基金会"[①]（the Women's Sports Foundation）的目标与宗旨是"通过经济资助妇女和女童积极参与竞技体育、创新性体育科学研究、体育教育以及帮助社区女孩积极参与体育健身活动等，提升妇女及女童的生活质量"，由此可以看出两个潜在的内涵：①妇女体育提出的基础是妇女在体育参与上明显低于男性，且影响到其生活质量。②妇女体育的内涵应该包括竞技体育、学校体育、社区体育等各个方面的体育。

此外，"妇女体育"的概念是基于妇女不同于男性的各种特征而提出的。与男性相比较，女性的生理和心理特征有一些不同之处，女性肌肉不够发达，体力相对较弱，由于具有生育器官，在日常的生产活动中有经期、孕期、产期和哺乳期"四期"的特殊表现；女性的心理特征表现为细心、敏感、耐心、坚韧、情感细腻、形象思维较为发达等特点。妇女的生活方式往往取决于妇女的心理和生理特征，但也深受社会长期历史和文化的影响。同时由于妇女担负着人口生产的特殊重任，因此妇女所从事的生产劳动和体育活动应该尊重女性的上述特点，并在必要时给予相应的政策和法律的保护。

虽然妇女参与体育的人数急剧增加，但男女在体育参与上仍然存在很大的差距，而且这些差距在全球普遍存在，并继续妨碍和加剧体

---

① Billie Jean King, "Women's Sports Foundation", https://www.womenssportsfoundation.org/athlete/billie-jean-king/.

育中的性别不平等。"妇女体育"的概念就是在此背景和基础上提出的。综合上述对"妇女""体育"概念的认知及国际对"妇女体育"概念的提出及内涵界定,本研究结合妇女的生理、心理特征,依据特殊的社会历史文化因素,把"妇女体育"界定为:为保护妇女体育参与权利,消除体育中的性别不平等,促进妇女身心健康、增强妇女体质或提高运动水平、提高妇女社会适应能力和妇女生活幸福感为目的,以各种运动项目为基本手段的一种有目的、有意识的身体实践活动以及一系列保障和促进妇女参与体育的社会实践活动。因此,妇女体育应包括妇女体育的基础理论、妇女体育运动项目、妇女体育组织、妇女体育政策法规、妇女体育场地设施、妇女体育训练、竞赛、表演、培训、就业等诸多内容,是妇女体育理论和实践活动的总称。本概念相当于国际上的"women's sport""women's sports""women and sport"和"women sport"。

(二)"政策""公共政策"概念的界定

政策(Policy)是从政治(Politics)一词派生而来的,是指政府管理和公共事务指导,既有政策的含义,又有政治的含义。在中国的古代汉语中,"政"就是指国家处理的大事。"策"的含义就是智谋和方略,如《战国策》中的"策"就是当时各诸侯国在治理国家中所实行的谋略。从中国古代来看,"政策"就是治理国家、处理政事的计谋和方略。

"公共政策"是随着社会历史文化的变迁从"政策"一词演化而来的,与现代国家实行民主政治的体制有着极其密切的关系。中国古代封建社会,政府往往推行一些如以农为本、兴修水利、奖励耕织等政策,这些政策也都体现了当时大众人们的利益,带有一定的公众性。但封建社会的国家不是民主选举制,政府的权利因为不是公众赋予的而不具有公有性。在民主社会,政府是通过政府公共选举产生的,政府的权利是民众赋予的,代表了广大人民群众的利益和意愿,政府往往是根据广大人民群众的意愿履行公务并受到人民大众的监督。由此可见,现代国家的政策带有普遍的公共性,因此被称为公共政策。自1979年以来,随着中国改革的不断推进,"公共政策"一词逐渐被中国学者和官方接受，并成为一个非常重要的实践领域和研究领域。

政策、公共政策概念是公共政策理论及实践研究的前提与基础。关于"政策""公共政策"概念，目前国内外没有统一的界定，不同的专家学者对它的理解存在一定的差异，表4-1、表4-2是国内外学者对"政策"含义的理解。

表4-1　　　　　　　　国外学者对"政策"的定义

学者姓名	国家	定义
伍德罗·威尔逊（Woodrow Wilson）	美国	政策是由政治家即具有立法权者制定的而由行政人员执行的法律和法规
戴维·伊斯顿（David Easton）	加拿大	政策是对全社会的价值做权威性的分配
哈罗德·拉斯韦尔（Harold Lasswell）	美国	政策是一种含有目标、价值与策略的大型计划
罗伯特·艾斯顿（Robert Eyestone）	美国	政策是政府机构和它周围环境之间的关系
托马斯·戴伊（Thomas R. Dye）	美国	凡是政府决定做的或不做的事情就是公共政策
詹姆斯·安德森（James E. Anderson）	美国	政策是一个有目的的活动过程，而这些活动是由一个或一批行为者，为处理有关问题或有关事务所采取的；公共政策是由政府机关或政府官员制定的政策
卡尔·弗里德里希（Carl J. Friendrich）	美国	政策是在某一特定的环境下，个人、团体或政府有计划的活动过程，提出政策的用意就是利用时机、克服障碍，以实现某个既定的目标，或达到某一既定的目的

表4-2　　　　　　中国学者对"政策""公共政策"的定义

学者	出处	定义
孙光	《政策科学》	政策是国家和政党为了实现一定总目标而确定的行动准则，它表现为对人们的利益进行分配和调节的政治措施和复杂过程

续表

学者	出处	定义
王福生	《政策学研究》	政策是人们为实现某一目标而确定的行动准则和谋略,简言之,政策就是治党治国的规则和方略
张金马	《政策科学导论》	党和政府用以规范、引导有关机构团体和个人行为的准则或指南。其表现形式有法律、规章、行政命令、政府首脑的书面或口头声明和指示以及行动计划、策略等
林水波、张世贤	《公共政策》	公共政策是指政府选择作为或不作为的行为
伍启元	《公共政策》	公共政策是政府所采取对公私行为的指引
陈振明	《政策科学——公共政策分析导论》	政策是国家机关、政党及其他政治团体在特定时期为实现或服务于一定社会政治、经济、文化目标所采取的政治行为或规定的行为准则,它是一系列谋略、法令、措施、办法、方法、条例等的总称

表4-1和表4-2是国内外学者对"政策""公共政策"概念的界定比较流行的几种观点,在政策学和公共管理学中传播较广、影响力较强、认可面较大。上述定义均从不同层面对政策的目标、制定、执行等进行了界定。通过对这些定义的分析,我们可以概括出"政策"的核心内涵:①政策的制定者应该是国家的政府机构、社会组织及权威人士及其他政治集团和团体等。②政策是一种有目标的、解决当时社会主要矛盾的计划和行动规划,以法律、法规、行政命令、政府首脑的口头声明或指示等形式出现。③政策是由一系列的行为活动组成的过程。④政策是对社会资源的权威价值分配的行为规范。

总体来看,安德森、弗里德里奇和陈振明等对"政策"(公共政策)的定义相对较为全面,并强调政策是一个活动过程。本研究"中国妇女体育政策研究"中的"政策"遵循陈振明对"政策"的定义:政策是国家机关、政党和其他政治团体在特定时期为实现或服务于一定社会政治、经济、文化目标所采取的这种行为或规定的行为准则,它是一系列谋略、法令、措施、办法和条例的总称。

(三)"体育政策"和"妇女体育政策"概念的界定

学者对"体育政策"的理解主要从以下三个方面进行定义:①从

体育政策目的的视角，日本学者关春南把体育政策定义为："解决体育问题的手段体系和实现体育价值的措施体系。"① 他从所要达到的政策目的出发，把体育政策理解为达到体育政策目的的手段和措施，主要从政策执行的角度来理解体育政策。②从体育政策规范作用的视角，中国学者对体育政策的理解均强调了体育政策的规范作用，基本上都是把政策理解为静态事物。如马宣建在《从奥运战略到协调发展战略——中国、苏联有关体育政策发展变化的比较研究及启示》中提出："体育政策是党和国家在一定历史时期内为保证体育事业按一定路线发展而制定的行为准则。"② 李益群和李静在《政府与体育的公共政策研究》中提出："体育政策是体育发展的行为准则，它规定和指导着体育的发展方向。"③ 李启迪在《体育政策学构想》中提出："体育政策是国家和政府依据特定时期的目标，在体育领域实行行政管理所制定的行为准则，它规定和指引着体育的发展方向，是体育领域中一系列制度性规定、规范、法令、措施、办法、条例和要求体系的总称。"④ ③从公共政策的视角，苗治文在《当代中国体育公共政策分析》中指出："体育政策作为众多公共政策的一部分，是指政府部门或体育社团组织针对体育中公共问题与公共矛盾所采取的用以规范、引导有关机构团体和个人的行为准则与行动指南。"⑤

上述定义基本上比较完整地界定了"体育政策"概念，欠缺之处是中国学者过分强调了体育政策的规范作用，而忽略了体育政策是一个动态的过程，没有体现出如何通过政策的运行来保护国民的各项体育权利、尽量满足广大人民的体育需求，不能完整地概括出"体育政策"的内涵。日本学者关春南对"体育政策"的定义，更多的是从

---

① ［日］関春南著：《戦後日本のスポーツ政策——その構造と展開》，東京大修館店1997年版。
② 马宣建：《从奥运战略到协调发展战略——中国、苏联有关体育政策发展变化的比较研究及启示》，《哈尔滨体育学院学报》1990年第3期。
③ 李益群、李静：《政府与体育的公共政策研究》，《北京体育大学学报》2003年第2期。
④ 李启迪：《体育政策学构想》，硕士学位论文，浙江师范大学，2005年。
⑤ 苗治文：《当代中国体育公共政策分析》，博士学位论文，北京体育大学，2006年。

第四章 理论建构：妇女体育政策相关基础理论研究

政策执行的角度去考虑的，把政策当作达到正常目的的手段和措施，而忽略了政策以外的、促进体育发展的措施、建议等问题。由此可见，国内外还没有统一认可的"体育政策"的定义，许多专家学者都是站在自己课题研究的角度对体育政策的概念进行界定。

本研究在综合国内外相关专家成果的基础上，把"妇女体育政策"界定为：是由政府、团体或组织机构制定的，为解决中国妇女全面参与体育，保障妇女在参与体育过程中的合法权益（包括依法享有的特殊权益），消除体育中各行各业对妇女的性别歧视，促进男女平等，充分调动妇女参与体育活动和体育事业所采取的行动指南和准则。

二 妇女体育政策的功能与作用

（一）妇女体育政策的功能

所谓政策功能（functions of the policy），是指某一政策在经济社会发展中的作用力和影响力。不同学者对政策的功能有不同的认识，但基本是一致的。如陈振明认为政策具有导向功能、控制功能、协调功能和象征功能[1]；陈庆云认为政策具有导向功能、调控功能和分配功能[2]；沈承刚认为政策具有制约性、导向性、管理性和象征性功能[3]；有学者则把政策的功能归纳为导向、控制、协调、管理、分配、规范、中介、监督、再生和动力功能等[4]。我们认为政策的核心功能主要有五大功能：导向功能、控制功能、激励功能、分配功能和规范功能。具体来讲，妇女体育政策则具有以下功能：

1. 促进社会构建良好的妇女体育文化氛围，引导社会各个层面树立正确的"妇女体育观"，指引妇女体育的发展方向——导向功能

政策具有导向作用，制定中国妇女体育政策的一个重要功能是要引导全社会形成正确的妇女体育观。依据社会性别分析与公共政策的

---

[1] 陈振明主编：《政策科学——公共政策分析导论》（第二版），中国人民大学出版社 2003 年版。
[2] 陈庆云主编：《公共政策分析》（第二版），北京大学出版社 2011 年版。
[3] 沈承刚：《政策学》，北京经济学院出版社 1996 年版，第 108—120 页。
[4] 王传宏、李燕凌：《公共政策行为》，中国国际广播出版社 2002 年版，第 321—328 页。

理论，"妇女问题"不是"妇女"的问题，而是"社会的问题"①。同样，妇女参与体育问题，也不是妇女自己的问题，国际相关研究均证明，妇女参加各体育领域活动，对整个社会具有重要的积极作用。妇女体育政策的目标及核心内容应该采取多种措施营造妇女体育参与的良好氛围，教育更多的民众认识到妇女体育的特殊价值与对社会发展的重要意义，支持、鼓励妇女人群多参与体育活动，并进一步指引妇女在体育不同领域发展的方向。

2. 深入剖析体育领域内的性别不平等现象，纠正体育中存在的不平等的行为或事物，预防特定社会问题的发生——控制功能

政策具有控制功能，通过分析中国妇女体育、国际妇女体育的发展史、现状，深入剖析妇女体育参与的不平等现象的类型、根源，制定相应的妇女体育政策，解决体育领域内的性别不均衡现象，预防和纠正体育中的性骚扰、暴力、妇女话语权、同工非同酬、参与机会少、体育资源分配不均衡等不平等现象。政策制定者通过妇女体育政策的出台，对体育领域内所希望发生的事情予以鼓励和资助，对于不希望发生的事情进行遏制和惩罚，从而对体育领域性别不均衡现象进行控制，从政策的角度，对妇女参与体育的各项权利进行保护，激励妇女参与体育的积极性，促进妇女体育事业的快速发展，尽快实现体育领域内的男女平等。

3. 挖掘阻碍妇女参加体育活动的深层原因，激发妇女参与体育各领域活动的积极性和自信心——激励功能

国际国内的相关统计数据均显示，妇女在体育领域的领导权、参政权、就业率、媒体关注、体育资源配置及体育教育、体育参与机会等存在着事实上的不平等，而且这种不平等往往比较隐蔽，不容易被发现。有些现象对于男性来说根本就不认为这是一种不平等，甚至就连女性有时也不认为存在不平等现象。这就说明，妇女体育与男性体育的不平等产生的根源很深，有些已固化为人们的"观念""共识"

---

① 李慧英、刘澄主编：《社会性别与公共政策》（之二），中国社会科学出版社 2014 年版。

等。因此，妇女体育政策的一个重要功能就是要通过广泛调研，深层挖掘，剖析出这些产生根源，化解这些根源问题，建立新的、正确的妇女体育认识，激励妇女参加各项体育活动。同时，也通过妇女体育政策的出台，让妇女看到参加体育活动是自己的权利，有政策给予保障，不需要看别人的眼光，从而增加其参加体育活动的自信心。

4. 促进政府及相关社会组织积极开展妇女体育活动，合理配置妇女体育资源——分配功能

妇女体育政策的出台，会把各级政府、相关社会团体及组织的妇女体育职责做以明细，会提出不同的目标、设置不同的任务、确立不同的标准，会从妇女体育涉及的不同领域进行细化，并促进政府和相关社会组织在不同领域配置妇女体育的人力资源、财力资源、物力资源及其他资源，给妇女提供多种多样的体育活动，提升妇女体育参与率。这也是实现政策的分配功能与调整功能。

5. 为政府、社会公共组织管理、约束、监督和规范涉及妇女体育相关部门和团体的体育行为提供政策依据——规范功能

妇女体育政策的制定，必然会对各级政府、社会组织及相关单位在妇女体育资源配置、妇女体育活动开展、妇女体育领导参政权、妇女体育企事业单位就业、妇女体育媒体报道等方面设置一定的政策目标与评估标准。政府或政府监督、执法部门需要对相关单位的目标实现情况、出现的问题等进行监督、管理及处罚等。而处理这些问题的依据就是妇女体育政策本身，即实现妇女体育管理的"有法可依"。同时，也强调对妇女体育活动的相关管理要按照妇女体育政策要求或限制进行，而不能超越这个要求或限制。如某体育企业妇女就业比例不能低于多少百分比，某体育比赛女性参赛人员不能少于多少百分比等。

(二) 妇女体育政策的作用

中国妇女体育政策的制定就是要从社会性别角度让全体国民（包括领导层、大众、妇女自身等）对妇女体育有正确的认识，并通过各种媒介广泛宣传，充分认识妇女参加体育活动的重要意义，同时培养妇女的体育意识与体育能力，创造妇女从事体育活动的社会条件，进

而提升妇女的体质健康水平和生活质量，实现男女体育权利事实上的平等，进而促进中国社会和谐、文明发展。妇女体育政策的具体作用如下：

1. 唤醒全体国民"妇女体育意识"，真正实现男女两性在体育权利方面的事实平等

妇女体育政策的颁布首先表明国家和政府层面对妇女体育的重视及对妇女体育的社会重要意义。过去由于历史与传统文化的原因，造成了男女体育存在事实不平等现象，妇女体育政策出台就是要去除这些传统观念的影响，政策的颁布是国家充分发现男女两性在体育领域事实造成的不平等基础上而采取的措施，让国家政府机构、人民团体、社会组织、企事业单位及全体公民都认识到男女具有同等享有体育的权利。妇女体育政策的颁布就是要把过去"妇女体育"与"男性体育"的"差距"采取特殊政策或措施弥补、追回过来，最终树立在规划与开展体育活动时充分平等地考虑男女两性体育权利的意识。

2. 提升妇女在体育领域内的话语权

妇女体育政策的一个重要内容就是确保妇女在体育领域的话语权，其目的就是让国家、地方政府、社会组织等在制定相关体育规划、开展体育活动时要充分考虑男女两性的实际体育需求。在英国、美国、澳大利亚等发达国家各级体育部门及国际奥委会、国际体育单项协会等国际体育组织均对其不同职位负责人的女性人员比例做了明确规定，并已经取得了显著成效（参见本书第六章）。同样地，中国要出台妇女体育政策，也必须把妇女体育的话语权充分考虑进去，一方面与国际接轨，另一方面充分尊重女性的体育需求。因此，妇女体育政策的颁布会进一步提高妇女在中国体育发展中的话语权。

3. 消除妇女在体育领域就业歧视，提升妇女在体育领域就业率

与男性相比，女性就业问题常常是世界各国都面临的问题，女性就业明显处于劣势。

通常发达国家妇女体育政策在女性就业方面，会立足于从体育领域自身就业开始去消除男女不公平的问题。如在体育企业的员工招

聘、管理层人员的培养与选拔以及体育管理部门公务员、教练员等都在其妇女体育政策中有具体的最低女性员工比例要求。这一要求也是单位考核评估、资源配置的依据，在一定程度上明显缩小了与男性的差距。中国妇女体育政策的研制中也要考虑体育领域妇女的就业问题，在某种程度上改善这种不公平状况。通过体育领域男女就业率的改善，进而促进全社会政府、企业、社会组织等的男女就业公平。

4. 建立培养妇女体育意识与体育参与能力的机制与条件，全面提升妇女体育参与率

诸多的调查结果显示，影响妇女参加体育活动的因素有很多，但其中一个非常重要的因素是妇女体育意识和妇女体育参与能力。对于一些妇女来说，有时间、有精力、有条件参加体育活动，但这些妇女却不去参加，调查的深层原因是这部分妇女从小没有接受有效的体育教育，没有养成体育意识。也有部分妇女虽然想参加体育活动，但自己没有一项擅长的体育项目运动能力，因此没有信心去参加体育活动，害怕别人嘲笑自己。所以，妇女体育政策在制定时会强调从小开始，利用学校、社区、俱乐部、健身中心等培养青少年儿童的体育技能与习惯，尤其强调加强开展适合女性的体育教育，真正培养女性体育意识与体育能力，让她们在成年后有参加体育活动的基本技能，进而提升全社会妇女体育参与率。

5. 促进媒体关注妇女体育，提高妇女体育媒体覆盖率

媒体主要是指广播、电视、报纸、书籍、杂志、网络等人们借以表达思想和意愿，传播各种信息的舆论工具。媒体具有信息采集存储功能、宣传功能、教育功能、引导功能、孵化功能、监督功能等。在以往的调查中（参考第七章第三节国际发达国家数据），均显示对男性体育的相关媒体报道远远多于女性，并且媒体宣传的内容等也存在明显男女倾向性，更有利于男性。所以，国外妇女体育政策制定时均对媒体宣传提出了具体要求。中国在制定妇女体育政策时，也会对媒体宣传男女体育活动比例提出目标要求，势必会大大提升妇女体育媒体覆盖率，并在宣传内容、视角等方面更正面地进行表达，进而营造整个社会男女两性体育协调发展提供良好平台。

第二节 妇女体育政策制定的理论基础

　　自体育有史记载以来，男女在参与体育上一直存在着明显的性别差异，女性体育无论是体育兴趣、体育动机、体育竞争性及体育冒险等方面均远低于男性[1][2]。男女体育参与的不均衡主要集中在体育资源分配、体育领域就业、体育话语权、媒体关注、休闲时间等，过去许多相关政策没有考虑到女性在该领域处于弱势地位，没有依据女性照顾政策开展体育活动和体育资源配置。妇女体育关注的重点就是尽早消除这些不平等，真正考虑男女差异，促进妇女体育参与率。为进一步确立在体育上的男女平等，一些核心概念的提出也正发生着变化：由"women and sport"向"gender and sports"转变，这里面就是一个核心理念的变化，不是在体育上让女性搞特权，而是尊重性别差异，在安排体育活动时，是否同时考虑到男女体育利益。妇女体育政策的目标就是要逐渐消除过去造成的这些不平等，最终实现"women's sport policy"向"gender sport policy"转变。在研制妇女体育政策时，首先，男女体育差异理论是最核心的理论基础；其次，是女性主义、男女平等、权利、政策、公共政策等相关理论。但对于男女体育差异理论目前涉及的领域较多，有关于学校男女学生的差异（如 Dragan Martinović 等的"Gender Differences in Sport"[3]）、有关于竞技体育项目中男女性别差异（如 David Epstein 的"How much do sex differences matter in sports?"[4]）、有参与体力活动的男女差异及关注

---

[1] ①Robert O. Deaner, et al., "Sex Differences in Sports Interest and Motivation: An Evolutionary Perspective", *Evolutionary Behavioral Sciences*, 2016, Vol. 10, No. 2, 73-97.

[2] Sheila Scraton and Anne Flintoff, "Gender, Feminist Theory, and Sport", http://library.pcw.gov.ph/sites/default/files/gender%20feminist%20theory%20and%20sport.pdf.

[3] Dragan Martinović, et al., Gender Differences in Sports, https://www.lancashiresport.

[4] David Epstein, "How Much Do Sex Differences Matter in Sports?", https://www.washingtonpost.com/opinions/how-much-do-sex-differences-matter-in-sports/2014/02/07/563b86a4-8ed9-11e3-b227-12a45d109e03_story.html?utm_term=.93fcae8af9c6.

第四章　理论建构：妇女体育政策相关基础理论研究

体育活动的男女差异（如 Jacquelynne S. Eccles 和 Rena D. Harold 的 "Gender Differences in Sport Involvement: Applying the Eccles' Expectancy-value Model"[①] ）等，这些差异是诸多研究成果的结论，但都没有形成一个系统的男女两性体育差异理论。因此，本研究中大量吸收了这些研究成果，作为分析政策的主要依据，但没有在此部分专门作为理论进行介绍，就是基于其没有形成系统理论的原因。下面，仅介绍与构建中国妇女体育政策的其他相关理论。

一　马克思主义妇女观——思想指南

马克思主义妇女观，是马克思主义在妇女领域应用的成果结晶，主要对妇女社会地位的演变、妇女的社会作用、妇女的社会权利和妇女争取解放的途径等基本问题做出科学分析和概括，其形成的标志是恩格斯的《家庭、私有制和国家的起源》的出版。该理论在中国正式以"马克思主义妇女观"概念提出是在1990年3月7日江泽民同志在第80个国际"三八"妇女节报告《全党全社会都要树立马克思主义妇女观》中；1995年9月4日，在北京举办的联合国第四次妇女大会上进一步丰富与完善，并确立把"男女平等"作为促进中国社会发展的一项基本国策。此后，胡锦涛、习近平等代表国家进一步发展了马克思主义妇女观，尤其在2015年联合国举办的"全球妇女峰会"上，习近平主席在《促进妇女全面发展　共建共享美好世界》的重要讲话中提出："没有妇女，就没有人类，就没有社会；实现男女平等的道路上依然有荆棘"，并指出："环顾世界，各国各地区妇女发展水平仍然不平衡，男女权利、机会、资源分配仍然不平等，社会对妇女潜能、才干、贡献的认识仍然不充分。"[②]

马克思主义妇女观的核心内容表现在："私有制是妇女受压迫的根源"是其精髓，"妇女解放的程度是衡量普遍解放的天然尺度"是

---

① Jacquelynne S. Eccles & Rena D. Harold, "Gender Differences in Sport Involvement: Applying the Eccles' Expectancy-value Model", *Journal of Applied Sport Psychology*, Vol. 3, Iss. 1, 1991.

② 习近平:《促进妇女全面发展　共建共享美好世界——在全球妇女峰会上的讲话》,《中国妇运》2015年第11期。

其核心论点，"参加社会劳动是妇女解放的一个重要先决条件"是其路径选择，"妇女解放是一个长期的历史过程"是复杂性判断，"妇女在创造人类文明，推动社会发展中具有伟大的作用"是其观点及立足点。这些核心论点对中国妇女体育政策的制定均有重要的指导意义：①马克思主义妇女观肯定了妇女的伟大作用与妇女解放程度的论断，凸显了妇女体育政策制定的现实意义。②参加社会劳动作为妇女解放的先决条件，为妇女体育政策中男女平等就业提供了理论依据。③妇女解放是一个漫长的过程，为妇女体育发展艰巨性、复杂性和长期性提供了一个理论判断依据，也为妇女体育政策长期存在的必要性提供了理论基础。④从马克思主义妇女观的核心内容中，暗含着妇女解放程度、妇女发展水平和妇女与男性平等程度决定着世界、国家的文明发展程度，那么，妇女与男性平等享有体育权利就是马克思主义妇女观中的应有之义。

二 社会性别理论——分析工具

社会性别理论（gender theory）是针对生理性别（sex theory）而言的，是目前国际女性主义的核心理论。该理论把人的自然性别和社会性别进行区分，人的自然性别即男女是天然的，而社会性别中的男女却是后天形成的，因此，男女之间的不平等更多是社会性别的不平等造成的[①]。社会性别理论以社会性别差异、社会性别角色塑造和社会性别制度为核心内容。李慧英把社会性别理论的核心观点概括为四个方面[②]：社会性别是一种权力关系；社会性别是一种社会建构；社会性别是一种制度安排；社会性别是一种文化观念。其目标就是要建立多元的平等的两性关系。社会性别理论所提出的男女平等目标，不是要求男女绝对均等，也不是女性向男性争权夺利、争资源、抢地盘，更不是把男性当成对立面进行歧视或敌视，而是主张在承认并尊重男女两性生理差异基础上，消弭两性的社会性别差距，使女性与男性在家庭、社会各个领域实现角色与分工、权利与责任、机会与结果

---

① 雷欣：《社会性别理论探析》，硕士学位论文，华中科技大学，2008年。
② 李慧英：《论社会性别理论的核心观点》，《山东女子学院学报》2015年第2期。

等各个方面的平等①。近年来，国际国内均把社会性别理论引入公共政策的制定中，其基本方法是将社会性别理论的分析方法运用于公共政策及其制定、执行、监督及评估活动中。对公共政策进行性别分析，其目的不是建立一套关于女性的独立知识体系，而是以性别为分析单位，审视和思考公共政策、公共政策过程和公共政策系统②。对公共政策性别的分析主要从四个方面进行：一是参与机会的性别分析；二是资源分配的性别分析；三是决策权力的性别分析；四是政策效果的性别分析。从这几个方面审视公共政策是否实现了两性公平③。

将社会性别理论引入公共政策领域，对中国妇女体育政策的制定具有重要的指导意义，因为妇女体育是社会发展的一部分，妇女体育政策制定是公共政策的一种，不是"妇女"的事情，而是全社会的事情。按照社会性别理论及在公共政策的利用，妇女体育政策制定的目标就是社会上各部门、各机构、各团体在开展体育活动时均应从男女两性参与机会、资源配置、决策权力及政策效果等方面确定是否做到了两性公平。

另外，应用社会性别理论对妇女体育政策制定有两点启示：一是应该承认男女在体育活动方面生理性别的差异和各自特殊的体育需求，考虑男女的差异与需求就是社会性别理论对妇女体育政策制定的指导思想；二是应该承认在人类体育发展的历史中，由于人们把男女两性的生理差异扩大到了体育领域的方方面面，并由于文化、习俗等的原因，目前已经造成了"男女体育事实上的不平等"，使女性在体育方面处于劣势，因此，我们有必要制定专门的妇女体育政策去逐渐纠正、消除这些不平等现象，真正达到男女两性体育权利事实上的平等。

三 女性主义福利理论——特有视角

自20世纪60年代女性运动重新开始以来，女性主义进入了新的

---

① 刘晓辉、马焱：《男女平等价值观：我们的理解与认识》，http://www.wsic.ac.cn/academicnews/88709.htm。
② 陈方：《性别与公共政策对话》，《中华女子学院学报》2011年第3期。
③ 陈方等：《性别与公共政策》，对外经济贸易大学出版社2012年版。序言第1—3页。

发展阶段。截至目前，已形成了众多女性主义流派，其中自由女性主义、激进女性主义与社会主义女性主义三大主义最有代表性，它们也形成了自己特有三大女性主义福利取向，构成了女性主义福利理论的核心内容。

（一）自由女性主义福利取向

①批评传统的性别观念，去除性别歧视。②倡导男女权利、机会和教育的平等。③提出对女性家务劳动价值的反思。

（二）激进女性主义福利取向

①提出男权制理论；②主张生物革命，谋求女性解放[①]。对女性主义福利取向分析可以看出妇女与福利发展、妇女与福利国家发展的关系，这是女性主义福利理论的独特和重要贡献，为政府等部门制定公共政策提供了独特的性别视角。

（三）社会主义女性主义福利取向

①强调女性受压迫是阶级根源或阶级造成的文化根源；②社会分工导致女性在家庭中失去物质基础（如无偿的家务劳动）；③反对过分强调性别差异；④争取女性保护性立法等。

虽然各个流派的观点不尽相同，但其核心观点是一致的：消除性别歧视；倡导男女平等的福利国家；减少妇女家务劳动是一个重要的福利考虑。

目前，国际已形成共识，女性主义福利理论具有重要的现实及政策意义。妇女福利不仅是女性个人的事情，也在一定程度上决定着儿童福利、家庭成员福利及社会整体的质量[②]。从这个理论我们可以看出，中国在制定妇女体育政策时，要把妇女体育权利作为妇女福利国家的重要内容，妇女体育在某种意义上讲，确实直接影响其子女、家庭的身心健康与幸福程度，进而影响整个国家的幸福指数。所以，在制定妇女体育政策时就要确保妇女的这种福利需求，妇女体育需求的满足更有利于家庭和整个社会的体育发展，促进国家和谐、健康

[①] 张赛玉：《女性主义福利视野下的中国福利制度研究》，《长春理工大学学报》（社会科学版）2015年第5期。

[②] 刘继同：《妇女与福利：女性主义福利理论评介》，《妇女研究论丛》2003年第4期。

发展。

四 政策科学（公共政策分析）理论——政策制定理论基础

政策科学（公共政策分析），简言之是指对政策（公共政策）进行研究、分析的科学。政策科学被誉为当代西方社会科学发展过程中的一次"科学革命""最重大的突破"，以及"当代公共行政学的最重要发展"。政策科学以1951年拉纳（Daniel Lerner）和拉斯韦尔（Haroad D. Lasswell）出版的《政策科学：范围和方法的最近发展》为诞生标志[①]。政策科学主要对何谓政策、政策系统、如何制定政策、如何运行政策及政策效果评估等进行研究。本研究要对中国妇女体育政策进行研究，也必然要以政策科学的基本理论为指导。

政策科学理论包括政策系统、政策过程、政策分析等方面，根据研究需要，本研究所涉及的政策科学理论主要包括以下三个方面。

（一）何谓公共政策？公共政策有哪些类型？妇女体育政策属于哪种类型的公共政策？

公共政策是由政府、非政府公共组织和民众，为实现特定时期的目标，在对社会公共事务实施共同管理过程中所制定的行为准则[②]。妇女体育政策不是"妇女"的政策，而是"全民"的政策，涉及国家体育事业发展中的所有内容，从这个意义上讲，妇女体育政策是公共政策。

按照不同的分类标准，公共政策可以分为不同类别（见表4-3）。根据各类政策的内涵，结合妇女体育政策的本质，本研究认为：妇女体育政策是分配性、调节性、再分配性政策，是具体政策，是社会政策和文化政策。因为妇女体育政策涉及利益的分配和再分配，涉及对不同团体、部门及行为的调节、限制或控制，是一项解决男女体育权利平等的具体政策，是涉及社会性别平等、文化平等的政策。

---

① 陈振明主编：《政策科学——公共政策分析导论》（第二版），中国人民大学出版社2003年版，第4页。
② 陈庆云主编：《公共政策分析》（第二版），北京大学出版社2011年版，第3—4页。

表 4-3　　　　　　　依据不同分类标准，公共政策的分类

分类标准	定义
（1）依据对社会和人们之间关系的影响不同	公共政策可以分为：分配性政策、调节性政策、自我调节性政策和再分配性政策
（2）依据政策空间层次的不同	公共政策可以分为：总政策、基本政策和具体政策
（3）依据政策所涉及的社会生活领域的不同	公共政策可以分为：政治政策、经济政策、社会政策和文化政策

（二）公共政策系统的构成

主要是指公共政策系统由哪些要素组成？目前比较共识的观点为：公共政策系统由公共政策主体、公共政策客体、公共政策环境和公共政策工具组成。公共政策主体是指直接或间接参与公共政策的制定、执行、评估和监控全过程的个人、团体或组织；公共政策客体是公共政策所发生作用的对象，包括公共政策所要处理的社会问题和所要发生作用的社会成员（目标群体）两个方面，其中，"社会问题"是公共政策的直接客体，"目标群体"是公共政策的间接客体；公共政策环境是指影响公共政策产生、存在和发展的一切因素的总和，通常主要包括经济环境、政治环境、社会文化环境、国际环境等；公共政策工具是实现政策目标所采取的方法与手段[①]。

中国妇女体育政策的研制要考虑由谁来制定、谁来执行、谁来评估和监控？妇女体育政策提出的社会问题是什么？主要目标人群是哪些？目前，中国出台妇女体育政策的经济、政治、社会、文化和国际环境如何？选取哪些类型的政策工具实现妇女体育政策目标？这些均可以从公共政策系统分析中获取理论指导。

（三）公共政策从公共政策过程来看

公共政策涉及公共政策制定、公共政策执行、公共政策评估和公共政策监督。本研究主要涉及中国妇女体育政策的研制及妇女体育政策工具的选择，主要从技术层面对妇女体育政策研制涉及的环节进行分析。

---

① 陈庆云主编：《公共政策分析》（第二版），北京大学出版社 2011 年版，第 67—77 页。

第五章

历史镜鉴：中国妇女体育相关政策历史回顾

近代中国的女性解放是从戊戌变法开始的。1898年6月，以康有为、梁启超为代表的资产阶级改良派通过上书光绪帝的形式，发起了学习西方的科学、教育及政治等的改良运动。康、梁等人通过西方的"天赋人权论"，倡导男女平等，批判歧视和残害妇女的封建伦理道德以及女子缠足等陋习，倡办女子教育，这才撼动了中国女子解放运动的大门。查阅中国近代妇女教育史和中国近代妇女体育史发现，中国近代女子体育的兴起与中国近代的女子教育是紧密联系在一起的，中国近代最早的女子体育是出现在西方教会兴办的女子教会学校的。民国时期（1912年1月1日至1949年9月30日）出台的一系列妇女解放的政策和女子接受教育的政策、体育政策等对妇女参与体育都产生了积极的影响，出现了学校女子体育和职工女子体育，但还没有出现专业的女子运动队和女运动员。1949年10月1日中华人民共和国成立后，到1966年5月中旬，先后出台了一系列保护妇女、促进妇女解放的政策、法律，同时也出台了一系列的体育政策，对促进妇女体育的快速发展起到了积极作用，妇女体育蓬勃发展，妇女体育在竞技领域实现了多个零的突破，同时，妇女参与全民健身的积极性高涨，经常参加体育锻炼的人数快速增长。1966—1976年，由于这段特殊的历史时期几乎没有出现促进妇女体育发展的特殊事件和相关政策，本研究将不再对这一时期的相关政策进行梳理。1978年12月，党的十一届三中全会确立了改革开放和以经济建设为中心的社会主义初级阶段的发展模式，中国的体育政策、妇女政策经历不同程度的变革和发展，并出现了部分妇女群众体育政策，对促进中国妇女体育事业的发展起到了快速推进作用，为中国出台完整意义上的妇女体育政策打下了良好的基础。

第一节　晚清时期（1898年6月11日至1911年12月31日）妇女体育发展相关政策研究

一　影响妇女体育发展的相关政策分析

这一时期，主要有两个重要的政策直接影响着妇女体育的发展：《禁止缠足政策》和《奏定女子学堂章程》。

（一）《禁止缠足政策》

放足运动是中国近代女子体育兴起的直接动因，戊戌变法时期维新人士将妇女问题作为改良社会的主要问题之一，把妇女解放与维新变法相结合，系统地提出了妇女解放的思想，中国近代妇女解放运动由此发端。中国妇女的解放运动是从废缠足开始的，而这又促使女子体育的兴起与发展。近代中国最早发起的有组织反缠足运动是西方教会的传教士发起的，他们在当时教会创办的《万国公报》上刊登大量反对缠足的文章，批评缠足对妇女身体的危害，对他们教义的违背等。西方人反对缠足对维新人士产生了很大的影响，维新变法一开始就主张废除缠足、禁食鸦片、设立女学，提倡男女平等，极力宣扬"鼓民力""开民智"。如1898年光绪二十四年康有为向光绪帝上《请禁妇女缠足折》中表明："从国家法度讲，缠足是对无罪女子滥用刑罚；从家庭关系讲，有伤父母对女儿的慈爱；从人体卫生讲，造成了不该有的病态；从民族利益讲，削弱了种族。"[①] 在内忧外患、生

[①] 康有为：《康有为政论集》，北京中华书局1981年版。

存危机的国情下,维新人士将废除缠足与人种改进、国家兴盛紧密联系在一起。"强国保种"仅仅只要求女子废除缠足远远不够,在废除缠足之后,女子还应当锻炼身体,增强体质,这样才能更好地繁衍后代,才能真正保国保种。

清朝政府一直都对汉族妇女缠足的习惯持反对态度,清入关前,就曾下令不准学习关内女子缠足之习。入关后,顺治帝、康熙帝都曾下令禁止女子缠足,但几百年的汉族文化不容易改变,清政府的统治者对汉族女子缠足的习惯持暧昧态度,在实际的执行中并没有强制干预,只是严格下令满族女子不准缠足。清朝末年,西方传教士一系列的反缠足运动、维新人士的反缠足运动和太平天国的反缠足运动又再一次地促使清朝政府颁布了"禁止缠足"的政策,1901 年,慈禧太后又颁懿旨即"汉人妇女率多缠足,行之已久,有伤造物之和,嗣后缙绅之家,务当婉切劝导,使之家喻户晓,以期渐除积习。不准官吏胥役借词禁令,扰累民间。如遴选秀女仍由旗人挑取,不得采及汉人以示限制"。[①] 慈禧太后这次下发的关于禁止缠足懿旨跟前期清朝政府历次下谕旨一样,比较温和,并没有强制执行,只是迫于维新派人士的强烈呼吁才下发的。

太平天国时期的反缠足措施,是中国近代史上反对缠足的一次重要实践活动。1853 年 6 月,太平天国的领导者下令妇女禁止缠足,"着其放脚,妇女皆去脚带"。太平天国之所以下令禁止妇女缠足是出于三个方面的原因:①客家的习俗;②战争需要,太平天国运动有许多女兵参与战争;③"天赋人权"的性别平等政策。

实践证明,不废缠足,女子自然无法参加体育活动,如创建于 1903 年的湖南民主第一女学,虽然开设了体操课,而且由男教师授课,可算是首开新风了,但在"三十几名学生中,上体操课的实际只有十几个大脚姑娘"。由此可见,妇女放足的政策不仅对中国近代妇女解放有突出的意义,更为中国近代妇女体育开端提供了先天生理基础,对中国近代妇女体育的快速发展起到了保障作用。

---

① 姚灵犀:《采菲录》,上海书店出版社 1998 年版。

(二)《奏定女子学堂章程》

1907 年，清政府终于改变了《奏定学堂章程》"以家庭教育包括女学的"政策，正式制定了《奏定女子学堂章程》，并分为《女子师范学堂章程》、《女子小学堂章程》规定：女子学堂分初、高两等，学制各为 4 年，并强调：凡是女子学堂学生，一律禁止缠足。《女子小学堂章程》规定将体操课列为必修课程，课程内容以游戏和体操为主，并规定女子初等小学堂每周有 4 个小时的体操课，女子高等小学堂每周有 3 个小时的体操课。如《女子小学堂章程》[①] 规定："女子缠足最为残害肢体，有乖体育之道，各学堂务一律禁出，力娇弊习"，"以养成女子之德操与必须之知识技能并留意身体发育为宗旨"，"凡小学堂建设之地，及各种堂室体操场用具均须适应学堂之规模"等。并提出体操课的要旨为："使身体各部位发育均齐，四肢动作机敏，咸知守规律、尚协同之公义。其教课程度，在女子初等小学堂则授以适宜之游戏，时或与音乐结合授之，渐进授普通体操；在女子高等小学堂则授普通体操或游戏，凡教授游戏，虽当使之愉快，但须注意使之不蹈放纵之行为。"[②]《女子师范学堂章程》规定体操课是其必修课程之一，四年间每星期有两个小时的体操课，学校必须设有一定的运动器材和室内、室外运动场地，内容以普通体操和游戏为主。如《女子师范学堂章程》[③] 规定："授普通体操及游戏，并授以教授体操之次序法则"，旨在"使身体各部位均齐发育，动作机敏，举止严肃，使之尚协同，守规律之有益"。

《奏定女子学堂章程》第一次从官方角度确立了女学的地位，它作为中国近代第一部女子教育政策使女学在近代学制中取得合法地位。在这之前，中国的女子学校都是由西方教会和民间热衷于女子教育事业、关心妇女解放的爱国人士创办的，不具有官方的性质。由上述可知，它虽然是一部女子教育政策，但涵盖了大量女子体育教育的

[①] 朱有瓛：《中国近代学制史料》，华东师范大学出版社 1989 年版。
[②] 舒新城：《中国近代教育史资料》（下册），北京人民教育出版社 1961 年版。
[③] 朱有瓛：《中国近代学制史料》（第二辑·下册），上海华东师范大学出版社 1986 年版。

内容，并把"体操"列为正式课程，可以视为中国近代教育史上第一部具有较为完整意义的女子体育发展政策，使各女子学校发展女子体育有章可循。因此，《奏定女子学堂章程》对促进中国近代妇女体育的发展意义重大，是中国近代妇女体育发展史的里程碑。

二 晚清时期妇女体育相关政策产生的影响

（一）女子学校体育快速发展

从上述可知，妇女体育始于妇女教育的兴起，早期兴办的女子学校给女子体育的发展提供了一定的条件和空间，是中国近代妇女体育发展的重要场所。女子参与除学校之外的社会体育现象很少或者几乎没有。而且女子参与体育的情况在当时的社会记载较少，数据不清。通过社会记载很难反映出女子参与体育的情况。只有学校教育才有部分记载，当时的教会学校、国人开办的私立学校和公立学校均有体育课程开设情况的记载，我们可以通过当时女子教育的快速兴起来反映出当时女子体育的兴起，侧面反映出当时社会思潮、政府出台的政策文件对妇女体育发展的影响。当时的女子学校主要有三种类型：①教会女子学校；②民间进步人士开办的女子学校；③官办女子学校。这三种类型的女子学校在晚清时期发展很快，据史料记载，截至1902年，全国教会学校共有学生10158人，其中女学生4373人，占总人数的43%[1]。截至1907年，来自《光绪三十三年份第一次教育统计图表》数据显示，除甘肃省、新疆维吾尔自治区和吉林省外，全国其他各省均有女学堂，总数达428所，共有女学生15496人。截至1909年，全国已有小学堂51678所，有小学生1532746人，其中女子小学堂308所，占小学堂总数的0.6%，共有女小学生14054人，占小学生总数的0.9%[2]。当时学校开设的课程每周均有2—4个学时的体操课，也就是说，上述学校的女学生均不同程度地接触到体育课程。由此可见，当时的女子体育在学校发展是非常迅速的，在一定程度上促进了全国妇女体育的快速发展。

---

[1] 陈东原：《中国妇女生活史》，商务印书馆2015年版，第266页。
[2] 程谪凡：《中国现代女子教育史》，中华书局1936年版，第79页。

(二) 专门培养女子体育人才的体育学校出现

此阶段国内开办了大量的女子学校，而且这些女子学校大部分都开设有体育课，体育师资严重紧缺，尤其是女体育教师更是少之又少。一些进步的女校负责人和一些归国留学人员意识到培养专门的体育师资的重要性和紧急性，就开办了专门培养体育师资的体育培训学校和体育学校，解决当时体育师资匮乏现象。具体开办学校情况见表5-1。

表5-1　　　　　　　　　晚清时期体育学校开办情况

时间	创办人、地点	名称	意义
1906.07	上海务本女塾	"暑期女子体操传习所"	开创了中国近代史上培训女子体育师资之先河
1907.07	苏州长元吴劝学所在苏南石子街东首的公立女子小学堂内	为期6周的"夏期女子体操游戏讲习会"	"养成女子小学校教员"
1908	徐一冰、徐傅霖、汤剑娥等在上海西门外方斜路赁屋	女子体操学堂	中国第一所女子体育学校
1910	王季鲁先生在上海	"中国女子体操学习"	中国第一所培养女子体育师资的学校

(三) 出现了学校女子体育运动会

随着女子学校、女子体育学校的兴办，学校中体育课程的开设，有些学校开始效仿西方国家的学校，举办小型的学校体育运动会。如1905年3月，上海《时报》曾报道过这样一条消息："十五下午，上海务本女塾及幼稚舍举行秋季运动大会。运动大会次序如下：①缘绳；②射的；③身体矫正术；④花园（唱歌、游戏）；⑤算术竞走；⑥跳绳；⑦小兵队；⑧庭球；⑨跳舞（对舞）；⑩运粮竞走；⑪剖梨竞走；⑫上学竞走；⑬连球体操；⑭抢旗竞走；⑮抛球竞争；⑯跳舞;⑰裁缝竞争。"① 表5-2是中国近代女子学校运动会比赛情况，由此可以看出中国学校妇女体育的快速发展。

表5-2　　　　　中国近代女子学校运动会比赛情况

年份	运动会名称	比赛项目	观众人数
1903	南浔女子学校运动会	徒手、球竿、棍棒、哑铃、舞蹈类项目	不详
1905	务本女塾及幼稚社会运动会	缘绳、射的、身体矫正术、花园（唱歌、游戏）、算术竞走、连球体操等近20个项目	不详
1909	中国女子体操运动会	普通体操、游戏体操、应用体操等	千余人
1911	上海爱国女校运动会	球竿、木兰刀、撞球、混合体操等20多个项目	两千余人
1912	周南女子师范学校运动会	共开设38种比赛项目	两千余人

（四）对中国妇女体育思想产生了积极的影响

受西方女权主义思潮的影响，她们把为妇女争得平等权，鼓励妇女放足，参加男子能够参加的一切社会活动等纳入救国方案。女子接受教育和体育被视为解放女性的突出表现之一。主要表现在爱国进步人士对女性教育和体育的关照。梁启超在《论女学》一文中指出："西方全盛之国，莫美若。东方新兴之国，莫日本若。男女平权之论，大倡于美，而渐行于日本。日本之女学，约分十三科：一修身，二教育（言教授及蒙养之法），三国语（谓日本文），四汉文，五历史（兼外国史），六地理，七数学，八理科（谓格致），九家事，十习字，十一图画，十二音乐，十三体操。"② 明确指出了女子教育关系到国家的强胜与兴衰，在这一时期西方教会和爱国人士、甚至清政府先后兴办了许多女子学校，并都将体操列为正式授课内容。

---

① 吴昌权、代莉：《中国女子体育的萌芽》，《遵义师范学院学报》2013年第3期。
② 林翠：《中国近代女子体育运动的兴起》，《衡阳师专学报》（社会科学版）1991年第1期。

第二节 民国时期（1912年1月1日至1949年9月30日）妇女体育发展相关政策研究

一 影响妇女体育发展的相关政策分析

（一）民国初期和北洋政府时期影响妇女体育发展的相关政策分析

1. 妇女政策

民国初年，由于清政府的"禁缠足"政策并没有起到应有的作用，女子缠足现象依然普遍，中华民国临时政府成立后又颁布了一系列禁止妇女缠足的政策。如1912年1月1日，中华民国临时政府成立，3月，孙中山就下令颁布"劝禁缠足"令："当此除旧布新之际，此等恶俗，尤宜先事革除，以培国本。"[①] 1916年，内务部又颁布了《内务部通咨各省劝禁妇女缠足文》。1928年，南京民国政府再次发布《禁止妇女缠足条例》。

2. 教育政策

辛亥革命的胜利对中国的女性权利产生了很大的影响，它虽然没有成功出台中国妇女的参政权，但它却规定了女子的受教育权利和体育权利，对促进中国妇女体育发展起到了承上启下的作用，使中国妇女体育由萌芽期过渡到快速发展期。但由于缺乏主管体育的行政机构，体育的发展及相关政策均是通过教育部门的政策、法规实现的。这段时期内出台了很多的教育政策，通过筛选后发现与妇女体育发展相关的政策法规主要出现在如下三个教育政策中：

（1）《壬子癸丑学制》。1912—1913年，南京临时政府颁布了《壬子癸丑学制》，第一次从教育制度上废除了两性差别，规定男女可以同校，促进了妇女教育的快速发展，大大提高了女子入学率，同时也促进女子体育的快速发展。规定了普通中小学每个学年均开设体操

[①] 《大总统令内务部通饬各省劝禁缠足文》，《临时政府公报》1912年第3期。

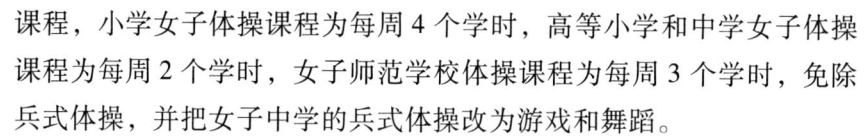

课程，小学女子体操课程为每周 4 个学时，高等小学和中学女子体操课程为每周 2 个学时，女子师范学校体操课程为每周 3 个学时，免除兵式体操，并把女子中学的兵式体操改为游戏和舞蹈。

（2）《改革学校体育案》。1919 年 10 月，全国教育联合会第五次会议上通过了《改革学校体育案》，特别提出："注意女子体育。""注重女校体育：吾国向来不重女子体育，故妇女类多居弱，影响国民甚大，非特别注重女校体育不可：①增加女校体育时间；②完全女校设备；③注重女子特别任务之体育。"

（3）《壬戌学制》。《壬戌学制》是北洋政府于 1922 年颁布的《学校系统改革案》，女子教育以法规的形式公布，并确立了中国历史上第一个不分性别的单轨学制，男女平等的受教育权从学制上得到确立。壬戌学制正式将"体操科"改为"体育科"，废除兵式体操，丰富了体育课内容。

（二）南京国民政府时期促进妇女体育发展的相关政策

1. 妇女政策

1929—1931 年国民政府颁布的《中华民国民法》在总则中就确立了男女平等的原则。在《中华民国民法亲属编》中的立法理由中提出："确立男女平等，为民法一贯之精神，其于此编尤为显著。"这是中国历史上政府首次以立法的形式提出"男女平等的原则"，从法律上保护中国妇女的权利。为中国妇女参与竞技体育、学校体育、群众体育、体育就业、体育领域内担任领导提供了可能性，为实现妇女在体育领域内的平等权打下了坚实的基础。

2. 教育政策

（1）推行义务教育制度。1932 年，南京国民政府颁布《小学法》，1933 年教育部依据《小学法》制定并颁布《小学规程》，内容规定：小学招收 6—12 岁儿童接受义务教育，年限为 6 年，初级小学为 4 年，高级为 2 年。并根据情况，在各地设立简易小学和短期小学。简易小学和短期小学主要是教育部推行义务教育的变通办法，针对一些年龄在 10—16 岁不能入初级小学的学生做出的调整，便于各地义务教育的推行。义务教育中不分男、女，均需接受义务教育，快速提高了女性儿童的入学率，因为小学课程中均设有体育课程，变相地促进了女性接触体育的可能，增加了中国女性的体育参与率。

（2）制定课程标准。从1928年起，南京国民政府教育部先后制定了多个小学、中学、大学课程标准，其中，在这多个课程标准的课程设置中，均开设有体育课程，具体内容见表5-3。这段时期内，体育课程占有很大比重，取得了很大的进步，对体育课程的设置、目标、教材、学科比重、学分等都有明确的规定，如1928年版的《小学课程暂行标准》中规定：低年级体育每周150分钟，占周总学时的13.2%，排第2位，中年级体育每周150分钟，占周总学时的11.4%，排第3位，高年级体育每周180分钟，占周总学时的11.8%，排第3位，此外，还规定每天2—3小时的课外体育活动。虽然在1929年南京国民政府颁布的《大学规程》以及1930年国民政府教育部修正的《修正专科学校规程》等教育方案中并没把体育列入公共必修课，但这段时期内几乎全部的大学里院系和大学都将体育列入大学必修课程，学科比重和课时都有很大的比重，并且与课外体育活动和组织各种运动会结合起来，促进妇女群众体育的开展和提高妇女体育参与的比例。如1927年，厦门大学将体育作为必修课规定如下："预科学生，均须必修体育课，每学期两绩点，两学年共八绩点，如不及格，不得毕业……分甲乙丙三组教授，每周每组三次课。"

表5-3　　　　南京国民政府时期的课程内容及改革方案

类型	年份	课程标准	课程设置
小学	1928	《小学课程暂行标准》	党义、国语、社会、自然、算术、工作、美术、体育、音乐
	1932	《小学课程标准总纲》	国语、社会、自然、算术、体育、卫生、劳作、美术、音乐、公民训练
	1937	《修正小学课程标准》	常识科、工作科、唱游科（包含体育）等
	1943	《小学课程修订标准》	初小科：团体训练、音乐、体育、国语、算术、常识、图画、劳作 高小科：团体训练、音乐、体育、国语、算术、社会、图画、劳作、自然

续表

类型	年份	课程标准	课程设置
小学	1948	《小学课程第二次修订标准》	团体训练改为公民训练，图画改为美术，其余课程基本不变
中学	1929	《中学课程暂行标准》	初中（三年共计180）：党义、国文、外国语、历史、地理、算术、自然、生理卫生、图画、体育（9分）、工艺、职业科目、童子军（不计学分） 高中（三年共计150）：党义、国文、外国文、外国语、数学、本国历史、外国历史、本国地理、外国地理、物力、化学、军事训练、体育、选修科目
中学	1935	《修正中学课程标准》	修改劳作课程，将工艺和劳作合并，女生设置家政科，确定职业课程的重要性和时数，减去劳作、图画、音乐课时数弥补职业课程时数，体育课程及课程时数未发生变化
中学	1940	第二次修正中学课程标准	体育课程及课程时数未发生变化
中学	1947	第三次修正中学课程标准	国文、外国语、公民、历史、地理、数学、理化、博物、生理及卫生、体育、音乐、美术、劳作、童子军，初步提出中学课程的本体是德、智、体等
大学	1929	《大学规程》	除去大学各学院设置的课程外，把党义、国文、军事训练设置为公共必修课，没有把体育作为公共必修课，但各个学校的基础课程均开设有体育课程
大学	1931	《修正专科学校规程》	确立党义、军事训练、国文、外国文为公共必修课，没有把体育作为公共必修课，但各个学校的基础课程均开设有体育课程
大学	1938	《文、理、法三学院各学系课程整理办法草案》	没有涉及体育课程方面的改革
大学	1944	完成了文、理、法和师范学院的课程设置	没有涉及体育课程方面的改革

3. 体育政策

（1）《国民体育法》[①]。1929年4月18日，南京国民政府颁布的

---

① 中国第二历史档案馆编：《中华民国史档案资料汇编文化（二）》，江苏古籍出版社1994年版。

《国民体育法》第一条规定：中华各青年男女有受体育之义务，父母或监护人应负责督促之。第三条规定：实施体育之方法，不论男女，应视其年龄及个人身体之强弱，酌量办理。其方法由训练总监部会同教育部拟议制定之。第四条：凡风俗习惯有妨碍青年男女体格之正当发育者，应由县市镇乡村等机关负责严禁。其项目由教育部会同训练总监部订定之。该法规共计13条，其中，第3条和第4条主要是体育中男女平等权问题，要求各相关部门和学校平等地对待男女的体育参与问题，不能因其性别而阻止其参与体育的权利。

（2）《国民体育实施方案》[①]。1932年9月，南京国民政府教育部颁布《国民体育实施方案》，其中涉及妇女体育的有关政策如下：①实施目标第一条：供给国民体育充分平均发展之机会。②在推行事项中提出：女子运动之范围，应有切实之规定。③在民众体育实施办法中提出：对于妇女，宜按时集合，举行田径赛、球戏、器械柔软操等训练。④对实验区事业中提出：每年分别举行成年男子及妇女健康比赛。

（3）《修正国民体育法》[②]。1941年9月9日，南京国民政府明令公布《修正国民体育法》，其中第二条规定：中华民国国民，不分性别年龄，应根据体格检查之结果，一律受适当之体育训练，于家庭、学校及机关团体中，分别实施，由父母、教师及主持人员负责领导督促之责，以谋国民体育之均衡发展与迅速普及。

（4）《教育部修正国民体育实施计划大纲》[③]。受战事的影响，民国政府对学校体育政策和社会体育政策做了相应的调整，于1941年制定《教育部修正国民体育实施计划大纲》，主要是应对体育师资和体育人才匮乏。并明确提出全国各类学校、社会及机关部队缺乏体育教员、体育人才，尤其女教员、女性体育人才更是缺乏，设立国立体育师范专科学校和体育教师短期训练班，招收男女学员，必要时不必

[①] 中国第二历史档案馆编：《中华民国史档案资料汇编文化（二）》，江苏古籍出版社1994年版。
[②] 重庆市体育运动委员会编：《抗战时期陪都体育史料》重庆出版社1989年版。
[③] 中国第二历史档案馆编：《中华民国史档案资料汇编文化（二）》，江苏古籍出版社1994年版。

通过考试入学，可以通过保送的形式入学。在一定程度上降低了女性入学的门槛，促进了女性体育人才队伍的快速扩大。另外，此大纲在附注部分还提出了："儿童体育为一切基础，妇女体育亟待充实改进。"

（5）《专科以上学校体育实施方案》①。1939年3月13日，教育部公布的《专科以上学校体育实施方案》明确提出了：女性生理期内体育课可以请假的权利。男女分科的设立在男女平等的基础上考虑女子的身体因素，对一些科目进行区别教育。

（三）中央苏区促进妇女体育发展的相关政策

中国共产党的领导人大都是在"五四"新文化运动中成长起来的革命者，深受"民主"与"科学"思想的影响，从革命政权成立之初就深深地意识到体育对一个国家和一个民族强大的重要性，非常重视体育的发展。当时为了适应抗战形势，中共领导人灵活地结合现实情况，开展了各具特色、灵活多样的体育活动，有力地配合了各个阶段的革命斗争，增强了战斗力，并积累了丰富的发展社会主义新体育的经验。这段时期内的体育思想均以中央苏区的体育思想为指导，各个根据地开展体育活动多以中央苏区的体育发展模式为参考，并结合当地的民风、民俗和地域特点开展灵活多样的体育活动。1933年出版的《各种赤色体育规制》的内容充分体现了上述体育方针，规制提出："赤色体育运动的任务是为了适应青年工农的要求，锻炼身体，时刻准备上前线，造就铁的红军，担负起革命的战斗任务。"同时，在中国共产党向国民党反动派发动武装反抗建立革命根据地伊始，就有许多优秀的妇女直接参加了武装反抗国民党反动派的英勇斗争。如南昌起义中出现了有30名女兵直接参与了各种形式的斗争，广州起义中有来自广州的女共产党和女共青团员、广州各女工会的会员及省港大罢工的女工和家属、四军军医处和军官教导团的女同志等，秋收起义中也有不少的女学生、女干部参与了发动群众、组织武装暴动的斗争。此时的妇女已经成为根据地武装力量的重要组成部分，是中国

---

① 中国第二历史档案馆编：《中华民国史档案资料汇编文化（二）》，江苏古籍出版社1994年版。

共产党取得革命胜利不可或缺的力量。虽然在"四·一二"反革命政变中均有妇女参加,但此时妇女参与革命的人数很少、力量薄弱、斗争形式落后。针对妇女运动低落的状况,1927年,中共中央通过了《最近妇女运动决议案》,要求所有党委积极恢复妇女部,吸收女工农夫参加斗争,并"训练她们的秘密工作的知识,指导她们的斗争,一直到参加暴动中的各种工作"。①

因为参与直接战斗的需要,妇女参与了适应各种形式斗争的体能训练和体育活动,妇女参与各种体育活动也得到了空前的重视。如《红色中华》以《河东扩大赤卫军计划已完成一半,一千女英雄加入赤卫军》为题,报道了在"三八"节时,"有许多妇女都在当日举行的大会上举行赛跑、刺枪、跳舞等运动",有几位运动成绩较好的劳动妇女参加了江西省赤色体育运动会的比赛②。1941年9月,延安大学体育系成立,它的前身是由中国女子大学、陕北公学、泽东青年干部学校合并而成的,专门培养体育方面的专业干部人才,首次在根据地开启了专门培养体育干部人才的培训学校。由此可见,中共苏区从一开始就非常重视妇女体育的发展,专门培养妇女体育领导人在中国历史上还是第一次,对促进体育领域妇女话语权起到了非常重要的作用。

二 相关政策对妇女体育产生的积极影响

(一) 对妇女体育思想产生的影响

这段时期的妇女体育始终贯穿着男女平等、民主革命、爱国救亡等思想,体育被当作妇女解放的重要内容、追求男女平等的重要形式和途径。女子教育的合法化,平民教育、"超贤妻良母"的教育、女子职业教育等教育思想扩大了女子教育的范围,学校体育的广泛开展使越来越多的女性接触到体育,使越来越多的女性认识到了自身的价值,很大程度上促进了妇女解放思想的发展,并提出女子参加竞技体育的主张。如1916年广东女学生张肩任在应征《女子世界》所写的《急救甲辰年女子之方法》一文中提出"吾以为急救目前女子之方

---

① 何斌、王可珍:《试论井冈山斗争时期党对妇女组织的领导》,《老区建设》2009年第20期。
② 罗时铭等:《中国体育通史》(第四卷),人民体育出版社2008年版,第221页。

第五章 历史镜鉴：中国妇女体育相关政策历史回顾

法，断自体育始，断自本年本日始"①。1929年项翔高在《女子的体育与女子的将来》中提出："女子要消除层层的压迫，收回应有的女权，需先恢复固有的能力；要恢复固有的能力，需先健全自己的身体；要健全自己的身体，不可不致意于体育。"② 萍霞在《妇女体育运动的选择问题》一文中提出："妇女体育之应提倡，绝不在男子之下。提倡女子体育不独是争取妇女的幸福，而是与增进女子社会地位，解除旧社会对妇女之重重束缚，并根本毁灭压制女子的社会事业，亦有联系。"③

女性健康美的体育思想逐渐被认识，健康体质的妇女形象开始被接受。他们提出健康的女性形象应该是自然形态下的完美健康的形象，并强调体质上的健康和精神上的健康相结合，纠正了"柔弱美人"和"病态美人"的偏差观念。如1936年，霞飞在《妇女的爱美》中明确提出了女性美的标准："体格健康、肌肉发达、身材适度、轮廓均匀和举动活泼"④，并强调身体均衡发展的和谐美。

（二）对妇女体育参与人数产生的影响

这段时期内，中国女性参与体育的形式主要是参与学校体育，女性的入学人数直接决定着中国女性体育的参与人数，1912—1937年，随着女性教育权的获得，女性入学人数急剧上升。《民国体育法》《国民体育实施方案》的颁布，使体育活动内容更加丰富与科学，大大促进了学校女生体育参与的积极性，体育参与人数也急剧增加。随着专业女子体育院校的扩大，专业女运动员的人数也急剧上升。如：据1921—1922年统计，中国女生人数为417820人，占学生总数的8.37%，比民国初年增长了两倍多，但同期学生总数仅增长1倍多⑤。在1933年的第五届全国运动会上，在参赛的2259名运动员中，有627

---

① 张肩任：《急救甲辰年女子之方法》，《女子世界》1904年第6期。
② 项翔高：《女子体育与女子的将来》，《民国日报》1929年。
③ 萍霞：《妇女体育运动的选择问题》，《女青年月刊》1934年第6期。
④ 阎广芬：《简仑西方女学对中国近代女子教育的影响》，《河北大学学报》（哲学社会科学版）2000年第6期。
⑤ 阎广芬：《简论西方女学对中国近代女子教育的影响》，《河北大学学报》（哲学社会科学版）2000年第6期。

名女运动员，达到了 27.8%，是历年来女性参加运动会人数较多的一次①。

（三）对妇女体育教育产生的影响

由于女子体育的快速兴起，各类女子学校均开设了体操科或体育科，但专业的体育教师却很少，尤其能够教授体育课的女性教师更少，而且体育教师的素质也良莠不齐。因此，这段时期出现了许多专门培养女子体育专业人才的学校，满足各类需求。如1915年，上海女子体育师范学校成立；1917年，在广州创办了"广东女子体育学校"；1921年，在上海创办了"上海两江女子体育师范学校"；1925年，东南女子体育学校成立；1931年，中华女子体育师范在上海成立等。南京国民政府时期成立了许多著名的、专门培养体育师资和运动员的体育院校，这些学校均有招生女子学院。如1927年，中央大学体育系成立，张汇兰女士曾在该校任教过；1931年，河北省立女子师范学院体育系等；还有1928年留存下来的女子体育学校，如两江女子体育师范学校、私立东南女子体育师范学校、上海爱国女子学校体育科、金陵女子文理学院体育系等②。

（四）对妇女体育参与项目产生的影响

这段时期内，许多女子学校的体育运动项目开始多样化，各个项目的女子专业运动队相继出现，并参与各种级别的运动会。1910—1948年，这段时期是中国体育的快速发展期，在此期间内，中国举办过7次全国规模的运动会，参加过三次奥运会，各种地方性运动会不计其数。1924年5月，第三届全运会上首次出现了女运动员的倩影，女子排球、篮球和垒球成为全运会的表演项目。1930年，在杭州举办的全运会上，女运动员第一次以比赛队员的身份在运动会上正式登场，并参与了游行队伍、代表演说及领取奖品等，从此开启了中国女性运动员全国运动会的历史。具体女子体育运动项目出现时间见表

---

① 谷世权：《中国体育史——第四届全运会总报告附录》，北京体育大学出版社1997年版，第164—165页。
② 罗时铭等：《中国体育通史》，（第四卷），人民体育出版社2008年版，第100—108页。

5-4。除了表5-4显示的新增体育项目外,还出现了一些休闲娱乐性体育项目,如自行车、溜冰、交谊舞、健美操等。

表5-4　　　　　　　　部分女子体育运动项目出现情况

项目	出现年份	运动会名称
排球	1929	第14届华北运动会
田径	1929	第14届华北运动会
篮球	1929	第14届华北运动会
网球	1930	第4届旧"全运会"
游泳	1933	第5届旧"全运会"
垒球	1933	第5届旧"全运会"

（五）对妇女体育科研产生的影响

这段时期内,许多进步爱国人士、专家、学者等针对女子参与体育的可行性、社会意义、目的、方法、手段、男女身体差异及体育项目选择、女子体育未来发展趋势等展开了讨论和研究。具体研究妇女体育理论的成果见表5-5。

表5-5　　　　新文化运动时期妇女体育理论研究的主要成果

时间	主要成果	出处
1915.01	《论小半臂与女子体育》	妇女杂志
1921.3.28	《女子的体育》	晨报副刊
1920.6.06	《妇女体育谈》	《学灯》时事新报副刊
1922.12.25	《中国体育进步迟缓之原因》	《学灯》体育专号
1922.3.14	《女子体育师范学生的贡献》	《妇女评论新年增5.5刊》
1923.7	《女子体育问题》	《妇女杂志》9卷7期
1923.12	《女子体育刍议》	《妇女杂志》9卷12期
1929.1.23	《女子体育与女子的将来》	"青年妇女"36期《民国日报》

续表

时间	主要成果	出处
1931.3	《女子和运动的需要》	《新家庭》1卷3号
1933.10	《中国女子体育问题》	《科学中国》2卷8期
1933.12	《"健美女性"》	《申报》本埠增刊第2版
1934	《德国女子体育之训练》	《女青年月刊》2卷3期
1934.6	《妇女体育运动的选择问题》	《女青年月刊》13卷6期
1937.1	《女子运动生理卫生运动与运动项目》	《勤奋体育月报》4卷4期
1937.6	《提倡女子体育与中华民族之复兴》	《体育季刊》3卷2期

（六）对妇女体育参与媒体覆盖的影响

由于当时人们对女子参与体育的好奇，每次有女性参与的运动会都吸引了很多的观众，同样也吸引了大批的记者。关于妇女体育的媒体报道一般有两种形式，即：①官方媒体报道，主要以宣传和普及妇女体育知识为目的，主要是举办运动会的目的、规则、体育知识、比赛技巧等内容。②主要为吸引大众的关注、提高卖点，他们不仅仅将报道的内容停留在体育技术、比赛胜负上，还把运动场内发生的趣闻轶事、花边新闻作为报道的重点，吸引大批观众对女运动员评头论足。在这段时期内，女运动员形象还出现在一些产品广告、拍摄电影、漫画中等，提高了公众对女运动员的了解，如"兄弟球鞋"以两名女运动员抢球的形象来宣传其球鞋品牌；"桂格麦片"的保健品广告中，就是画了一名手拿网球拍、桂格麦片杯子的女运动员形象，突出该保健品的功效；1934年，由联华影业公司制作的《体育皇后》在全国引起较大的反响，对"锦标体育"进行了批判①。

---

① 游鉴明：《超越性别的身体——近代华东地区女子体育（1895—1937）》，北京大学出版社2012年版，第146、187、197页。

第三节　中华人民共和国成立后（1949年10月1日至1966年5月16日）妇女体育发展相关政策研究

一　中华人民共和国成立初期（1949年10月至1956年8月）影响妇女体育发展的相关政策分析

（一）妇女政策和措施

1. 政策

1949年10月1日，在中华人民共和国开国大典上出现了宋庆龄、何香凝、邓颖超等妇女领袖，同时有30万名各界妇女参加了开国大典，中国妇女的社会地位达到了前所未有的高度。中华人民共和国成立初期，中国出台了一系列保护妇女地位和利益的政策和法律，彻底实现了中国妇女当家做主的夙愿，妇女以主人公的身份，以前所未有的热情积极投身于社会主义的各项建设中去，为社会主义的各项建设做出了突出的贡献，尤其在体育领域取得的瞩目成就是世界上任何一个国家都无法比拟的。具体政策见表5-6。

表5-6　中华人民共和国成立初期中国妇女工作的相关政策

分类	部门	政策名称	相关内容
政治政策	中国人民政治协商会议（1949年9月）	《中国人民政治协商会议共同纲领》	中华人民共和国废除束缚妇女的封建制度。妇女在政治的、经济的、文化教育的、社会生活的各方面，均有与男子平等的权利。实行男女婚姻自由
政治政策	中央人民政府委员会（1953年2月）	《中华人民共和国全国人民代表大会及地方各级人民代表大会选举法》	凡年满十八岁的中华人民共和国公民，不分民族和种族、性别、职业、社会出身、宗教信仰、教育程度、财产状况和居住期限，均有选举权和被选举权。妇女有与男子同等的选举权和被选举权
	全国人大（1954年9月）	《中华人民共和国宪法》	中华人民共和国公民在法律上一律平等。妇女享有选举权和被选举权，拥有参政、言论、出版、结社、游行、示威和宗教等同男性公民同样的权利

续表

分类	部门	政策名称	相关内容
政治政策	中央人民政府委员会（1950年5月）	《中华人民共和国婚姻法》	1. 废除包办强迫婚姻，实行男女婚姻自由。2. 废除男尊女卑的封建主义婚姻制度，实行一夫一妻、男女权利平等的新民主主义婚姻制度。3. 废除漠视女子利益的封建婚姻制度，实行保护妇女和女子合法利益的新民主主义婚姻制度
经济政策	中国人民政治协商会议（1950年6）	《中华人民共和国土地改革法》	按人口统一分配土地，妇女不仅拥有土地所有权，还有土地处理权，未婚女子、已婚女子和寡妇都有属于自己的土地，妇女在出嫁和改嫁时有权利处理自己的土地
	政务院（1953年12月）	《关于发展农业生产合作社的指示》	在建设过程中，坚持男女一齐发动的方针，合作社内的各项活动，都应该吸收妇女参加，并教育妇女充分运用自己的民主权利
	政务院（1953年1月）	《中华人民共和国劳动保险条例》	除规定男女职工的养老保险政策外，还对女职工的生育待遇做出规定：女职工生育有56天产假，产假期间工资照发；怀孕女职工的检查费、接生费由企业行政或资方负担
	国务院（1955年4月）	《关于女工人员生产假期的通知》	1. 产前产后共给假56天，难产或双生增加假期14天；2. 怀孕不满7个月流产时，得根据医师的意见，给予30日以内的产假；3. 产假期间（包括星期日及法定假日在内），工资照发；4. 产假期满，因病需要继续休养者，按病假处理
经济政策	国务院（1955年11月）	《农业生产合作社示范章程草案》	农业生产合作社对于社员劳动的报酬，应该根据按劳计酬、多劳多得的原则，逐步地实行按件计酬制，并且无条件地实行男女同工同酬
	国务院（1956年5月）	《工人安全卫生规程》	妇女卫生室应该设在工作场所附近，室内要备有温水箱、喷水冲洗器、洗涤池、污物桶等

2. 措施

具体措施见表5-7。

第五章 历史镜鉴：中国妇女体育相关政策历史回顾

表 5-7　　　　　　　　　促进新中国妇女解放运动的措施

措施	相关文件
1. 鼓励妇女参政、议政	①宋庆龄、何香凝、蔡畅、邓颖超等妇女参加开国大典；②参与中国共产党代表大会、人民代表大会、政治协商会议及各级地方政府代表会议；③参与《中国人民政治协商会议共同纲领》《中华人民共和国中央人民政府组织法》《中国人民政治协商会议组织法》《中华人民共和国婚姻法》等重要法律的讨论
2. 发动妇女参加土改运动	①中共中央华东局发出《关于土地改革准备时期加强妇女工作的指示》；②《坚持贯彻男女农民一起发动的方针》；③改变重男轻女的思想，按人口分配土地。成立有妇女参加的农民协会
3. 鼓励妇女参加工农业建设	①全国纺织工代表会议通过《关于废除"搜身"制度的决议》；②《中华人民共和国劳动保险条例》规定男女劳动保险政策外，对女职工的生育待遇做出规定；③邓颖超《关于城市妇女工作的几个问题》的报告中要求各地民主妇联在贯彻城市妇女运动"以生产为中心"的指导方针。在农村鼓励妇女参加各种农业劳动，初步实行同工同酬政策，涌现出大批的妇女农业生产模范
4. 宣传贯彻婚姻法	①《关于保证执行婚姻法给全党的通知》，要求各级党委"保证婚姻法正确执行的宣传工作和组织工作，当作目前的和经常的重要任务之一"；②政务院法制委员会做出《有关婚姻法施行的若干问题解答》；③中华全国总工会、中国新民主主义青年团中央委员会、中华全国民主青年联合会、中华全国学生联合会、中华全国民主妇女联合会五大人民团体联合发表关于拥护《中华人民共和国婚姻法》给各地人民团体的联合通知，表示坚决拥护婚姻法，并做好宣传教育工作
5. 加强对妓女的改造	①各地废除娼妓制度，关闭妓院，如1949年9月20日《北平市处理妓女办法（草案）》，上海、天津、武汉、南京相继出台文件；②教育改造妓女；各地建立妇女劳动教养所，专门改造妓女
6. 鼓励妇女参加扫盲运动	①新中国成立初，妇女文盲率在90%以上，全国开展扫盲运动；②成立中央扫除文盲工作委员会；③各地动员妇女参加扫盲运动：教育部发出《关于开展1949年冬学工作的指示》《关于1952年冬学运动的通知》《关于冬学转为常年农民业余学校的指示》

中华人民共和国成立后的妇女解放运动实现了历史性的跨越，不但在政治上获得了与男子平等的政治参与权，而且在经济、文化、教育、家庭等方面获得了平等权，甚至在一定程度上出台了一些特殊保护妇女权利的政策，促使新中国的女性以饱满的热情参与到社会主义建设中去，大大激发了妇女的爱国热情和主人翁的责任感，使其真正

地起到了"半边天"作用。在这段时期内，中国的人民大会制度中明确规定了各级政府中妇女的参政比例，相关体育部门和体育组织也不例外，各级体育部门和组织机构相继出现了妇女同志的身影，并且比例也在逐渐增加。从此，女性走入了国家的体育领导部门，提高了妇女在体育部门的参政比例，为妇女体育的快速发展做出了突出的贡献。此阶段与其他国家相比，中国女性在体育领域比其他国家的女性更早地争取到了平等的体育权利，走在世界妇女体育发展的前列。妇女体育作为妇女解放的一种特殊方式吸引了中国的许多女性，女性首次感到"翻身当家做主人"的荣誉感、责任感，以及同时解除了她们身体上和心理上的各种枷锁的束缚，使她们爆发出了强大的力量。她们在为发展中国的体育事业中充分发挥了才能，在竞技体育事业的发展上贡献突出，她们在各类世界大赛上为中华民族增光添彩。

（二）体育政策和措施

1. 政策

中华人民共和国成立后，非常重视体育的发展，1949年在第一次全国人民政治协商会议上就提出了"提倡国民体育"。毛泽东提出了"发展体育运动，增强人民体质"[①]。这段时期的体育体制主要是模仿苏联的体育发展模式，并选派体育管理人员和运动员直接去苏联深造，在《新体育》杂志上大量刊发有关苏联体育发展的文章。1951年政务院出台了《关于改善各级学校学生健康状况的决定》《准备劳动与卫国体育制度》，在学校实行广播体操，在工厂实行工间操等制度，全面推进群众体育的发展，全面提高全民的身体素质。

《关于改善各级学校学生健康状况的决定》[②] 第四条提出"注意体育娱乐活动：各级学校应切实改进体育教学，尽可能充实体育娱乐的设备，加强学生体格的锻炼。除晨操及课间活动外，应组织学生普遍参加体育运动及娱乐活动；但活动方法应多种多样，以适应学生不同的年龄、性别和身体状况，并防止'锦标主义'及运动过度损害健

---

① 《中国共产党执政四十年》，中共党史出版社年1989年版。
② 《中央人民政府政务院关于改善各级学校学生健康状况的决定》，《江西政报》1951年第8期。

康的偏向。中等以上学校应适当地利用假期组织集体的野外活动。各地可根据当地情况组织运动会，提倡个人和团体健康比赛，以促进各方面对学生体育问题的重视"。

《准备劳动与卫国体育制度》：简称"劳卫制"，是体育锻炼的重要制度，是1950年中国新民主主义青年团中央和中华全国体育总会组织部分体育教师，参照苏联《准备劳动与保卫祖国》制度的基本精神，结合中国情况，草拟有关项目标准的初步方案[①]。劳卫制颁布后得到了迅速的推广和普及，尤其在大中学校得到积极的响应，对中国的群众体育和学校体育的理论和实践都起到了重要的促进作用。

中华全国体育总会宗旨：1952年6月24日在北京成立，毛泽东在其成立大会上题词："发展体育运动，增强人民体质。"其宗旨为："团结全国体育工作者，发展体育事业，普及体育运动，提高运动技术水平，为增强中国人民的健康作贡献。"

《关于加强人民体育运动的工作报告》：1952年11月15日，中央人民政府体育运动委员会成立，1953年11月，中央体委做了《关于加强人民体育运动的工作报告》，提出了体育工作的基本方针和主要措施，具体内容见表5-8。这些报告、政策、措施等从某种意义上间接地促进了妇女体育运动的开展，为妇女从各个层面参与我国体育工作提供了平台与基础。

表5-8　《关于加强人民体育运动的工作报告》中体育工作的
方针、措施、意义及对妇女体育的影响

名称	具体内容
体育运动的方针	"结合实际情况，开展群众性的体育运动，并逐步地使之普及和经常化"
体育运动的意义	"体育运动不仅对改善人民的健康状况有显著功效，而且具有增强体质，使人体全面发展和充分发扬人体劳动能力的作用，并可帮助培养人们的勇敢、坚毅、机敏、纪律性等优良品质。在苏联，体育运动被看作健康与力量的无穷竭的源泉"

[①] 顾明远：《教育大辞典Ⅰ》，上海教育出版社1990年版，第150页。

续表

名称	具体内容
体育运动的措施	加强体育运动的宣传工作；大力培养训练体育工作干部；开展各厂矿、学校、机关等基层单位的运动竞赛；注意运动员的训练工作；着手研究和整理民族形式体育；加强领导工作
对妇女体育的影响	该政策的出台不仅例证了其对全国体育工作的大大促进作用，对具体方针、意义、措施等均有重要借鉴作用。尤其对妇女体育运动的发展具有重要理论与现实意义，全面促进了中国妇女体育的发展

1954年3月，《中央人民政府政务院关于在政府机关中开展工间操和其他体育运动的通知》。1955年7月30日，第一届全国人民代表大会第二次会议审议通过的《中华人民共和国发展经济的第一个五年计划》中明确提出："全国人民中，首先在厂矿、学校、部队、机关的青年中，广泛地开展体育运动，以增强人民的体质。"[1]

2. 方针、措施

中华人民共和国成立初期中国体育工作采取了积极的方针，并采取了诸多措施（见表5-9）。

表5-9　　中华人民共和国成立初期中国体育工作的
方针和具体措施及对妇女体育的影响

部门	体育工作方针	体育工作的具体措施
中华全国体育总会（1949）	为人民的健康、新民主主义的建设和人民的国防而发展体育	建设体育设施、充实各种体育设备；培训体育干部；开展各种体育竞赛活动；建立各级体育组织；重视体育的宣传教育；学习苏联经验
中华全国体育总会（1952）	在现有的基础上，从实际出发与实际结合，使体育运动普及化和经常化，积极地"发展体育运动，增强人民体质"，为加强生产建设和国防建设服务	开展多种多样的体育活动；建立基层体育活动组织；组织运动竞赛和运动会；加强体育宣传教育；健全体育组织；培训体育干部和体育积极分子

[1] 毛运海：《1949—1956年中国体育事业发展综述》，《郧阳师范高等专科学校学报》2013年第1期。

续表

部门	体育工作方针	体育工作的具体措施
国家体委（1954）	结合实际情况开展群众性的体育运动，并逐步使之普及和经常化	加强体育宣传工作；加强体育干部培训工作；学习苏联经验；建立各级体委和其他部门体育主管机构
国家体委（1955）	贯彻党中央指示和"结合实际情况开展群众性的体育运动，并逐步使之普及和经常化"的方针，"使群众性的体育运动首先在厂矿、学校、部队和机关切实地开展起来"。使体育运动成为全民的事业，更有效地为生产和国防服务	建立群众体育协会；推行《劳卫制》；开展运动竞赛；培训体育干部和体育积极分子；加强对体育工作的领导
对女子体育的影响	本时期从国家政策、党中央、国家领导人均提出了国家要大力发展体育运动，尤其提出体育运动应成为全民的事业的方针，对妇女体育影响深远	均需要全体国民，包括妇女在内的所有人群积极参与到体育活动之中，尤其对不同岗位、不同阶层的妇女参与体育活动有相应的要求

（三）教育政策和措施

中华人民共和国成立之初，妇女90%以上是文盲。1949年12月，中国人民政治协商会议第一届全体会议通过的《中国人民政治协商会议共同纲领》第六条明确提出妇女享有与男子平等的受教育权[①]。1951年8月27日，全国第一次初等教育及师范教育会议上明确提出："1952—1957年间，要让全国80%的学龄儿童有学上，十年内在全国范围普及小学教育。"为了普及和提高女子受教育的水平，政府采取"扫盲运动""党校培训班""学习工作相结合"、舆论宣传、提供助学经费和免除学费、设立专门女子学校等政策措施。另外，《中华人民共和国选举法》《中华人民共和国宪法》均规定了女性的受教育权，女性教育权受到了国家的保护。《关于改善各级学校学生健康状况的决定》第三条改进学校卫生工作中提出："凡有女生的高等学校

---

① 《中国人民政治协商会议共同纲领》，http：//www.cppcc.gov.cn/2011/12/16/ARTI15133309181327976.shtml。

及中等学校，应设女教导员或指定适当的女教师负责指导女生的保健工作。"① 第四条规定："各级学校应切实改进体育教学，尽可能地充实体育娱乐的设备，加强学生体格的锻炼。除晨操及课间活动外，应组织学生普遍参加体育运动及娱乐活动；但活动方法应多种多样，以适应学生不同的年龄、性别和身体状况，并防止锦标主义及运动过度损害健康的偏向。"

这些政策措施在很大程度上提高了女童的入学率，因为当时国家非常重视学校中的体育课程，虽然学校体育课程中并没有强调女子体育，但因为女童入学率的提高，女童体育参与率自然也得到了一定程度的提高。同样，招收体育专业体育院校的女子入学率也有很大程度的提高，进而提高了高校女性的体育参与率。

二 社会主义建设时期（1956年9月至1966年5月）影响妇女体育发展的相关政策分析

（一）妇女政策

1956年9月，党的八大召开，刘少奇同志代表中共中央所作的政治报告中提出："纠正党内外一切歧视妇女的错误思想，并且注意在社会生活和家庭生活中树立男女平等和保护妇女儿童的新的道德风尚。"1957年9月，中共妇女第三次全体代表大会召开，确立了"男女一齐发动""勤俭建国、勤俭持家、为建设社会主义而奋斗"的方针，充分发挥广大妇女群众建设社会主义的积极性和创造性。在上述政策和国家经济、政治政策影响下，进一步激励了广大妇女积极参与到包括体育在内的各项事业发展之中。

（二）体育政策

1957年以后，社会主义改造已完成，中国进入了全面建设社会主义时期。国家体委先后颁布了《体育运动十年发展纲要》《体育运动十年规划》《共青团中央关于更广泛地组织青少年参加体育运动的指示》《国家体委关于贯彻中央关于卫生工作的指示精神，大力开展群

---

① 《关于改善各级学校学生健康状况的决定》，http://www.ce.cn/xwzx/gnsz/szyw/200705/28/t20070528_11515437.shtml。

众参加体育活动的意见》《1961 年全国体育工作会议纪要》《体育运动委员会关于群众体育工作座谈会的报告》等体育政策。其中 1958 年的《体育运动十年规划》中提出："体育大跃进""全民皆兵""人人参加体育锻炼""赶超世界水平""各级学校统一安排体育课、工间操、课外体育锻炼和军事训练"等对中国妇女参与群众体育活动和竞技体育活动产生了深远的影响，尤其对女子竞技体育影响更大[1]。据统计，中国 1957—1965 年共有 28 名女性打破了世界纪录，占中国打破世界纪录总人数（男子 38 人）的 42.4%。妇女参与竞技体育的热情达到了前所未有的高度。"三从一大""三不怕""无过硬"等训练原则和训练思想使中国的竞技体育也达到了前所未有的水平。这段时期内，中国运动员共获得 43 个世界冠军，女子 13 人，占总数的 30.2%。

（三）教育政策

1956 年 9 月 15 日，中华人民共和国国民经济和社会发展第二个五年计划对教育做出规划：发展高等教育和中等教育、发展小学教育、开展职业教育和业余教育，扫除文盲等[2]。1958 年 9 月，中共中央、国务院发出《关于教育工作的指示》，并提出：全党全民办学，发展职业教育、半工半读和 15 年左右的时间普及高等教育等[3]。受"大跃进""三年自然灾害"的影响，中共中央确立了"调整、巩固、充实、提高"的八字方针，学校教育、学校体育先后颁布一系列政策方针，使学校的教育和体育工作得以恢复，女学生人数急剧增加，学校女生参与体育活动的人数增速较快，对推进中国体育领域内男女平等的思想起到了巨大的推动作用。

三 中华人民共和国成立初期（1949 年 10 月至 1966 年 5 月）中国妇女体育政策发展的相关问题分析

（一）体育资源配置中性别意识较差

这段时期内，中国在体育资源配置上并没有明确的政策。资源的

---

[1]《体育运动十年规划》，http://www.71.cn/2011/0930/632509.shtml。
[2]《关于发展国民经济的第二个五年计划的建议的报告》，https://fuwu.12371.cn/2012/09/24/ARTI1348470546428983.shtml。
[3]《关于教育工作的指示》，http://www.hzcsz.com/h-nd-17.html。

配置很少考虑男女之间的性别差异、竞技体育和群众体育之间如何分配体育资源的问题，导致更多的体育资源更倾向于男性和竞技体育。男女之间的不均衡主要表现在：①群众体育、学校体育项目的设置更倾向于男性，如篮球、足球、排球、田径等，而女性更倾向于韵律操、跳绳、踢毽子、健身舞蹈等。②妇女竞技体育和群众体育资源分配严重不均衡，由于中华人民共和国成立初期，中国一直想通过体育在国际上崭露头角，制定了"举国体制"办体育的策略，大量的人力、物力和财力等都投入到了竞技体育发展中，尤其在妇女体育最为明显，这段时期内，中国妇女竞技体育取得了举世瞩目的成绩；而妇女群众体育的发展却相当落后，基础体育设施和技术指导服务很少考虑妇女体育本身的特征，满足不了妇女大众的基本需求。③城乡男女体育资源的分配不均衡，城市职工受全国发布的广播体操的影响和其他有关体育活动的宣传，还可以接触到体育活动；而绝大多数农村妇女由于受传统文化的影响、接触消息闭塞，根本就不参加体育活动，有的甚至就没有听说过"体育"一词。

（二）宣传平等体育参与权的过程中缺乏社会性别意识

这段时期内，中国强调各个方面实现男女平等，但有些仅停留在口头的宣传和文件的宣传上，在实际的实施过程中缺乏强制性的保护措施，很难达到实质上的男女平等。学校体育是中国经常参加体育锻炼人口的重要组成部分，每周2—3次的体育课是中国女童接触体育并掌握运动技能的主要形式和重要基础，由于女童的辍学率严重，许多女童因此失去了体育参与和掌握运动技能的机会。另外，由于这段时期内，中国学校体育课程内容性别意识不强，许多课程内容的设计更倾向于男性，导致许多女生不上体育课或在体育课的时间玩一些简单的游戏，失去了学习体育技能的最佳机会。

（三）没有保护女性平等体育参与权的法律性文件

这段时期的政策文件都过于宽泛，体育政策文件中没有涉及性别平等、保护妇女平等参与体育或促进妇女参与体育的相关政策，更没有配套的规定和执行措施，有些政策仅仅停留在文件的宣传上，过于抽象，不具有可实施性，更多是让妇女了解她们具有平等的参与体育的权利，至于怎么样才能实现妇女平等的体育参与权或者妇女自身如何实现其平等的体育参与权，政策上并没有明确地表明，更没有专门出台保护妇女体育权利的妇女体育政策。

第四节 改革开放至今（1978年12月18日至今）妇女体育发展相关政策研究

党的十一届三中全会后，依据体育体制改革、体育事业发展的侧重点、中国妇女运动事业的发展，许多专家学者又对该阶段进行了不同的历史分期。最具有代表性的历史分期有：国家体育总局出版的《改革开放30年的中国体育》，将改革开放30年来的中国体育发展分为3个不同的历史时期：①中国体育进入改革开放新时期（1978—1992年）；②社会主义市场经济为体育事业注入新活力时期（1992—2001年）；③全民健身小康社会与北京奥运会带动体育的大发展时期（2001—2008年）。顾秀莲主编的《20世纪中国妇女运动史》依据我国妇女运动事业的发展特征，将1978—2000年的中国妇女运动分为两个时期：①妇女运动在改革开放中蓬勃发展（1978—1991年）；②妇女运动在市场经济条件下开拓前行（1992—2000年）。为此本研究结合中国政治、经济发展阶段，中国体育事业发展不同时期，中国妇女运动的典型时代特征等将该阶段的发展分为三个阶段：①改革开放新时期妇女体育的发展期（1978—1992年）；②社会主义市场经济及北京奥运带动的妇女体育事业的快速发展期（1993—2008年）；③2008年后奥运时代的中国体育业转型期（2008年至今）。这段时期是我国妇女体育发展高峰期，女子竞技体育取得了很大的突破，妇女参与全民健身也有较大突破，本研究对这段时期影响妇女体育发展的相关政策进行了梳理，具体内容见表5-10。

表5-10　　改革开放至今我国妇女体育相关政策的历史演进

政策类别	年份	名称	内容
妇女政策	1980	《消除对妇女一切形式歧视公约》	消除对妇女的各种歧视，保障妇女各项权利，争取性别平等
	1982	《中华人民共和国宪法》	中华人民共和国妇女在政治、经济、文化、社会和家庭生活等各方面享有同男子平等的权利。国家保护妇女的权利和利益，实行男女同工同酬，培养和选拔妇女干部
	1980	《中华人民共和国婚姻法》	实行婚姻自由、一夫一妻、男女平等的婚姻制度
妇女政策	1991	《中华人民共和国未成年人保护法》	未成年人不分性别、民族、种族、家庭财产状况、宗教信仰等，依法平等地享有权利，不得歧视女性未成年人
	2005	《中华人民共和国妇女权益保障法》	促进男女平等，充分发挥妇女在社会主义现代化建设中的作用
	2015	《中华人民共和国反家庭暴力法》	孕期和哺乳期的妇女应当给予特殊保护
	2001、2011	《中国妇女发展纲要》	将妇女教育的主要目标纳入国家的教育发展规划。在课程、教育内容和教学方法改革中，把社会性别意识纳入教师培训课程……
教育政策	1986	《中华人民共和国义务教育法》	凡年满六周岁的儿童，不分性别、民族、种族，应当入学接受规定年限的义务教育
	1996	《关于进一步加强贫困地区、民族地区女童教育工作的十条意见》	提出通过政府资助、教育基金、减免杂费、助学金、勤工俭学等方式保护女童受教育的权利
	2001	《关于"十五"期间扫盲工作的意见》	重点推进贫困地区、少数民族和妇女的扫盲教育、把女童教育纳入西部地区"普九"验收的指标体系，指导各地开展女童教育工作……
	1990	《学校体育工作条例》	第十八条："除普通小学外，学校应当根据学校女生数量配备一定比例的女体育教师"；第十九条："学校对妊娠、产后的女体育教师，应当按照《女职工劳动保护规定》给予相应的照顾"
	2001	联合国千年发展目标	到2005年实现小学和初中男女入学机会平等，到2015年实现男女如机会平等；到2005年实现入学上的性别平等，到2015年实现学业成就上的性别平等

续表

政策类别	年份	名称	内容
教育政策	2006	《中华人民共和国教育法》	"国家保障妇女享有与男子平等的文化教育权利""学校和有关部门应当执行国家有关规定,保障妇女在入学、升学、授予学位、派出留学等方面享有与男子平等的权利"
体育政策	1995	《全民健身计划纲要》	重视妇女和老年人的体质与健康问题,积极支持他们参加体育健身活动。注意做好劳动强度较大、余暇时间较少的女职工的体育工作
	1994	《中国奥委会章程》	《宪章》第2条第5段中规定:"国际奥委会积极鼓励通过相应方式促进妇女在各个层次和结构中参与体育,特别是在国家和国际体育组织的管理层中,严格执行男女平等原则"
	2001	《中国奥委会章程》	"促进竞技体育和群众体育的发展,鼓励和支持妇女全面参加体育竞赛和体育活动"
	2009	《全民健身条例》	从性别角度组织实施体育课教学主要是指教学场地器材、教材、课程和教学设计中的男女学生的性别差异问题,从不同性别学生的心理和生理出发,设计出能够激发学生兴趣、激发学生锻炼动机的体育课内容
	2011	《中国妇女发展纲要(2011—2020)》提出提高妇女经常参加体育锻炼的比例	引导和鼓励妇女参加经常性体育锻炼。加强对妇女体育健身活动的科学指导,提高妇女健身意识。积极发展城乡社区体育,鼓励妇女参与全民健身运动。加强对老年妇女、残疾妇女体育活动的指导和服务
	2016	《健康中国2030规划纲要》提出将妇女作为重点促进体育活动人群	"将妇女作为重点促进体育活动人群,并制定实施妇女体质健康干预计划……加强科学指导,促进妇女、老年人和职业群体积极参与全民健身",到2030年,我国经常参加体育锻炼人数将达到5.3亿人,妇女作为重点促进全民健身人群将对这一指标的完成具有决定性意义

一 影响中国妇女体育发展的相关政策因素分析

(一)1978—1992年影响中国妇女体育发展的相关因素分析

1979年12月,国际奥委会恢复了中国奥委会的合法权利,重返奥林匹克大家庭。由于"文化大革命"的破坏,中国竞技体育和群众体育几乎处于停滞状态，1976年中国没有一项世界冠军，跌进谷底。基于此种情况，全国体育总工会于1979年2月提出："为使中国进入世界体育强国行列而奋斗"的号召，决定侧重狠抓提高，彻底解决这一薄弱环节，使中国的竞技体育能够在国际上争得一席之地。该阶段确立体育发展的两大发展战略：①开展群众体育运动。②提高中国竞技体育水平。但此阶段的重点却放在了发展竞技体育上，并提出了"要在本世纪内成为世界上体育最发达的国家之一"的目标。该阶段不仅恢复了中华人民共和国成立之初的体育政策方针，而且国务院、教育部、卫生部、民政部等单位相继出台了一系列的体育政策方针。并在竞技体育方面，依据国际形势确立了"集中优势、突出重点、优化结构、分类管理"指导思想，列出了当时在中国发展比较好、有可能取得较好成绩的优势体育项目和潜优势项目作为重点发展项目。虽然这一系列的政策措施并没有直接突出或涉及妇女体育发展的措施和政策，但对妇女体育的发展尤其是对竞技女子体育的发展起到了巨大的推动作用。因为在当时全世界女子竞技体育水平都不是很高的情况下，中国制定了"集中力量把奥运会和有重大国际比赛的若干项目搞上去"的策略，这对促进中国女子竞技体育的快速发展与提高，"以惊人的成绩提高全国影响力"起到了良好的推动作用。如这段时期的女子排球"五连冠"曾掀起了全国女子参与体育的热潮。1979年12月，联合国大会通过了《消除对妇女一切形式歧视公约》（以下简称《公约》），该公约于1981年9月生效，旨在消除对妇女的各种歧视，保障妇女各项权利，争取性别平等。中国于1980年9月29日通过第五届全国人民代表大会常务委员会第十六次会议决定：批准康克清代表中国政府签署的联合国《公约》，并于1981年9月3日对中国生效，成为最早的缔约国之一。《公约》在体育领域内并不是追求绝对的平等，而是在充分考虑性别差异的基础上，即摒弃由于性别差异而形成的偏见，使妇女享有平等的参与体育各项事业的机会，从而达到实质上的男女平等。中国体育领域内一直非常认真地履行了《公约》的内容，在递交的缔约国定期报告中均列举了多项数据表明中国在提高女性参与体育方面所做的努力，包括女性体育人口比例、奥运会女运动员比例、女性体育管理人员比例等。

同时,1990年2月国务院妇女儿童工作协调委员会成立、1980年9月婚姻法的重新修订为妇女运动的开展提供了机制保障,确立了妇女在家庭中的平等地位。在社会主义各项工作逐渐恢复的同时,妇女工作、体育工作也慢慢步入了正轨,1982年新修订的《中华人民共和国宪法》中规定:"国家发展体育运动,开展群众体育运动,增强人民体质。"① 第48条规定:"中华人民共和国妇女在政治的、经济的、文化的、社会的和家庭的生活等各方面享有同男子平等的权利。国家保护妇女的权利和利益,实行男女同工同酬,培养和选拔妇女干部。"党的十一届三中全会后,全国妇联主席康克清发表了《把妇女工作的着重点转移到现代化建设上来》的重要讲话,通过了《紧跟党的工作重点转移做好妇女工作》的决议,号召广大妇女以饱满的热情投入社会主义现代化建设的各项工作中来,其中妇女体育是非常重要的一个方面。妇联和国家体委颁布的一系列措施和政策,使职工体育、农村体育、老年体育、妇女体育引起了国家和社会的重视,社区体育和家庭体育开始兴起。

学校体育政策中也开始关注女生、女教师的发展问题,1990年3月,国家教育委员会与国家体委联合发布的《学校体育工作条例》就提及了根据女学生人数配备一定比例的女教师人数,并对女体育教师的发展、培训、工资待遇进行了规定,在一定程度上对我国学校体育纳入性别意识起到了推进作用②。

(二) 1992—2008年影响中国妇女体育发展的相关因素分析

1992年,邓小平南方谈话和党的十四大明确提出中国经济体制改革的目标是建立社会主义市场经济体制,标志着改革开放和现代化建设事业进入新的发展阶段。在此背景下,国家体委依据邓小平"南方谈话"和党的十四大精神确定了以转变运行机制为核心、"面向市场,

---

① 《中华人民共和国宪法》,http://www.npc.gov.cn/npc/c505/201803/e87e5cd7c1ce46ef866f4ec8e2d709ea.shtml。

② 《学校体育工作条例》,http://www.moe.gov.cn/srcsite/A02/s5911/moe_621/201511/t20151119_220041.html。

走向市场,以产业化为方向"的体育改革思路,先后下发了《国家体委关于深化体育改革的意见》《关于运动项目管理实施协会制的若干意见》《关于训练体制改革》《关于群众体育改革》《关于培养市场、加速体育产业化进程的意见》《体育产业发展纲要》等以社会主义市场经济为中心指导思想的体育体制改革,目标是促进体育项目市场化、职业化。1993—2001年,中国从申奥失败到申奥成功,一直在努力尝试着改变自己,与国际接轨,并以举办2008年奥运会为突破口,制订了"举国体制""奥运争光计划""全民健身与奥运同行"的体育发展计划。如2005年体育总局发布的《体育事业"十一五"规划》[①]提出体育事业发展的指导思想是:高举邓小平理论和"三个代表"重要思想的伟大旗帜,以科学发展观为统领,认真贯彻落实《中共中央国务院关于进一步加强和改进新时期体育工作的意见》,以筹办2008年奥运会为契机,以满足群众日益增长的体育文化需求为出发点,提高全民族健康素质作为根本目标,积极开创体育事业的新局面。同时,该阶段中国颁布新中国成立以来的首部《中华人民共和国体育法》,并出现妇女体育发展的多个"首次",妇女体育政策开始零星地出现在多个体育政策文件中,如:

1. 《全民健身计划纲要》首次明确提出妇女体育发展问题

1995年6月20日,国务院颁布实施的《全民健身计划纲要》(以下简称《纲要》)强调:"重视妇女和老年人的体质与健康问题,积极支持他们参加体育健身活动。注意做好劳动强度较大、余暇时间较少的女职工的体育工作。"[②]《纲要》的法律性质是法规性文件,它把全民健身作为一个项目工程或者是一种有规划的社会活动,具有一定的时限性,其主要目的就是提高公民的健身意识。妇女体育问题首次作为一个问题出现在中国的政策性文件中,可以视为中国出现的完整意义上的第一个妇女体育政策,对促进中国妇女体育的发展具有非

---

① 《体育事业"十一五"规划》,https://www.sport.gov.cn/n4/n15285/n15286/c964190/content.html。

② 《全民健身计划纲要》,http://www.scio.gov.cn/XWfbh/xwbfbh/wqfbh/2015/33862/xgzc33869/Document/1458253/1458253.htm。

常重要的意义。《纲要》出台后，国家体育总局、全国妇联及各级地方政府采取各种措施积极推动全国妇女健身活动，中国妇女体育事业得到蓬勃发展，中国妇女参与健身活动的比例不断提高。如2000年4月，全国妇联、国家体育总局联合启动"全国亿万妇女健身活动"，并联合发出通知，要求各省、自治区、直辖市妇联、体育局，动员和吸引全国亿万名妇女参加这项活动。2001年，这项活动有26个省市派代表团参加，在全国产生了积极的影响，还有许多省市举办妇女健身大赛和妇女运动会，推动全国妇女健身活动长期开展下去。根据2001年中国群众体育现状调查，中国女性体育人口已占中国体育人口总数的43.4%，女性体育人口占女性总人口的15.8%，比1996年（13.6%）提高了2.2%。由此可见，《纲要》的第一个五年取得的效果还是非常显著的。但这一指标在2007年中国第三次群众体育调查时有大幅下降，女性体育人口占女性总人口的7.5%，但男女比例的差值有所缩小。具体数据见表5-11。

表5-11　三次群众体育调查经常参加体育锻炼者性别结构情况　　单位:%

年份	男性经常锻炼者占该群体的比例	女性经常锻炼者占该群体的比例	男女比例差值
1996	16.9	13.6	3.3
2001	20.2	15.8	4.4
2007	9.0	7.5	1.5

2.《中国奥委会章程》列入发展妇女体育问题

国际奥委会是推进世界男女平等的重要社会组织和社会力量，并制定了一系列的政策推进奥林匹克运动中的性别平等，鼓励发展妇女体育。如1994年修改的《宪章》第2条第5段中规定："国际奥委会积极鼓励通过相应方式促进妇女在各个层次和结构中参与体育，特别是在国家和国际体育组织的管理层中，严格执行男女平等原则。"中国2001年通过的《中国奥委会章程》中，列入"促进竞技体育和群众体育的发展，鼓励和支持妇女全面参加体育竞赛和体育活动"的条款。

另外，该阶段中国的妇女解放事业也发生了较大的变化，对妇女体育事业的发展起到了直接的推动作用。1995年，中国成功地举办了第四次世界妇女大会，江泽民同志在大会上发表讲话时提出"男女平等是中国的基本国策"，使中国的妇女运动达到了前所未有的高度，后来又将这一基本国策写入了党的十八大报告中。2005年8月28日第十届全国人民代表大会常务委员会第十七次会议通过《中华人民共和国妇女权益保障法》以及2011年7月30日国务院颁布《中国妇女发展纲要》"保护妇女权利，实现男女平等"提供了良好的法律依据和制度保障。为保障妇女体育权利、促进妇女体育参与体育各个领域的活动提供了各种保障。

这段时期内，教育政策中也出现了多个保护女性受教育权利的政策法律文件，义务教育法的颁布、扫盲、贫困地区女童教育等直接提高了女学生的入学率。学校体育工作的普及与提高对促进我国学校女生体育参与率起到了关键的推动作用，学校中男女学生体育参与率基本达到了平衡，但女学生的体育资源、体育参与质量有待提高。

（三）北京后奥运时代（2008年8月24日至今）影响中国妇女体育发展的相关因素分析

2008年北京奥运会后，在北京奥运会和残奥会总结表彰大会上胡锦涛同志提出："进一步推动中国由体育大国向体育强国迈进"，由此，"体育强国"便成了中国今后体育事业发展的战略目标。体育大国向体育强国转变的一项重要标志，就是体育发展不仅表现为自身业务工作的发展，而且表现为对政治、经济、社会、文化和人的全面发展起更加实际的作用。因此推动体育发展模式的转型，即由部门体育向全社会体育、"争光"体育向生活方式体育的转型至关重要。体育强国强调以人为本，增强全民体质，提高身体素质和健康水平；强调体育在经济建设、文化建设、政治建设、社会建设以及生态文明建设中发挥的作用；强调全面协调、可持续发展，实现竞技体育和群众体育协调发展、业余体育与职业体育协调发展、体育事业与体育产业协调发展。2009年8月13日，温家宝同志签署第560号国务院令——《全民健身条例》，它是一部保障全民健身权利的一部立法。女性作为体育参与中的弱势群体，受到了特殊关注。另外，妇女政策方面也开始注意到体育对妇女健康、性格、社会适应能力和幸福感指数等的重要性，如《中国妇女发展纲要（2011—2020）》首次提出提高妇女经常参加体育锻炼的比例。

1.《全民健身条例》提出从性别角度组织实施体育课教学

2009年8月13日，中华人民共和国国务院令第560号公布《全民健身条例》（以下简称《条例》），[①] 其中第二十一条明确规定：学校应当按照《中华人民共和国体育法》（以下简称《体育法》）和《学校体育工作条例》的规定，根据学生的年龄、性别和体质状况，组织实施体育课教学，开展广播体操、眼保健操等体育活动，指导学生的体育锻炼，提高学生的身体素质。学校应当保证学生在校期间每天参加1小时的体育活动。《条例》的法律性质是行政法规，它把全民健身作为我们国家的一项基础工程、一项国家事业，是长期性质的规范行为，其目的是改善公民的健身环境。《条例》作为中国的一个非常重要的政策性文件，首次从性别的角度对中国的学校体育教学提出要求，对促进学校女性体育的发展具有划时代的意义。从性别角度组织实施体育课教学主要是指教学场地器材、教材、课程和教学设计中的男女学生的性别差异问题，从不同性别学生的心理和生理出发，设计出能够激发学生兴趣、激发学生锻炼动机的体育课内容。《条例》出台后，中国大中城市的部分中小学体育课程出现了分性别、分专项、分教师性别的体育课程，现在中国大部分的大中专及本科院校都是按照性别、专项进行分班教学的，取得了良好的教学效果。另外，中国也有许多专家学者对学校体育课内容从性别的角度进行了较为深入的实践和理论研究，研究成果较为丰富。另外，《条例》第四条规定："公民有依法参加全民健身活动的权利，地方各级人民政府应当依法保障公民参加全民健身活动的权利。"为中国妇女参与体育健身活动提供了法律保障。

[①] 《全民健身条例》，https://www.gov.cn/zhengce/2009-09/06/content_2602545.htm。

2. 《中国妇女发展纲要（2011—2020）》提出提高妇女经常参加体育锻炼的比例

《中国妇女发展纲要（2011—2020）》是中国妇女发展的指导性文件，对妇女发展问题相关政策的制定具有重要的指导作用。新纲要设置了未来10年57项主要目标，88个具体措施，其中在第一领域妇女与健康主要目标第八条明确提出①："提高妇女经常参加体育锻炼的人数比例。"策略性措施第十一条规定："引导和鼓励妇女参加经常性体育锻炼。加强对妇女体育健身活动的科学指导，提高妇女健身意识。积极发展城乡社区体育，鼓励妇女参与全民健身运动。加强对老年妇女、残疾妇女体育活动的指导和服务。"由此可见，妇女体育的发展问题不但出现在了促进体育发展的相关政策文件中，同时也出现在了促进妇女运动发展的相关政策文件中。因此，妇女体育不但是社会体育的重要组成部分，也是妇女解放运动的重要组成部分。一方面，妇女体育的发展直接反映中国全民健身工程的实施效果；另一方面，妇女参与体育活动是妇女的一项基本权利，是人权的重要组成部分，同时又是社会文明进步的重要标志。

3. 《"健康中国2030"规划纲要》提出将妇女作为全民健身重点促进人群

"将妇女作为重点促进体育活动人群，并制定实施妇女体质健康干预计划……加强科学指导，促进妇女、老年人和职业群体积极参与全民健身"，② 到2030年，我国经常参加体育锻炼人数将达到5.3亿人，妇女作为重点促进全民健身人群将对这一指标的完成具有决定性意义。妇女体育健身对促进全民健康、对全民健身指标的完成具有重要的意义。

二 改革开放至今中国妇女体育发展所取得的成就与不足

（一）成就

由上述政策文件可以看出，1995年6月20日，国务院出台的

---

① 《中国妇女发展纲要（2011—2020年）》，http：//www.scio.gov.cn/ztk/xwfb/46/11/Document/976066/976066.htm。

② 《"健康中国2030"规划纲要》，https：//www.gov.cn/zhengce/2016-10/25/content_5124174.htm。

《全民健身计划纲要》首次从体育政策方面提出了妇女体育发展的问题①；2009年，国务院出台《全民健身条例》从法律角度保障公民（包括妇女）参与体育健身的权利；国务院印发实施《中国妇女发展纲要（2011—2020）》从妇女政策的角度提出妇女体育发展问题。这三个政策文件分别从体育政策、妇女政策、法律三个不同角度谈及中国妇女体育参与权问题，这是中国妇女体育发展史上的重大突破。同时也表明中国妇女健身的发展问题已经引起了国家高层的重视，社会性别意识已纳入中国体育政策制定之中，为制定中国自己的妇女体育政策打下了良好的政治基础。由图5-1至图5-2可以看出，中国妇女竞技体育在这阶段取得较大突破，并以绝对的优势站在了国际竞技体育的舞台上，引起了全世界的关注，体现了中国妇女在体育领域内的高度解放，女运动员参与奥运会的参赛人数和获得金牌总数均超过了中国男运动员，出现了所谓的"阴盛阳衰"现象。上述三个文件均是从群众体育的角度出发制定的政策文件，并在这些文件中单独提出

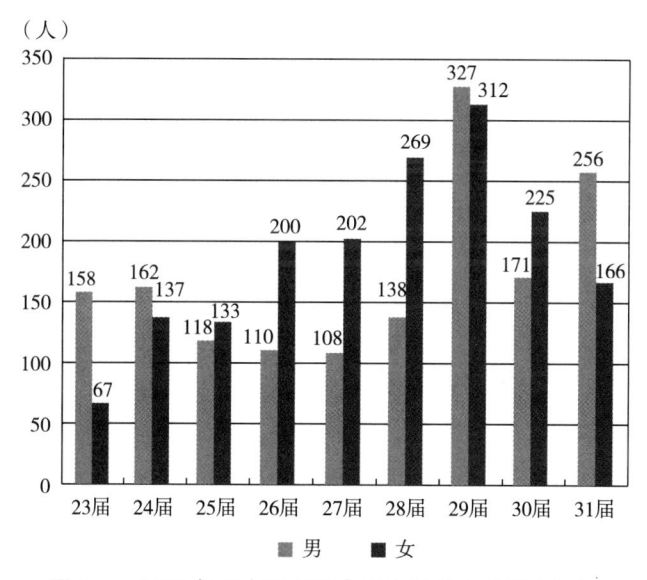

图5-1　1979年后中国历届奥运会参赛人数男女比例

---

① 《全民健身计划纲要》，http：//www.scio.gov.cn/XWfbh/xwbfbh/wqfbh/2015/33862/xgzc33869/Document/1458253/1458253.htm。

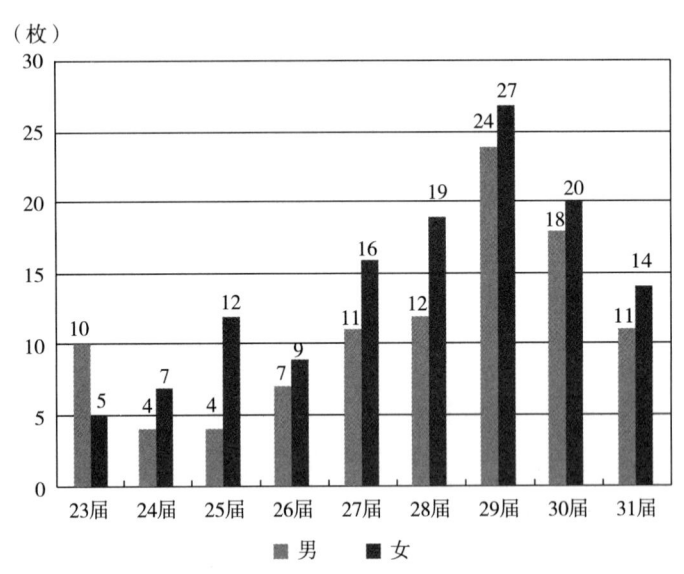

图 5-2 1979 年后中国历届奥运会金牌数男女比例（混合金牌不计）

妇女体育发展问题、性别问题，对纠正当前中国妇女竞技体育和群众体育严重失衡的现象起到了一定的促进作用。

（二）不足

虽然该阶段我国女子竞技体育取得了较好的成绩，但中国的妇女群众体育基础薄弱，竞技体育和群众体育发展严重不均衡。另外，妇女体育发展权的实现必须依赖于具有可操作性的政策和强有力的法律工具，当前中国有关促进妇女体育发展的政策仅仅停留在语言的描述上，没有标明具体的配套行动方案和财政支持政策。虽然自 1995 年以来，中国先后出台了包括《体育法》在内的几个促进体育发展的政策文件，但政策内容、立法内容比较单一，缺乏执行措施和配套的规定，文本内容设计比较宽泛，司法依据性、原则性都不是很强。导致现实中即使出现了法律性问题，也很难找到切实的法律依据，出现有法难依的现象，经常出现执法不严，甚至出现违法不究的现象。《体育法》的内容更是没有涉及性别平等和保护妇女体育发展的条文内容，在出现男女不平等的纠纷时，很难取证，很难找到法律依据。因此，中国关于妇女体育发展的政策和法律基本上存在实施困难、无法实施、实施效果差等不足，需要对政策和法律进行重新考虑与设计。

第六章

域外经验：国际组织与发达国家妇女体育政策探索

国际上，妇女参与体育的历史应该与男性参与体育的历史一样长，但妇女无论是作为参与者还是作为观众，都未曾能像男人那样参与体育。妇女参与体育的过程也是一部不断争取与男子一样拥有参加体育活动权利的革命斗争史。但有组织地争取妇女体育权利却是从1949年"国际妇女体育运动协会"［International Association of Physical Education and Sport for Girls and Women（IAPESGW）］成立开始的，而探索从制定政策、妇女政策、妇女体育政策等来规范妇女体育权利则始于20世纪70年代。联合国妇女地位委员会（Committee on the Status of Women）、国际奥委会（IOC）、国际妇女与体育工作组（IWG）、英国、美国、澳大利亚、加拿大等组织和国家经过40余年来的积极探索，在制定相关妇女体育政策、促进男女两性平等享有体育权利方面取得显著成效，其成功经验值得我们借鉴。

第一节 国际组织妇女体育政策文本核心内容探索

一 国际非体育组织制定促进妇女平等参与体育的相关政策文件

国际非体育组织出台的促进体育领域内性别平等的主要文件有

《联合国宪章》《世界人权宣言》联合国关于《消除对妇女一切形式歧视公约》《北京行动纲领》等。国际体育组织如国际奥委会（IOC）、国际妇女与体育工作组、各个国家奥委会、单项体育联合会等制定的有关性别平等政策都是在以上四个国际文件的指导下制定和发布的。四个文件中重申了男女平等条款及促进妇女体育发展的主要内容（见表6-1）。

表6-1　非体育国际组织制定促进妇女平等参与体育的相关政策文件

政策文件	相关妇女体育的政策内容
《联合国宪章》	第55条：为造成国际间以尊重人民平等权利及自决原则为根据之和平友好关系所必要之安定及福利条件起见，联合国应促进：（寅）全体人类之人权及基本自由之普遍尊重与遵守，不分种族、性别、语言或宗教。 第56条：各会员国应当采取共同及个别行动与本组织合作，以达成第55条所载之宗旨。 第76条：（寅）不分种族、性别、语言或宗教，提倡全体人类之人权及基本自由之尊重，并激发世界人民互相维系之意识
《世界人权宣言》	第2条：人人有资格享受本宣言所载的一切权利和自由，不分种族、肤色、性别、语言、宗教、政治或其他见解、国籍或社会出身、财产、出生或其他身份等任何区别。 第16条：（1）成年男女，不受种族、国籍或宗教的任何限制，有权婚嫁和成立家庭。他们在婚姻方面，在结婚期间和在解除婚约时应有平等的权利。（2）只有经配偶双方的自由的和完全的同意，才能缔婚。 第25条：（2）母亲和儿童有权享受特别照顾和协助。一切儿童，无论婚生或非婚生，都应享受同样的社会保护
《消除对妇女一切形式歧视公约》	第3条：积极肯定了平等的原则，它要求缔约各国应采取一切措施，包括制定法律，保证妇女得到充分的发展和进步，其目的就是为了确保她们与男子平等的基础上，行使和享有人权和基本自由。 第10条：各缔约国应采取一切适当措施消除对妇女的歧视，保障妇女在教育方面与男子一样享有平等的教育权，特别是在男女平等的基础上保障积极参加运动和体育的机会相同

续表

政策文件	相关妇女体育的政策内容
《北京行动纲领》	呼吁各国政府、教育当局和其他教育和学术机构，向妇女和女童提供可使用的娱乐和体育设施，在教育机构和社区组织中建立和提高对性别问题有敏感认知的方案，并指出所有女性在体育和体力活动领域内的地位，包括训练、培训与管理和作为国家、地区或国际的各级参与者。包括三个领域的内容： 1. 健康领域：呼吁政府制定并支持一个计划，即在教育系统、工作场所和社区为所有年龄阶段的妇女和女孩提供参与体育、体育活动、休闲娱乐的机会，并获得与男子或男孩同等的机会。 2. 权利和决策领域：指出妇女在艺术、文化、体育、媒体、教育、宗教和法律等领域代表不足，阻碍了妇女在这些领域的话语权或很难产生重要的影响。 3. 女童状况：呼吁各国政府、国际组织和非政府组织促进女童充分地、平等地参与课外活动，如体育、戏剧和文化活动等

以上四个主要国际文件不但关注妇女和女童人权、消除性别歧视，还为体育领域内实现消除各种形式的歧视提供重要的依据和指导方针，其中前三个文件都是针对各个领域内促进男女平等提出的相关政策文件，体育是其提到的一个重要领域。因此，对促进体育领域内的男女平等起到了培养意识、扩大宣传或呼吁关注等直接或间接的推动作用。如联合国妇女地位委员会在2011年11月23日的大会上提出："体育促进教育、健康、发展与和平的意义，并强调通过体育大力支持女性。"联合国妇女地位委员会的法律与方针主要是围绕男女平等、赋予女性体育及体力活动权利这两套方针而展开的。其1979年联合国在《消除对妇女一切形式歧视公约》第10条提出："积极参加运动和体育的机会相同"，第13条提出："参与娱乐活动、运动和文化生活所有各方面的权利。"1995年第4届联合国妇女会议之《北京行动纲领》则专门提出并强调了妇女参与体育的重要性，将教育与体育相结合、强化运动设施，大范围内支持女性参与体育运动，重视教练、训练和国内外比赛参与率，营造妇女和女童能够积极参与体育的支持性环境。

二 国际奥委会（IOC）促进妇女体育发展相关政策文件

（一）相关背景

近代奥委会（IOC）自成立一个多世纪以来一直以体育的力量为

人类服务。传统上，奥运会是男人的盛会，女子被排除在奥运会之外。随着时间的推移，女子参与奥运会的项目、人数、事务管理越来越多，成为推动妇女解放的重要力量和成功典范。就像前国际奥委会主席萨马兰奇提出的："我们不应该仅仅满足于随着妇女解放运动的发展而增加女子奥运会比赛项目，而应要求奥林匹克运动为推动妇女解放做出更多的贡献。"国际奥委会是第一个签署联合国关于《消除对妇女歧视一切形式公约》的国际组织，并成为世界上第一个支持联合国妇女大会提出的男女平等倡议的国际组织。在过去的 30 年中，国际奥委会一直致力于促进妇女参与各个级别的活动，鼓励各国家奥委会和单项协会增加妇女代表，成功地出台了一系列妇女体育政策。

（二）相关政策文件

1.《国际奥林匹克宪章》

《国际奥林匹克宪章》是国际奥林匹克运动的最高法律文件，它伴随着国际奥林匹克运动的发展而不断完善，本研究选取的是在吉隆坡举行的第 128 次国际奥林匹克大会上通过的，并在 2015 年 8 月 2 日开始生效的最新版本《国际奥林匹克宪章》（以下简称《宪章》）中进行分析。《宪章》重申：妇女参与体育运动的作用、如何才能推动妇女体育快速地发展以及在国际奥委会组织、各单项体育组织、地区体育组织等各级别的体育组织机构中实行男女平等的原则等内容。《宪章》涉及性别、妇女体育发展的具体内容见表 6-2。

表 6-2 《国际奥林匹克宪章》关于性别、妇女体育方面的政策内容

章节	具体条目	具体内容
奥林匹克基本理念（前言）	第 6 条	享有《宪章》规定的权利和自由，不受任何歧视，如种族、肤色、性别、性取向、语言、宗教、政治或其他政治观点、国籍或社会出身、财产、出生或其他身份的歧视
奥委会的使命和职责（1 章第 2 条）	第 7 条	鼓励和支持妇女参与各个级别和领域组织的体育活动，以期实现男女平等的原则

续表

章节	具体条目	具体内容
国际奥委会的职责和使命（4章27条）	第2.5条	采取行动反对任何形式的歧视和暴力行为
奥运会邀请和参与（5章44条）	附录44第13条	对于团体项目，参赛队数不得超过12支队伍，每个性别组不得低于8支队伍，除非国际奥委会执行委员会另有决定

2. 历届国际奥委会世界妇女体育会议出台的相关政策

从1996年起，国际奥委会倡导每四年举行一次世界妇女体育会议，并得到了世界妇女组织的支持，会议旨在宣传、解决有关妇女体育的问题，制定相关妇女体育政策，促进男女平等和妇女解放。国际奥委会世界妇女体育会议至今已举行了五届，每届会议都根据妇女参与体育的现实问题制定旨在促进妇女体育发展的相关政策及对策，主要包括以下八个方面的问题：①建立国际互联网交流平台，加强国际交流与合作，呼吁男女平等，为妇女提供各种平等的发展机会。②建立专门处理妇女问题的委员会，以解决如性骚扰、歧视、暴力等方面的问题。③设立专项基金会，用于妇女管理人员、技术官员、教练员的培训与发展基金，并向一些发展中国家提供技术和资金援助，并发挥优秀运动员的榜样作用。④实现奥运会男女参赛项目、人数相等，国际奥委会、各单项协会妇女代表在决策层不低于20%的比例，并鼓励妇女参加国际级会议。⑤与其他国际组织合作，促进妇女和女童身体健康，提高生活质量。⑥将体育、体力活动纳入教育系统，呼吁优质体育教育经历的重要性。⑦鼓励妇女体育科学研究，并将妇女参与体育的成功故事分享出去。⑧呼吁更多的媒体机构关注妇女体育，与多家媒体机构合作，增加妇女体育媒体覆盖率，增加体育媒体机构中女性工作人员比例。其主要目的是：①使人们意识到妇女在体育中扮演的重要角色。②评估体育领域内男女平等方面取得的进步。③确定未来促进妇女体育发展的优先行动方案。表6-3、表6-4是历届国际奥委会世界妇女与体育大会及出台的妇女体育政策内容和相关措施。

表 6-3　　　　　　　　　IOC 世界妇女与体育大会内容

届数	时间	地点	与会国家、地区（个）	与会代表（人）
第一届	1996 年 10 月	瑞士洛桑	96	200
第二届	2000 年 3 月	法国巴黎	143	470
第三届	2004 年 3 月	摩洛哥马拉喀什	137	≥600
第四届	2008 年 3 月	约旦死海	116	≥600
第五届	2012 年 3 月	美国洛杉矶	135	800

资料来源：表中各届会议参与人数是通过 bing 搜索 IOC Conference on Women and Sport 官方报告而得。

表 6-4　　　　　历届 IOC 世界妇女体育会议的政策及措施内容

届数	政策及措施
第一届	1. 呼吁：国际奥委会、国际单项体育联合、国家奥林匹克委员会思考男女平等问题的所有政策、方案和程序、认识到妇女参与体育的特殊需求，能够充分发挥她们的积极性参与体育运动。 2. 建议：无论是运动员、教练员、管理人员，对参与体育的所有妇女提供平等的发展机会，国际单项联合会和国家奥委会建立专门的、有不低于 10% 的妇女参与的委员会或工作组，让她们参与设计或执行促进妇女体育发展的行动计划。 3. 要求：国家或国际层面应建立专门处理妇女体育问题的委员会。向所有作为运动员、教练员和管理人员等参与体育运动的妇女提供平等发展的机会。 4. 建议：建立包括妇女在内国家奥委会运动委员会，作为培养女性领导人的一种方式。 5. 鼓励：国际奥委会继续努力在奥林匹克运动会上实现男、女参与人数相等目标。 6. 建议：在奥林匹克团结基金中设立一项专项基金，用于促进发展中国家各个级别女性管理人员、技术官员和教练员的培训和发展基金。 7. 要求：国际奥委会每年在五大洲举办一次妇女培训，培训内容包括：训练、技术活动、行政管理和新闻媒体。 8. 提议：把满足妇女参与体育需求的服务能力作为城市申报奥运会的评价指标之一。 9. 支持和鼓励：增加妇女参与体育方面的研究成果和统计数据，并对这些成果和数据进行全面的传播，其中包括妇女和女孩在参与体育的过程中取得成功的故事。 10. 敦促：国际奥委会停止在奥运会期间进行性别检查的现行程序。 11. 呼吁：考虑到残疾妇女在参与体育过程中面临的双重挑战，各国家、国际体育联合会应帮助和促进残疾妇女体育运动。 12. 鼓励：国际奥委会建立与非政府间及政府间国际组织的关系，尤其是那些关注妇女和女童发展的国际组织，目的是建立学校体育和社区体育的全球性合作项目，努力促进妇女的身体健康和生活质量。 13. 建议：国际奥委会建议各国政府向发展中国家提供技术援助。 14. 请求：国际奥委会指示妇女与体育工作组应考虑到妇女和儿童在体育运动中的特殊需求，同时考虑到家庭的支持在发展年轻女运动员方面的重要性。 15. 建议：确立国际奥委会妇女体育工作委员会在国际奥委会中的地位。 16. 鼓励：国际奥委会继续发展教育资源，协助提高妇女参与体育的机会。 17. 建议：国际奥委会确定 1996—2000 年主题："奥林匹克妇女"

第六章 域外经验：国际组织与发达国家妇女体育政策探索

续表

届数	政策及措施
第二届	1. 敦促：国际奥委会主席呼吁各国际单项体育联合会、国家奥委会、国家联合会及体育组织等按照上届会议的决议达到妇女代表在决策层中不低于10%的目标，评估未达到此目标的原因，并起草和执行下一个行动计划，尽快解决此问题，把完成此目标的时间延长至2001年6月，确保在2005年达到20%的目标。 2. 要求：国际奥委会、国际体育运动联合会和国家奥委会等相关组织机构尽快制定2020年各理事机构中女性委员代表比例的目标。
第二届	3. 要求：国际奥委会鼓励至少有一名女性代表出席世界或区域体育大会及其他体育组织的会议。 4. 呼吁：国际奥委会为妇女领导人、运动员、教练员和其他官员增加奖学金和培训课程，通过奥林匹克团结基金向妇女提供各种教育资源，尤其特别强调向来自发展中国家的妇女提供教育资源，包括体育中男女平等的培训手册、继续组织信息研讨班、支持国家层面或区域层面的研究计划。 5. 敦促：各国政府建立类似于联合国妇女地位委员会的机构，深入理解"联合国行动纲领（北京行动纲领）"，重点理解在文件最后部分提到的体力活动和体育对女童和妇女终身发展的重要性，尤其在卫生、人权、教育、决策和女童领域等方面。 6. 邀请：政府间组织，尤其是联合国教科文组织提高《消除对妇女一切形式歧视公约》对女童和妇女参与体育运动积极影响的认识。 7. 呼吁：国际奥委会和其他成员提高对优质体育教育重要性的认识，并制定一项发展战略和一系列教材支持女童，尤其学校女童接受体育教育。 8. 希望：所有国家和国际体育组织利用体育作为促进和平文化、谅解和奥林匹克休战文化的一种手段。 9. 敦促：国际奥委会、国际单项体育联合会、国家奥委会及国家联合会制定并实施防止性骚扰政策，包括制定运动员、教练员、体育官员等的行为规范，在由国家单项体育联合会、国家奥委会组织的有关奥运各方面的研讨会中都应该包括这个主题。 10. 鼓励：为了向女童和妇女参与体育提供更好的技术援助方案，鼓励有关妇女体育的非政府组织建立与国家、地方及国际体育运动机构的工作伙伴关系。 11. 建议：所有相关妇女组织机构建立与媒体的密切合作关系，确保提供更多、更准确的信息，以反映妇女体育的真实形象，并为女记者制定特殊的培养方案。 12. 祝贺：国际奥委会及世界妇女与体育工作组织本届世界妇女与体育大会
第三届	1. 重申：1996年设立的目标——到2005年年底及以后时期实现国际奥委会、国际单项体育联合会、国家奥委会在其执委会和立法机构中至少有不低于20%的女性代表。 2. 敦促：国际奥委会、国际单项体育联合会、各大洲国家奥委会联合会、国家奥委会、国家体育联盟纠正现存的性别平等现象，以保证女性在所有委员会、工作组、奥运会组织委员会中所设职位的显著比例，特别强调五大洲国家奥委会确保妇女列入执行委员会的需要。 3. 呼吁：通过基层体育运动、俱乐部和国家联合会，呼吁所有代表们成为女性晋升、培训和权利赋予的提倡者。 4. 敦促：国际奥委会、国家奥委会呼吁政府及负责管理教育与体育的国际组织将体力和体育活动纳入教育机构。 5. 鼓励：奥林匹克运动和体育组织加强与联合国系统、世界银行、政府间和非政府组织的合作，促进男女平等政策和计划，通过体育促进人类和社会经济的快速发展。

续表

届数	政策及措施
第三届	6. 敦促：奥林匹克团结基金委员会审订其政策和发展计划，以确保其提供资金增加方案，而且确保相当一部分资金用于通过体育支持妇女发展。 7. 号召：所有女运动员和女性官员作为年轻女孩和妇女的榜样和导师，发展她们的运动技能和职业生活，有助于促进多样性、和平和人的理解力。 8. 要求：奥林匹克运动利益相关者及合作伙伴应单独或集体参与预防威胁妇女、儿童身体健康的教育活动，如艾滋病、小儿麻痹症、药物滥用等。 9. 敦促：各体育团体支持和鼓励残疾妇女儿童参与体育活动。 10. 建议：体育社团与媒体组织建立合作，确保全面准确地呈现参与体育运动中的妇女形象，同时也包括制定妇女参加媒体培训方案
第四届	本届会议制订了"死海行动计划"： 1. 抓住即将到来的机遇促进男女平等：会议注意到需要利用奥林匹克运动中的机会促进两性平等，总结出四个机遇：（1）即将举行的北京奥运会和残奥会，国际奥委会应及时提醒国家和地区奥委会、国家和地区残疾奥委会、国际体育单项联合会中的团队组成、团队领导和技术代表团体应体现男女平等政策；（2）国家和地区奥委会四年一度的选举，按照国际奥委会要求吸纳更多妇女走上管理岗位，并帮助她们胜任这一岗位；（3）即将举行的2009年奥林匹克大会，必须把性别问题贯穿于整个大会的议程主题之中；（4）青年奥林匹克运动会，呼吁国际奥委会主席和他的同事们从一开始就考虑青年奥林匹克运动会的各个方面，保证性别平等。 2. 加强奥林匹克委员会及相关机构的管理治理：强调需要充分的研究数据，以便制定和推广发展战略，设置关键绩效指标（KPI），建立检测进展的机制，建立国际网络交流平台，整个过程需要男性的积极参与和支持。 3. 通过教育和发展赋予权利：通过参与会议、培训和体育活动，使妇女认识到参与体育的重要性，培养她们的自尊和灵感，鼓励女运动员参与体育行政管理，强调优秀运动员的榜样作用。 4. 妇女、体育与媒体：所有参会者注意到了妇女体育媒体报道的差距及女体育记者的待遇问题，在大多数国家体育新闻业与其他领域没有同等的地位或重要性，国际奥委会应鼓励女体育记者积极参加奥运会及相关活动，同时国际奥委会相关负责部门和奥林匹克团结基金组织应加强对妇女体育方面的培训，让她们了解如何与媒体合作。 5. 妇女、体育与联合国千年发展目标：会议再次强调奥林匹克运动对实现联合国关于妇女和女童千年发展目标发挥的直接和间接作用，并与14个联合国相关机构签署了谅解备忘录，与联合国本身建立了一种特殊的工作伙伴关系。 6. 与会者承诺：参加第四届国际奥委会妇女与体育会议的所有与会者承诺完成《死海行动计划》，并将为今后的行动和会议提供反馈意见

续表

届数	政策及措施
第五届	本届会议发布了"洛杉矶宣言": 1. 重申"死海决议"内容,强调今后应将更多资源投入发展妇女的管理技能和领导能力方面培养。 2. 国际奥委会应重新审视和检查每个相关机构领导岗位上的妇女最低人数比例,建立一个监督机制,监督每个机构中女性官员最低人数比例,认识到体育中男女平等的重要性,国际奥委会应审查每个国际联合会的参与方案,实现男女平等的成功参与。 3. 确保国际奥委会所有成员尤其是国际奥委会、国际联合会、国家联盟在2012年的第13次的选举中执行男女平等政策,保证在新的任期内女委员人数的最低比例。 4. 认识到这些举措要想获得成功离不开男性和女性的共同努力,实现男女平等的政策需要男性和女性的共同努力,国际奥委会决定将男女平等的政策与奥林匹克运动中好的举措联系起来,应广泛采纳各种体育组织中好的政策,并对其进行广泛的宣传。 5. 各个组织应加强交流与合作,共同努力提高妇女和女童的权利和福利。 6. 促进妇女参与体育活动、行政及管理应该而且必须为支持国际议程中关于男女平等和妇女、女童赋权等更为广泛的目标服务。 7. 国际奥委会应利用其联合国常驻观察员的身份,为实现联合国千禧年发展目标做出贡献,尤其在涉及性别发展和妇女赋权方面的发展。 8. 为了促进男女平等议程,国际奥委会应与联合国及其相关机构建立工作伙伴关系,尤其是与联合国妇女署、联合国妇女地位委员会的关系,在工作中相互分享经验和心得,国家体育组织、联合国家队和民间团体之间也应该建立类似的工作伙伴关系。 9. 国际奥委会及致力于这一事业的其他国际组织应加强与诸国会议同盟的密切交流,以便使他们获得更多的相关信息,并付诸各国采取相关行动。 10. 国际奥委会应带头建立一个网络平台,以便交流妇女体育工作的实践和理论的成功经验

资料来源:笔者通过整理近五届国际奥委会妇女与体育大会文件而得,https://stillmed.olympic.org/。

(三) 相关政策内容特征分析

近代奥林匹克妇女体育政策是在承认体育中存在男女不平等现象、妇女体育处于弱势地位的基础上建立的。所有政策的出台均是为实现男女平等、加强女性参与体育管理、妇女体育参与、妇女体育培训、弱势群体资金技术援助、妇女体育媒体覆盖、妇女体育交流、妇女和女童健康八个方面,使广大女性能够在自由、平等、安全、健康的环境下参与体育运动,感受体育带给她们的快乐、健康、成功的体验。从上述IOC政策文本内容上看,奥林匹克妇女体育政策具备以下几个特征。

1. 性别平等是IOC国际妇女体育政策的首要原则

第一届IOC国际妇女体育大会就明确提出:"奥林匹克运动不能对女性实现性别平等,奥林匹克的理想就不能完全实现"。并呼吁国际奥委会(IOC)、国际单项体育联合会(IFS)和国家奥林匹克委员会在制定所有政策、方案和规程时应该充分考虑到两性平等,认识到妇女的特殊需求,使她们可以在体育活动中发挥积极的作用。在后续的几届体育大会中都有明确提出关于促进性别平等的政策、措施及行动建议等。如2004年,第三届IOC国际妇女体育大会通过的《马拉喀什建议》的第二条提出:"敦促国际奥委会、国际单项体育联合会、各大洲国家奥委会联合会、国家奥委会、国家体育联盟纠正现存的性别不均衡现象,以保证女性在所有委员会、工作组、奥运会组织委员会中担任重要职位。"2012年,第五届IOC国际妇女体育大会通过的《洛杉矶宣言》的第六条提出:"制定更多目标支持国际性别平等、妇女儿童权利,促进妇女参与体育运动、体育管理和行政职务。"

IOC国际妇女体育性别平等政策主要包括:①文化意识领域内的性别平等,尊重女权。②承认区别,平等参与任何形式体育活动的权利(包括项目设置平等、参与人数平等、场地设施提供平等等)。③平等的就业机会和平等的升迁机会等。

2. 提高妇女领导权是IOC国际妇女体育政策的首要目标

提高妇女领导权就是增加妇女在多种场合的话语权,能够代表广大妇女的利益。IOC国际妇女体育大会在第一届和第二届上明确提出了提高妇女在决策岗位的人数比例目标:即截至2000年12月31日,IOC、IFS、NOC及IOC承认的其他社会体育组织中妇女在决策岗位上的比例最低不能低于10%,2005年达到20%,并且鼓励在国际或地区的体育组织会议上,每个国家或组织的代表至少有一位是妇女。第三届会议上又再一次强调该目标,直到现在这个目标也没有实现,除第一届会议外,后面四届会议上均深刻总结了没有达到目标的深层次原因，并提出了具体的改进措施。

IOC 国际妇女体育妇女领导权政策主要包括：①提高妇女在行政机关和决策领域的参与和领导权利或能力。②扩大妇女在 IOC、IFS、NOC 等相关体育管理机构发展和增长的机会。③消除体育领域内暴力和侵害女运动员和女性工作人员的现象。

3. 提高妇女体育参与率是 IOC 国际妇女体育政策的首要任务

IOC 国际妇女体育组织制定各个政策最终的、最直接的目的就是提高妇女体育参与率。第二届 IOC 国际妇女体育大会决议第五条提出：督促各体育组织机构确认联合国《北京行动纲领》最终文件提出的"强调体力活动和运动对女性人生的各个阶段、女性健康、女权、教育、决策及女童成长的重要性"。通过各种形式的政策和措施促进妇女积极参与体力活动和体育运动，增进健康、提高生活质量。

IOC 提高妇女体育参与率的途径或方式主要包括：①鼓励妇女增加体力活动、体育健身活动、休闲娱乐等。②鼓励妇女参与各种形式的体育比赛。③鼓励妇女参与体育领域的工作（体育教育、体育管理、教练员、媒体工作等）。

4. 教育和培训机构的参与是提高妇女体育参与率和决策岗位参与率的重要举措

五届会议中均提到了关于女性人员的再教育政策，并多次强调其对提高妇女体育参与率和决策岗位参与率的重要性。如第三届 IOC 国际妇女体育大会决议第四条提出："敦促国际奥委会和国家奥委会提倡把体育和体力活动列入国际和国家教育机构中。"并建议体育团体和媒体机构正面宣传体育运动中和体育媒体培训中女性形象，禁止带有性感、色情等歧视和不健康方面的宣传。

IOC 促进妇女再教育和培训的政策有：①发展中国家建立专项基金用于女性体育管理人员、技术官员和教练员的培训。②把体育或体力活动纳入国家教育体系中。③呼吁国际奥委会通过奥林匹克相关项目对女性体育管理人员、运动员、教练员和其他女性官员等，尤其是来自发展中国家的这些女性人员的学习提供奖助学金、培训课程及其他教育资源等，其中教育资源包括培训手册、组织研讨会、研究项目等。

5. 扩大媒体覆盖率是宣传妇女体育文化的重要平台

IOC 五届的妇女体育大会中的四届均提出媒体对促进妇女体育发展的重要性。IOC 促进媒体宣传妇女体育文化的政策有：①建议各方与媒体建立紧密的联系，确保正确地报道女性在运动和训练的正确信息和良好形象，培养更多专业报道女性体育的记者。②建议体育社区与媒体机构一起工作，包括女性媒体培训项目，确保全面地、准确地描述女性运动的形象。③不但要关注媒体对妇女体育的报道，而且要关注女性体育媒体工作者这个职业，奥运会各种赛事应为女性记者提供更多的机会和便利，并对女性体育工作如何利用媒体进行培训。④建立互联网平台，宣传妇女体育、交流经验和分享好的想法。

（四）IOC 国际妇女体育发展存在的突出问题及政策发展趋势

IOC 国际妇女体育政策实施以来，妇女体育运动虽然取得了巨大的成就，但仍然面临着以下五个方面的突出问题需要解决：①在资金和赞助方面，男女运动员或运动队之间存在较大的差异，女子运动员在训练、比赛和生活成本等方面资金缺口较大（中国女足表现得更为突出），在制定妇女体育政策方面需要弥补这方面的差异。②在大众媒体宣传方面，男女运动员或运动队存在巨大的差距，妇女体育媒体覆盖率较低，如 2008 年奥运会，澳大利亚队共获得 46 块奖牌，其中男子获得 22 块（占 48%），女子获得 24 块（占 52%），但其媒体覆盖率却相反，男运动员的媒体覆盖率占 41%，女运动员的媒体覆盖率占 34%。③对女运动员进行性别鉴定，伦敦奥运会并没有取消对女运动员进行性别鉴定，并要求女运动员在众多评委面前展示自己的性别特征，但并没有对男运动员进行性别鉴定，这本身就是对女运动员的一种性别歧视。④在奥运会的项目设置和规则方面，仍然存在着基于性别结构的性别歧视，在未来的 IOC 国际妇女体育政策的制定上，仍需考虑这方面的问题。⑤国际奥委会、各单项体育协会女性在决策层的比例仍然很低，许多机构并没有达到 20% 的目标，并且女性职位趋于边缘化地位。

由此可见，IOC 国家妇女体育政策在法律、经费、安全、宣传及女性领导力等方面仍然存在很多不足，在今后的国际会议和政策制定中应加大上述四个方面问题的讨论,并给予政策上的倾斜。

三 世界妇女与体育工作组(IWG)会议出台的相关政策

(一) 相关政策出台背景

1994年5月,"妇女、体育及面临的挑战"会议在英国布莱顿举行,该次会议是由英国前理事会主办并得到了国际奥委会的支持,会议会集全球来自82个国家或组织的280名代表,共同商讨如何解决妇女参与体育的问题。会议结果形成了"国际妇女体育发展战略",包含两个方面的内容:①成立世界妇女与体育工作组(the International Working Group on Women and Sport)。②发布《布莱顿体育宣言》。世界妇女与体育工作组是由政府和非政府机构组成的非正式社会体育组织机构,首要目标就是努力给妇女和女童提供更多的体育机会,促进体育中的性别平等和妇女体育的快速发展。世界妇女与体育工作组自成立之日起就决定以后每四年举行一次国际妇女与体育会议,专门讨论国际妇女体育工作面临的新形势、出现的新问题、政策的执行情况、政策需要做出哪些调整与修改等,并将会议讨论的观点、政策上报给国际奥林匹克委员会,帮助国际奥委会出台相关的妇女体育政策,采用恰当的措施推进世界妇女体育的快速发展。截至2014年,国际妇女体育工作会议已经召开了六届,每届会议都针对妇女体育出现的新形势出台了相应政策和措施,为推动世界妇女体育的发展留下了宝贵的文化遗产。表6-5是历届世界妇女与体育工作组会议的具体历程和留下的文化遗产。

表6-5　　　　IWG世界与妇女体育工作会议及其遗产

年份	与会代表(人)	会议地点	会议主题	文化遗产
1994	280	英国布莱顿	变革带来的挑战	《布莱顿体育宣言》
1998	400	纳米比亚温得和克	寻求改变	《温得和克行动呼吁》
2002	550	加拿大蒙特利尔	专注于改变	《蒙特利尔工具包》
2006	700	日本熊本	参与改变	《熊本合作承诺》

续表

年份	与会代表（人）	会议地点	会议主题	文化遗产
2010	500	澳大利亚悉尼	参与、思考和改变	《悉尼记分牌》
2014	800	芬兰赫尔辛基	引领变革，改变现状	《布莱顿+赫尔辛基体育宣言》

资料来源：数据来自国际足球联合会关于国际妇女与体育工作组的报告，http://resources.fifa.com/mm/document/footballdevelopment/women。

（二）相关政策文本内容

关于妇女与体育政策的《布莱顿体育宣言》在第一届国际妇女与体育大会上通过后，至2014年6月12日《布莱顿+赫尔辛基体育宣言》产生，共有419个国际、国内的政府及非政府组织签约了此宣言。此后，在每届的会议上又相继产生了《温得和克行动呼吁》《蒙特利尔公报》《熊本合作承诺》《悉尼记分牌》等关于促进妇女与体育发展的相关政策及措施性的文件。其中，《布莱顿体育宣言》和《布莱顿+赫尔辛基体育宣言》是促进妇女体育发展的政策性文件，而其他四次会议的文件则是侧重于把政策付诸实施的措施、方法及评估政策实施情况的文件。

1. 《布莱顿体育宣言》

《布莱顿体育宣言》（以下简称《宣言》）在过去的20年中引起了不少国内、国际体育组织的兴趣。《宣言》阐明了发展妇女体育文化、促进妇女充分参与体育各个方面的十条重要原则，并指出了政策的宗旨、目标、范围和预期目标等，推动了妇女体育的快速发展，为国际体育组织、国内体育组织推进妇女体育工作指明了方向，为制定相关政策提供了参考依据。《宣言》具体内容见表6-6。

表6-6　　　　　　　　《布莱顿体育宣言》的内容

条目	具体内容
政策宗旨	本宣言旨在补充所有地区、国家或国际的有关体育的宪章、法律、法规、规则和条例等

第六章　域外经验：国际组织与发达国家妇女体育政策探索

续表

条目	具体内容
政策范围	直接或间接影响妇女体育发展行为的训练、教育、就业和管理等的政府、公共部门、企业、教育研究机构、妇女组织等组织机构的负责人
政策目的	总目标：发展能够促使妇女全面参与体育活动，并能体会到这种参与价值的一种体育文化；政府和非政府组织、所有体育组织机构承诺在制定体育政策时能够履行本宣言的宗旨和原则，真正体现平等、发展与和平的利益所在。 具体目标为：（1）确保妇女能够在一个安全的、被支持的环境中参与体育，即个人的权利、尊严能够得到尊重与保护；（2）增加妇女全方位、多功能、众角色参与体育运动的机会；（3）确保妇女的知识、经历和价值观有利于体育的发展；（4）提升对妇女参与体育运动对公共生活、社区健康、民族健康重要性的认知；（5）提高妇女参与体育的内在价值及对其个人发展、健康生活方式的认知
政策原则	1. 社会与体育中的公平与平等：（1）国家和政府机构应尽一切努力确保体育机构和组织能够遵守《联合国宪章》、《世界人权宣言》、《消除对妇女一切形式歧视公约》中的平等条款；（2）无论参与的目的是休闲娱乐、促进健康、高水平竞技，还是种族、肤色、语言、宗教、信仰、性取向、年龄、婚姻状况、残疾、政治信仰或信仰、国籍或社会出身，都应向妇女提供不带有任何歧视的、平等的参与体育的机会；（3）应对参与体育的资源、权利和责任进行不受性别歧视的公平分配，纠正以往资源分配中存在的男女不平等现象。 2. 体育设施：妇女参与体育活动在很大程度上受体育设施的多元性及实用性的影响，社区体育设施的规划、设计与管理上应适当考虑到妇女的特殊需求，尤其应注意到儿童照顾、供应及安全的需求。
政策原则	3. 学校与青少年体育：青少年对于体育的观点具有明显的性别差异，教育部门在制定青少年参与运动、娱乐、教育计划方案时，应保证给女童提供一系列参与体育的平等机会和经历，这些机会将有助于青少年女童形成正确价值、态度和理想。 4. 提高妇女体育参与率：妇女参与体育活动受可选择体育活动项目种类的影响，体育机构在制定体育活动方案时应考虑到妇女的需求和愿望，尽可能地向她们提供适合她们的体育项目。 5. 竞技体育：（1）政府和体育组织机构在制定竞技体育活动方案时应考虑女运动员的特殊需求，给她们提供实现高水平竞技运动潜力的平等参与机会；（2）应确保精英/专业运动员在竞争机会、奖金、奖励、认可、赞助、晋升和其他方面得到公平和平等的支持。 6. 体育中的话语权问题：所有体育及与体育有关的组织机构中的领导层或决策层的女性代表均不足，负责这些领域的人员在制定政策、方案和设计结构中，应增加教练员、顾问、决策者、官员、管理人员及各级体育人员的数量，尤其是在招聘、发展和保留方面应引起高度重视。 7. 教育、培训和发展：负责教练员和其他体育人才培训、训练和发展时，在整个教育过程和经历中应特别注意男女平等问题和女运动的需求，考虑妇女的领导经验、价值观和态度，公平地反映妇女领导在体育中的作用。 8. 体育信息与科研：负责研究和提供体育信息的部门或人在制定政策和方案时，应增加对妇女体育方面的知识和了解，确保研究模式和标准是建立在对男女研究的基础之上。 9. 资源：负责体育资源分配的人或部门在分配资源时应确保参与体育运动的妇女的需求，在本宣言原则下制定妇女体育方案和措施。 10. 国内、国际间的合作：在促进性别平等、分享成功经验、体育政策和方案方面，应加强政府与非政府间体育组织、国内与国际间的交流与合作

2.《布莱顿+赫尔辛基体育宣言》

由于国际关于妇女、体育及妇女与体育的政策形式发生了很大变化，《布莱顿体育宣言》的政策内容已经不能完全适应当前国际妇女与体育发展的需要，人们对更新《布莱顿体育宣言》产生了迫切的需求，于是在2014年的第六届国际妇女与体育大会上讨论并产生了《布莱顿+赫尔辛基体育宣言》，它是对《布莱顿体育宣言》的更新和补充，而不是否定（见表6-7）。

表6-7　　　　　　　　《布莱顿+赫尔辛基体育宣言》的内容

条目	具体内容
政策宗旨	本宣言旨在补充所有影响到妇女和女童体育及体力活动的参与机会、参与经历的地方、国家、国际宪章、法律、法规、规则和条例等
政策范围	直接负责的、直接或间接影响的、实施、发展和促进体育及体力活动的、以任何形式涉及有关妇女体育及体力活动就业、教育、管理、培训、发展和照顾的所有政府机构、公共部门、组织机构、商业机构、教育和研究机构、负责妇女的组织和个人等
政策目的	总目标：发展能够促使妇女全面参与体育及体力活动，并能体会到这种参与价值的一种体育文化；政府和非政府组织、所有体育组织机构承诺在制定体育政策时能够履行本宣言的宗旨和原则，真正体现平等、发展与和平的利益所在 具体目标为：（1）将平等和多样性的价值观和原则纳入所有国际、区域、国家和地方体育和体力活动战略的主流；（2）确保妇女和女童有机会在一个安全的和支持的环境中参与体育和体力活动，即个人的权利、尊严能得到尊重与保护；（3）满足妇女和女童体育和体力活动参与的需求，尤其是《2006年海洋公约》第三十条："残疾人的权利"中的残疾人和那些生活在不利于妇女和女童生活和工作的环境中的人群；（4）增加和支持妇女全方位、多功能、众角色的参与体育运动和体力活动；（5）确保妇女的知识、经历和价值观有利于妇女体育和体力活动的发展；（6）提升对妇女和女童对参与体育和体力活动对公共生活、社区健康、民族健康重要性的认知；（7）提高妇女参与体育的内在价值及对其个人发展、健康生活方式的认知；（8）为促进体育和体力活动中的男女平等，加强男性和女性之间的合作，确保发展妇女体育事业能够得到男性的支持
政策原则	1. 社会与体育中的公平与平等：（1）国家和政府机构应尽一切努力确保体育机构和组织能够遵守《联合国宪章》、《世界人权宣言》、《消除对妇女一切形式歧视公约》中的平等条款；（2）无论参与的目的是休闲娱乐、促进健康、高水平竞技，还是种族、肤色、语言、宗教、信仰、性取向、年龄、婚姻状况、残疾、政治信仰或信仰、国籍或社会出身，都应向妇女提供不带有任何歧视的、平等的参与体育的机会；（3）应对参与体育的资源、权利和责任进行不受性别歧视的公平分配，纠正以往资源分配中存在的男女不平等现象。 2. 体育设施：在很大程度上，妇女参与体育活动受体育设施的范围、多元性、可及性的影响，这些社区体育设施的规划、设计与管理上适当地、公平地满足妇女和女童的特殊需求，尤其应注意妇女参与运动和参与竞赛表演期间，给予儿童看护服务、安全运输及安全的需求。

第六章 域外经验：国际组织与发达国家妇女体育政策探索

续表

条目	具体内容
政策原则	3. 学校与青少年体育：（1）研究表明青少年对待参与体育的观点具有明显的性别差异，高质量的体育教育有助于女孩运动技能和知识的掌握，有助于她们对终身体育的理解，教育部门在制定青少年参与运动、娱乐、教育计划方案时，应保证给女童提供一定范围的公平参与体育的机会和经历，这些机会和经历将有助于青少年女童形成正确的价值、态度和理想；（2）向青少年提供高质量的体育教育应以联合国教科文组织关于体育教育质量的准则和国际体科学与教育理事会关于体育教育的国际地位声明为指导。 4. 提高妇女体育参与率：（1）越来越多的证据表明，积极参加体育运动和体力活动有助于身体健康，制定体育运动和体力活动战略应参考世界卫生组织制定的关于承认和青少年活动水平的建议；（2）妇女参与体育活动受可选择体育活动项目种类的影响，体育机构或个人在制定体育活动方案和提供参与体育机会时，应考虑到妇女的需求和愿望，尽可能地向她们提供和满足适合她们的体育项目。 5. 竞技体育：（1）政府和体育组织机构在制定竞技体育活动方案时应考虑女运动员的特殊需求，给她们提供实现高水平竞技运动潜力的平等参与机会，而这些都是建立在可持续发展体育运动设施基础之上的；（2）应确保精英/专业运动员在竞争机会、奖金、奖励、认可、赞助、晋升和其他方面得到公平和平等的支持。 6. 体育中的话语权问题：所有体育及与体育有关的组织机构中的领导层或决策层的女性代表均不足，负责这些领域的部门或人员在制定政策、方案和设计结构中，应增加教练员、顾问、决策者、官员、管理人员及各级体育人员的数量，尤其是在招聘、发展和保留方面应引起高度重视。 7. 教育、培训和发展：负责培训、训练、男女教练员发展、其他个人事项，以及提供体育或体育活动的管理者和领导者应确保整个教育过程和经历中的男女平等以及女性运动员的特殊需求，包括提供一个安全的体育参与环境、公平地反映妇女在体育及体育活动中的作用，并考虑到妇女的领导经验、价值观和态度，公平地反映妇女领导在体育中的作用。 8. 体育信息与科研：负责研究和提供体育信息的部门或人在制定政策和方案时，应增加对妇女体育方面的知识和了解，确保研究模式和标准是建立在对男女研究的基础之上。各国政府和体育组织发起妇女体育研究，系统地按性别分组收集数据统计，并把它作为一项任务将有关体育及体育活动中的性别平衡数据编入国际或区域社会发展统计机构中。 9. 资源：负责体育资源分配的人或部门在分配资源时应确保参与体育运动的妇女的需求，在本宣言原则下制定妇女体育方案和措施。 10. 国内、国际间的合作：在促进性别平等、分享成功经验、体育政策和方案方面，应加强政府与非政府间体育组织、国内与国际间的交流与合作

3.《温得和克行动呼吁》

1998年在第二届国际妇女与体育大会上讨论并产生的《温得和

克行动呼吁》除了重申《布莱顿体育宣言》的原则外，与会代表还呼吁从以下领域采取行动：①制定关于执行《布莱顿体育宣言》原则的目标和指标的行动计划，用于检测和报告其执行情况。②跨部门推动全球妇女平等运动的发展，一方面在体育与妇女组织间建立紧密的合作伙伴关系，另一方面建立与来自教育、青年、卫生、人权和就业等部门的关系，通过体育媒介，制定战略帮助其他部门实现她们的目标，同时进一步实现体育的目标。③促进和分享有关女孩和妇女参与体育活动的积极信息，尤其是那些对社会、健康和经济等起到积极作用的信息。④培养妇女作为领导者和决策者的能力，确保妇女在各级体育部门中担任重要角色。建立机制，确保年轻妇女能够提出对她们产生影响的政策和战略。⑤把加强优质体育教育项目作为关键手段避免"世界性体育教育危机"，积极向年轻女孩介绍通过体育教育可以获得的技能和其他益处。此外，制定政策和机制，确保体育活动从学校向社区开展。⑥鼓励媒体积极地、大量地报道妇女和女孩参与体育活动的广度、深度、质量和益处。⑦通过采取措施消除一切形式的骚扰和虐待、暴力和剥削以及性别测试，确保妇女和女孩在参与体育运动的过程中处于一个安全有利的环境中。⑧确保为所有妇女和女孩提供机会的政策和方案是建立在充分承认其差异和多样性基础上的，包括种族、能力、年龄、宗教、性取向、族裔、文化或她们作为土著人的身份等因素。⑨认识到各国政府对体育发展的重要性，并敦促各国政府通过性别影响分析，制定适当的法规、公共政策和资金，确保在体育的各个领域内实现男女平等。⑩确保《官方发展援助方案》为妇女和女童提供平等的发展机会，并认识体育能够帮助其实现发展目标的潜力。鼓励更多的妇女成为体育科研工作者，并就妇女与体育中关键性问题进行大量的研究。

4.《蒙特利尔工具包》

2002年，在第三届国际妇女与体育大会蒙特利尔会议上出台了《蒙特利尔工具包》，该工具包对具体指导如何制定与实施妇女体育政策等，具有重要参考价值（见表6-8）。

表 6-8　《蒙特利尔工具包》内容体系

工具包类型	具体内容
倡导变革的工具	1. 建立性别平等案例； 2. 理解性别平等； 3. 制定宣传战略； 4. 建立联盟和伙伴关系； 5. 建立非性别歧视的媒体体育评论； 6. 制定宣言和决议； 7. 批准并认可《布莱顿体育宣言》
改变组织机构、体制和结构的工具	8. 体育组织机构变革的个案研究：如英联邦运动联合会； 9. 建立国家性别平等政策； 10. 制定战略发展框架和计划； 11. 倡导男女平等的体育组织（评估体育组织内的性别平等）； 12. 审核妇女与体育委员会的职权范围； 13. 会议主办单位指南； 14. 性骚扰政策案例； 15. 设计妇女和女童体育参与方案； 16. 制定资助妇女和女童体育参与的新举措
用于个人发展的工具	17. 建立指导案例； 18. 招聘和保留女性教练员和裁判员岗位
用于行动工具	19. 制订"做出改变"行动计划； 20. 对取得的效果进行评估
可用资源	21. 可用网址； 22. 已有的项目方案； 23. 书面材料

5.《熊本合作承诺》

经过 2006 年第四届国际妇女体育大会的与会代表一致同意，通过了《熊本合作承诺》（以下简称《承诺》）即："为了通过体育实现男女平等，我们致力建设一个网络，通过网络加强机构与个人的紧密合作。在未来的四年（2006—2010）能够看到明显的、不同于熊本会议时的变化。"

《承诺》出台的目的是加强国际或国家一级的体育组织关于推进妇女体育发展的成果和成功经验的分享与利用，避免同一类问题的重复研究，强调了增加共同合作的重要性，利用发达的互联网络，加强全世界的妇女体育组织和体育组织的交流与合作，分享研究成果和成功经验，共同攻克体育领域内性别不平等的世界性难题。同时加强与世界其他组织的交流与合作，通过体育加速解决其他领域内男女不平等现象，为解决国际上性别不平等问题做出突出贡献。

6.《悉尼记分牌》

《悉尼记分牌》是世界妇女与体育工作组第五次会议留下的宝贵遗产，它是一个强大的网络在线工具，通过互联网跟踪国际、国内的体育组织或机构妇女在决策层或领导层的任职情况。《悉尼记分牌》提供了一种在国际上可访问的、互动的、实时追踪进度的方法，用于跟踪妇女在国家体育组织中担任主席和首席执行官情况。

（三）相关政策特征分析

分析 IWG 各次会议的相关会议宣言及政策文本，本研究认为其有以下特征。

1. 强调对政策不能仅停留在讨论阶段，更要付诸实施

世界妇女与体育工作组自 1994 年以来共召开了六次会议，出台了促进妇女体育发展的六份文件，除第一次和第六次的《布莱顿体育宣言》《布莱顿+赫尔辛基体育宣言》外，其余四份文件均是强调把政策付诸行动、如何付诸行动等的实际操作方法、经验、评价等。如《温得和克行动呼吁》就是呼吁国际或国内的所有体育组织按照《布莱顿体育宣言》的原则，制定行动方案和措施及监督实施进展的标准等去纠正妇女体育参与的性别不平等现象，帮助妇女克服各种障碍参与体育，并体会体育给她们带来的益处。《蒙特利尔工具包》则是帮助相关体育组织机构如何把政策和原则付诸实践，列举了解决现实问题的 20 种实用工具和典型成功案例，给相关组织机构提供良好的操作模式。然而，世界妇女体育工作组的妇女体育工作进展报告中显示，妇女体育政策及妇女体育工作的发展并没有预期发展得那么理想，于是在 2006 年的第四次世界妇女与体育会议上发布了《熊本合作承诺》，来自 100 个国家或地区的 700 名代表签署了以互联网为依托的合作承诺，决定利用互联网加强世界上各种体育组织间的合作，共同促进妇女体育的快速发展。2010 年的《悉尼记分牌》更是强调

把政策付诸实践的良好实例，用以跟踪和监督各种体育组织中妇女在领导岗位上的认知情况。同时，世界妇女与体育工作组每四年一次的《妇女体育进展报告》就是按照世界上的各种体育组织采取行动次数、采取行动的体育组织数量分布、采取行动的体育组织区域分布、采取行动的体育组织的类型分布等标准对《布莱顿体育宣言》进行评估的。表6-9是世界上的一些妇女体育组织贯彻《布莱顿体育宣言》原则的典型案例。

表6-9　体育组织机构采取措施贯彻《布莱顿体育宣言》的典型案例

组织名称	原则	事件
印度尼西亚妇女体育协会中央办公室（PERWOSI）	增加妇女体育参与	每年一次5公里运动与健康步行计划，3800名妇女在东爪哇省参加了这一活动
澳大利亚妇女体育与休闲协会（AWRA）	增加妇女体育参与	确定从四个领域增加妇女体育参与： 1. 优先让女性参与体育的各个方面； 2. 增加妇女参与的领导岗位； 3. 强调女性体育参与过程的障碍； 4. 增加媒体对成功女运动员的媒体报道。并出台了20多条建议和措施促进妇女体育的快速发展
塞内加尔蒂斯国际花样摔跤联合会（FILA）	给男孩、女孩提供平等的参与机会	通过定期培训，向女性教练员和运动员提供平等的发展机会，该培训中心已经培养了好几个女运动员代表她们的国家参加了奥运会的比赛，FILA已经改变了奥运会对女子摔跤的类别和配置，增加了更多体重级别的比赛
尼泊尔盲人板球协会（CBA）	向女孩介绍新项目	2006年引进盲人板球，以前这个项目都是男孩在玩、女孩在看的项目
国际自行车联盟（UCI）	支持高水平女运动员发展	出台政策让参加世界锦标赛男女运动员的奖金相等
美国妇女体育基金会（WSF）	支持退役高水平女运动员的发展	制定每个级别退役女运动员的职业规划，对她们进行培训，帮助她们获得就业机会和领导技能等

139

续表

组织名称	原则	事件
阿尔及利亚奥林匹克委员会（COA）	帮助退役女运动员进行职业规划	他们意识到优秀女运动员的职业运动生涯一般不会超过35岁，因此，帮助她们通过培训，促进体育教育发展的职业规划，不但有利于退役运动员顺利找到工作，还有利于在体育教育方面取得良好的成果
澳大利亚首都行政区足球联合会	增加女性领导岗位	创建了一个新的全职裁判发展经理的位置，主要职责是指导和管理500名初、高级裁判员的职位和发展，这个职位由女性担任，她曾是国际足联助理裁判、亚洲足球联合会（AFC）精英小组助理裁判等
西班牙定向越野联合会	对参赛运动员提供儿童照顾服务	每个年龄阶段的人都可以参加比赛，并对带有1—6岁孩子的运动员提供儿童照顾服务，服务内容有绘画、手工艺术、定向小比赛等各种各样的活动，使带孩子参加比赛的妈妈们能够安心参加比赛

资料来源：*From Brightonto Helsinki：Women and Sport Progress Report 1994-2014*。

2. 致力于"改变"是 IWG 妇女与体育政策的永恒主题

由表6-5可以看出，世界妇女与体育工作组每届会议的主题都有"改变"二字，改变妇女和女童参与体育运动和体育活动中的性别不平等现象是世界妇女与体育工作组的存在价值，也是这个组织成立时的初衷，更是这个组织工作的首要任务。它出台的所有政策的宗旨和最终目标就是改变体育中女性遭受不公平待遇的现状，消除女性参与体育所有领域的活动时受到的一切形式的歧视。世界妇女与体育工作组成立20多年来，国际形势、经济、文化等都发生了很大变化，妇女和女童在参与体育的过程中所面临的问题也发生了很大变化，国际妇女体育政策伴随妇女体育的新问题也做出了相应的改变，如《布莱顿+赫尔辛基体育宣言》就是在《布莱顿体育宣言》基础上做出的修改和完善，使其更加符合当前妇女体育发展新形势的需要。来自国际或国内的许多体育组织在 IWG 相关政策的呼吁下，制定和采取了大量的政策、措施和行动方案，以期改变妇女体育参与过程中不平等现状。表6-10是一组来自世界妇女与体育工作组的《妇女体育发展报告》数据，数据显示了自2006年以来，为实现妇女体育中的男女平等而采取的行动方案数量。

表6-10 2006年以来为促进男女平等而采取的所有行动概览

主要问题	行动数量（次）
增加参与率	258
教育内容和方案强调两性平等问题	103
提高社会各界对妇女体育的认知	204
支持女性精英级运动员的发展	189
为男孩和女孩提供平等的发展机会	186
在国家体育组织机构中分享成功经验	166
预防性骚扰和性暴力	165
提高妇女体育的媒体覆盖率	161
招聘/保留/提高女性领导的技能	160
介绍新项目	159
资金公平地分配给女性运动员和妇女体育方案	153
教育内容和方案考虑女性运动员特殊需求	71
体育设施满足妇女的需要	140
致力于妇女体育的研究	139
保护女性运动员避免损伤	137
招聘/保留/提高女性教练员的技能	134
在国际体育组织中分享成功经验	131
招聘/保留/提高女性裁判员的技能	107
关注女性运动员饮食失调	97
支持退役的高水平运动员	93
为促进体育中的性别平等采取任何其他行动	43
提供儿童看护资源	29

资料来源：*From Brightonto Helsinki*：*Women and Sport Progress Report 1994-2014*。

3. 贯彻IWG妇女与体育政策的关键因素是提高妇女的自身素养

妇女只有掌握了一定的运动技能才能更好地参与体育健身活动，

并从中体会到健身给她们带来的健康、快乐。妇女只有掌握较高水平的运动技能和具备良好的身体素质才能参与精英级别运动竞赛，如奥运会、锦标赛等。妇女只有具备了一定领导技能、教练员技能和裁判员技能才能进入这些岗位，具有话语权。因此，从长期来看，妇女必须提高自身素养才能在体育领域更快地、更好地实现性别平等。IWG的妇女体育政策从各个方面强调了提升妇女自身素养的原则，如向青少年女童提供高质量、公平的学校体育教育，使她们能够掌握一定的运动技能，为今后的体育参与打好基础，为妇女终身体育的发展做好充分的准备。给高水平女运动员提供平等教育、训练资源，使她们能够有机会参与高水平的竞技比赛，向职业体育发展。对退役女运动员的再教育、培训和指导等提供一个发展平台，使她们能够走向管理层、教练员和裁判员的岗位。《布莱顿+赫尔辛基体育宣言》第2条、第5条、第7条都提出关于提升妇女体育参与者自身素养相关的政策原则。

4. 强调交流与合作、分享成功经验、积极探索支持方式的转变

世界妇女与体育工作组每四年一次的会议向来自世界各地的工作组成员和其他参与者分享她们的成功经验，是交流工作心得的一个独特机会，启发她们对其工作的国际、国家体育组织机构对妇女与体育中不平等现象做出进一步的改变。截至2014年，第六届世界妇女与体育工作组第六次会议，来自100多个国家的419个国际或国内体育组织签约了《布莱顿体育宣言》，旨在使各体育组织致力于建立一个更平等的体育世界。世界妇女与体育工作组就是来自世界各国体育组织交流的一个平台，它的任务就是让世界上更多的体育组织和个人认识到妇女参与体育中不平等现状、知识，理解妇女参与体育的重要性，呼吁世界上体育组织依据它的政策和原则建立组织内部关于促进妇女平等的政策、原则、措施和行动方案，尽快实现体育领域的男女平等，同时通过体育促进世界其他领域的男女平等。因此，加强交流与合作是世界妇女与体育工作组运行的生命线，只有通过交流才能把它的政策和原则传递出去，只有通过交流，才能知道世界各国体育组织男女平等政策的进展现状，只有通过交流，才能得到来自各体育组织的成功案例、实践经验和教训，不断完善自己的体育政策。因此，

第六章 域外经验：国际组织与发达国家妇女体育政策探索

世界妇女与体育工作组的政策非常注重交流与合作，分享成功经验。《布莱顿+赫尔辛基体育宣言》第10条就明确提出要加强国内、国际间的合作：在促进性别平等、分享成功经验、体育政策和方案方面，应加强政府与非政府间体育组织、国内与国际间的交流与合作。《温德何克行动呼吁》的第2条、第3条，《蒙特利尔公报》的第1条、第4条、第22条、第23条、第24条都是关于交流与合作，分享实践经验的内容。《熊本合作承诺》、《悉尼记分牌》更是强调以互联网为依托进行交流与合作的体现。随着时代的快速发展、互联网时代的到来，世界妇女与体育工作组也在不断地、积极地探索新的交流和支持方式，如世界妇女与体育工作组不但每四年举行一次现场会议，还可以利用互联网联络世界各地的体育组织不定期地在网络上召开会议，一些成功经验、经典成功故事通过报纸、电视或电台传播。但当前，互联网成为主要的传播工具。另外，还有16000名世界妇女与体育工作组的追随者通过脸书（Facebook）、3500人通过推特（Twitter）进行交流，还通过互联网举办了募捐等活动。

5. IWG妇女体育政策内容全面，针对性较强

世界妇女与体育工作组出台政策涉及的内容领域包括：①妇女体育运动的参与；②学校和青少年儿童体育；③高水平竞技运动；④体育设施；⑤安全；⑥女性领导；⑦教育、培训和发展；⑧信息与科研；⑨媒体覆盖；⑩体育资源；⑪国内、国际的交流与合作。它是根据妇女体育发展过程中出现男女不平等的问题、妇女在参与过程中受到的性别歧视、妇女在体育参与过程中受到的各种威胁等现实问题而制定的，每个领域内都有包含具体的、解决实际问题的小政策，内容几乎涵盖妇女体育发展中遇到的所有问题，并针对每个小问题提出解决问题的原则。

四 国际组织妇女体育政策对中国的启示

（一）制定明确的政策目标

国际奥委会妇女工作委员会、世界妇女与体育工作组制定的妇女体育政策既有明确指标的政策目标，也有语言性宣传目标，同时也有配套行动方案的具体政策目标。如：国际奥委会妇女体育政策目标在

国际奥委会领导岗位设置中，女性领导达到20%，夏季奥运会和冬季奥运会比赛项目的设置和参赛人数争取达到各占50%。语言性目标如：提高妇女自身体育意识、积极利用媒体宣传妇女体育、充分发挥男性对女性的支持作用等。

当前，中国没有单独的妇女体育政策，有关妇女体育政策的内容只有在《全民健身计划纲要》《中国妇女发展纲要（2011—2020）》《全民健身条例》等文件中被提及，内容较为简单，没有政策目标、政策内容和政策措施，不具有操作性。因此，在制定中国单独妇女体育政策时，首先要有明确的政策目标，目标内容既要有具体的、可完成的、有量化指标的目标，又要包括阶段性的语言性目标和行动方案目标。这样可以使相关单位依据政策目标明确下一阶段的工作重点，知道该采取什么样的行动方案来完成目标，同时还知道应该对妇女体育工作做哪些方面的宣传工作。

（二）制定具体的政策内容

国际妇女体育政策内容往往都是妇女体育参与过程中遇到的实践问题的集中反映，也是当前妇女体育热点研究问题的集中反映。国际妇女体育政策的内容一般包含妇女体育参与、妇女体育就业、妇女体育话语权、妇女体育媒体宣传、妇女体育教育、妇女体育安全、妇女体育科学研究、妇女体育资源分配、妇女体育与少数民族九个方面的内容。内容非常全面、具体，为中国制定单独的妇女体育政策提供了重要的参考依据。首先，在制定政策前，要做好充分的调研，深入了解影响中国妇女体育参与的主要障碍因素，依据这些因素制定有针对性的妇女体育政策。其次，依据中国国情制定适合中国妇女和女童体育发展的援助方案，保障处于弱势地位的妇女和女童参与体育的权利。最后，依据中国的文化传统，制定中国公众能够理解并愿意积极参与的妇女体育政策，充分发挥中国男性对妇女体育的支持作用。

（三）制定与政策配套行动方案

政策制定的成功与否，关键是配套行动方案的成功制定与实施。国际组织妇女体育政策出台后，往往紧接着就会制定一个或多个与妇女体育政策配套的行动方案来配合政策的执行。如《布莱顿体育宣言》出台后,在后续的十几年中连续出台《温得和克行动呼吁》《蒙特利尔公报》《熊本合作承诺》《悉尼记分牌》等多个行动方案来配合《布莱顿体育宣言》政策的实施与完善,并取得了较大的成功。因此,中国在制定单独妇女体育政策时,不仅仅是出台一部政策,更重要的是如何把政策成功地实施,制定配套的行动方案配合政策的实施显得尤为关键。西方发达国家如英国、美国、加拿大、澳大利亚等也都是在出台妇女体育政策后,先后制定了多个妇女体育行动方案来配合政策的执行与实施。

(四)建立完善的政策评价标准

国际妇女体育组织制定的评价标准不但有具体的目标数字标准,而且有过程性评价标准,如世界妇女与体育工作组对国际妇女体育组织和国家的相关体育组织在最近几年内是否采取行动或采取行动次数来评价政策的实施。这种过程性评价并没有考虑政策实施的效果,而只考虑这些组织是否为促进妇女体育事业的发展做过工作,都做了哪些方面的工作。国际妇女体育组织的理念是:只要做了就是进步,目的是强化体育工作中性别意识,提高妇女体育工作者自身的性别意识。因此,在对中国相关机构进行评价中国妇女体育工作的进展时,不但要有具体的、明确的数字指标评价系统,更要有鼓励性的过程性评价系统。这样的评价标准有利于提高妇女体育机构和妇女体育工作者的积极性和自信心。

第二节 发达国家妇女体育政策文本核心内容探索

一 英国妇女体育政策探索历程、取得成效及启示

(一)妇女与体育:政策与行动框架(Women and Sport: Policy and Frameworks for Action, 1992)

1. 相关背景

英国体育理事会(GB Sport Council)于1972年成立,其格言是:

"全民体育（Sport for All）",该格言已被载入英国体育理事会的《皇家宪章》,是英国和世界其他地区的一项政策原则。人们普遍认识到,人民在体育中并不能享有平等的机会,因此需要制定政策和方案来纠正这种不平等的现象。"全民体育"中"平等"是指每个人依据自己技能、天赋和条件具有平等参与体育的机会,不会因其性别、族裔和残疾在体育参与过程中处于不利地位或直接被剥夺参与体育的机会。"妇女与体育"同其他领域的参与机会应该均等化,例如残疾人、黑人和少数民族的体育运动。另外,英国体育理事会的一个非常重要的目标即:"提高全民体育参与率。"英国体育理事会意识到妇女群体是未来体育的潜在参与者并把妇女列为提高体育参与率的"目标群体"。传统的、只有男性参与或男性专属的体育观念逐渐被打破,越来越多的妇女参与到体育休闲（散步、爬山、骑自行车、划船等）、带有美感的体育活动（如运动与舞蹈）和一些对健康有益的健身活动（如有氧运动、控制体重的训练、在音乐伴奏下的运动）中；还有一些年轻妇女和女孩热衷于参与各种竞技比赛,有时候甚至还会和男性混合成一个队伍去参加比赛,如足球（在足球比赛中）,经常会出现女孩和男孩一起参加比赛的现象；由此可见,20世纪七八十年代的妇女已经有了强烈的健身意识和体育参与意识。1990年,英国体育理事会成立官方政策工作组并联合专家起草了《女性和体育政策》。1991年6月,欧洲体育会议接受了其下属妇女与体育工作组的报告和总目标即:"提高妇女参与各级体育和担任所有职能及角色的能力",同一年,该小组起草了第二份草案并审议通过,1992年签发并实施。

2. 政策内容

首版英国妇女体育政策主要由两部分组成:第一部分主要是政策声明,依据调查数据分析,声明妇女参与体育的益处、妇女体育参与的现状以及妇女体育政策在每一个具体领域产生的基础,解释每一条政策"为什么要这样制定"的原因；第二部分是政策的目标与实施措施及实施的成功案例。

（1）政策声明包含四个部分:①概述体育理事会过去十年关于妇女体育的工作情况。②从发展基础、体育参与情况、竞技体育训练与比赛三个层面分析当时英国妇女体育的发展状况，详细论述了妇女体育参与障碍因素及解决策略；并对公共体育设施的提供标准、解决方案、发展战略等进行研究和试点分析；对妇女参与竞技体育的训练和参赛的场地、参赛机会、训练机会、资金支持、社会控制、态度转变、媒体报道等进行了分析研究。③妇女作为一种有偿或无偿的"人力资源"在体育中的位置。从体育管理和体育媒体两个方面研究了妇女体育人力资源的发展状况，其中体育管理方面的人力资源包括：体育设施管理工作人员、体育发展公务员、高级管理人员或经理、教练员、裁判员、体育教师等；在体育媒体报道方面，英国体育理事会专门做了一个体育媒体女性报道目录，但从目前收集到的资料来看，妇女体育的媒体报道仍然受到很大的限制，妇女在体育中取得的成绩往往被她们的男性同事所取得的成绩掩盖。④体育信息的交流，包括与大众媒体的交流、体育理事的信息与科学研究交流两个方面，主要通过报纸、电视、视频、广播、杂志、数据和科学研究等方式进行交流。

（2）政策目标：该政策的第一部分即"政策声明"表明了英国体育界的整体变化和性别不平等现象仍普遍存在，未来需要确保体育中的公平。政策的第二部分主要关注20世纪90年代到21世纪妇女体育的发展方向，它概述了妇女体育发展的总目标，即"增加妇女体育参与（Increase The Involvement To Women In Sport）"。依据政策声明，对体育各个领域评估设置未来妇女体育发展具体目标和子目标，并对每个子目标给出具体的建议、达到子目标的成功案例（见表6-11）。

表6-11　英国妇女体育政策的具体目标、子目标及实施建议

具体目标	子目标	行动建议
1. 妇女体育参与的基础：鼓励对女孩提供掌握基本运动技能的平等机会，发展公众对女孩积极锻炼生活方式的正面态度	（1）确保给女孩介绍全方位的基本运动技能	建立中小教师培训，注重混合工作中体育工作者的性别平等问题
	（2）鼓励年轻女孩建立对体育的积极态度	为家长提供帮助年轻女孩发展自己身体信息

续表

具体目标	子目标	行动建议
2. 妇女体育参与：增加所有妇女体育参与的机会	（1）确保妇女获得基本体育技能的机会	提高教授或培训妇女基本体育技能的方法
	（2）对运动中的妇女要建立积极的态度	打破体育运动对妇女健康有害的错误看法和误解，共同提升体育和身体锻炼对妇女健康的好处
	（3）创造一系列不同的体育机会，确保妇女受到参与体育运动的鼓励	积极推进为妇女提供一系列不同类型的体育参与的机会（如休闲/竞技体育，室内/室外体育）
	（4）减少影响妇女体育参与的限制因素	鼓励参与体育提供的所有组织机构采取儿童照顾、交通、接近、价格和设施规划等政策，促使更多的妇女参与体育运动
	（5）增加对妇女特殊群体提供体育参与的机会，如黑人、少数民族、残疾妇女、有家庭责任的妇女、有工作的妇女、学校毕业生等	提供休闲或竞技体育专业人才的培养，满足妇女多样化的体育需求
	（6）鼓励已经参加体育运动的女性继续保持延续性	鼓励体育服务供应商扩大服务的范围，使老年妇女能够保持体育参与
	（7）体育设施的规划、设计和管理应确保妇女的特殊需求	传播成功的体育实施管理实践经验，吸引更多的妇女消费者
3. 竞技体育：增加妇女达到高水平竞技能力的机会，提高公众对妇女高水平竞技成绩的认可度	（1）建立竞赛结构，使妇女可以适当地、容易地参加体育比赛	保证管理机构的所有计划对精英女运动员的参赛机会给予特别关注
	（2）鼓励相关机构制定参赛策略，满足女性运动员的需求	鼓励地方当局制定策略，满足妇女体育参与的需要
	（3）鼓励妇女通过她们的卓越表现充分发挥她们的才能	确保精英级女运动员能够获得体育科学和运动医学的服务支持
	（4）确保为发展妇女高水平竞技体育提供足够的体育设施	确保妇女有机会参与竞技体育的设施
	（5）确保给予妇女体育适当的财政资源	回顾体育理事会财政拨款分配的不平等

第六章 域外经验：国际组织与发达国家妇女体育政策探索

续表

具体目标	子目标	行动建议
4. 体育管理：增加体育管理中妇女人数，鼓励和帮助妇女达到更高的水平	（1）确保所有的体育和休闲体育组织采用性别平等的政策和实践	回顾建立的招聘、就业和采取行动政策和实践，吸引更多的妇女参与体育就业，包括重返工作岗位的妇女
	（2）鼓励更多的妇女参与各级体育管理	发展"访问课程"，帮助女性树立参与高水平体育管理的信心
	（3）鼓励妇女在体育管理工作中的职业发展	建立参与体育管理的妇女在职培训或研讨会课程
5. 教练员：增加参与教练员工作和教练员培训的妇女人数，鼓励和帮助她们达到更高的水平	（1）确保妇女在高水平竞技体育中有平等的参与机会	确保给妇女教练员适当的报酬和儿童照顾安排
	（2）鼓励更多的妇女参与训练工作	促进妇女作为教练员积极的形象
	（3）确保鼓励妇女进入高水平竞技体育领域从事教练员工作	发展女教练发展计划
6. 裁判员：增加妇女参与裁判员工作的人数，鼓励和帮助她们达到更高水平	（1）在高级裁判员的任命中确保性别平等	检查聘任程序，确保在实施中给予妇女平等的参与机会
	（2）鼓励妇女参与裁判工作	制定招募更多妇女参与裁判工作的方案
	（3）确保给予妇女发展她们执裁能力的机会	促进建立女性裁判员之间的联系网络
7. 体育教育：增加妇女从事体育教育的人数，包括从事科研的人数，鼓励和帮助她们达到更高的水平	（1）鼓励相关部门和机构建立性别平等政策并付诸实施	监督课程内容和教学，防止出现性别偏见，并公布一些好的实践案例
	（2）鼓励更多的妇女成为体育教育工作者	提供奖学金、助学金和其他形式的资助，鼓励妇女从事体育科学研究
	（3）确保在体育教育领域给妇女提供职业发展的机会。	在体育教育专业领域建立"导师系统"
8. 体育媒体：提高体育媒体领域妇女工作的人数	（1）鼓励体育媒体中采取性别平等机会的政策和做法	鼓励媒体协会在他们组织的内部和外部促进解决妇女不平等待遇的问题
	（2）提高妇女体育媒体的各个领域工作的人数	促进妇女参与体育传媒事业
	（3）鼓励在体育媒体工作的妇女的职业发展	制作在媒体工作的妇女登记册

续表

具体目标	子目标	行动建议
9. 交流：通过整理出版和传播信息，提高专注于妇女与体育交流的所有方法	（1）影响体育媒体提高妇女体育报道的质量和数量	向媒体提供妇女参与体育或她们取得成绩的书面材料、故事和照片
	（2）制作和提升妇女与体育方面的信息，弥补媒体报道的不足	出版和提升妇女与体育杂志
	（3）回顾关于妇女与体育的研究，确定和实施需要的附加研究	承诺用综合的、最先进的方法对妇女与体育进行研究综述
	（4）建立一个妇女体育信息数据库	开发妇女体育信息资源包
	（5）传播关于妇女与体育方面的信息	为希望从事有关这方面工作的学生建立服务支持系统（如内容和技术咨询等）

资料来源：笔者通过整理英国体育理事会妇女与体育咨询性文件而得，"Sport Council：Women And Sport：A Consultation：Document"，http：//www.sportdevelopment.org.uk/index.phpbrowse-all-documents/682-uk-strategy-framework-for-women-and-sport。

（二）英国妇女体育发展策略框架（UK Strategy Framework：For Women And Sport）（2003）

1. 相关背景

1994年，第一届世界妇女与体育大会在英国布莱顿举行，由英国政府组织，英国体育理事会承办。第一届世界妇女与体育大会产生的重要文件《布莱顿体育宣言》即"妇女体育发展的10条性别平等原则"。2001年，为确保《布莱顿体育宣言》的"10条原则"在英国顺利实施，英国体育协会和妇女体育基金会决定成立英国妇女体育协调小组（UKCGWS）。2003年，在英国国内委员会、英国体育协会、英国体育战略及非体育机构等的支持下，英国妇女体育协调小组出台了《英国妇女体育策略框架》，旨在改变英国体育文化，重视妇女体育文化的多样性，促使女性能够充分参与到体育的各个方面。

2. 策略框架内容

为了改变英国体育领域内的性别不平等现象，英国妇女体育协调小组在策略框架内设置了三个较高层次的目标。针对这三个目标，英国妇女体育协调小组设定了明确的、可衡量的、有时间限定的、操作性很强的子目标（具体内容见表6-12）。英国体育理事会是该策略的最高领导机构，该机构通过英国体育协会和妇女体育基金会促进策略目标的完成，并检测其进展情况。

表6-12　　　　　　英国妇女体育发展策略框架内容体系

总目标	具体目标
妇女和女童体育参与	在各种各样的体育运动中，增加妇女和女童的参与人数，截至2005年12月，妇女和女童参与休闲体育和体育教育的人数比例从38%增加到43%，增加5个百分点
竞技体育中妇女参与	提高接受资助的女运动员人数，截至2005年12月，受资助女运动员人数从476人增加到506人，增加30人
体育领域中妇女领导	提高体育战略委员会妇女的人数比例，截至2005年12月，女委员人数比例由23%增加到30%，增加7个百分点
妇女体育媒体覆盖率	在调查人群中，英国71%的人认为，妇女体育应该拥有同等数量的媒体报道；1992年，英国体育作家协会的513名成员中，只有24名是妇女，英国国家报和日报中没有女性体育编辑，截至2005年，这一现状稍微有些改变，但进步缓慢，553名会员中，只有59名是妇女
建立妇女体育发展评估体系	确立妇女体育发展的评估指标，对英国妇女体育各项事业的发展进行全面的、综合的评价

（三）英国妇女体育行动方案

1. Active Women

Active Women是英国为提高妇女参与体育健身活动的一项国家战略，它由英国妇女运动与健身基金会（Women's Sport and Fitness Foundation）创立，用于支持妇女体育政策、为妇女设计和提供体育与身体锻炼的方案，目的是提高妇女体育健身参与率。主要包括六个方面的内容：①建议以客户为导向的方法，发展提高妇女体育参与战略，了解妇女体育及体育健身参与的需求,确保满足她们的期望。②描述"National Active Women"在实践中的意义,对比当前现实,并概述"怎样做?"才能激发妇女全面参与体育健身活动。③确定了三个关键战略目标,包括框架的所有驱动和干预措施(见图6-1)。④说明采用怎样的方法为特殊目标群体创建参与机会。⑤确定负责提供参与或建议的组织机构,并说明怎样合作才能完成目标任务。⑥做好绩效评估,了解促进妇女体育参与的机会,报告未来发展潜力和设置成功的方向,告知和激励负责行动方案的组织机构或个人并引导改革①。

在图6-1中,妇女体育与健身基金会第一步要求把妇女作为客户,依据市场规律向妇女提供她们需要的体育健身服务,要求识别、了解和预测妇女体育参与的动机、未来需求和发展趋势,向妇女提供优质的体育参与经历,满足她们的健身和竞技体育的需求,设计体育健身项目、场地设施及相关服务必须符合妇女的生活特征和消费需求。

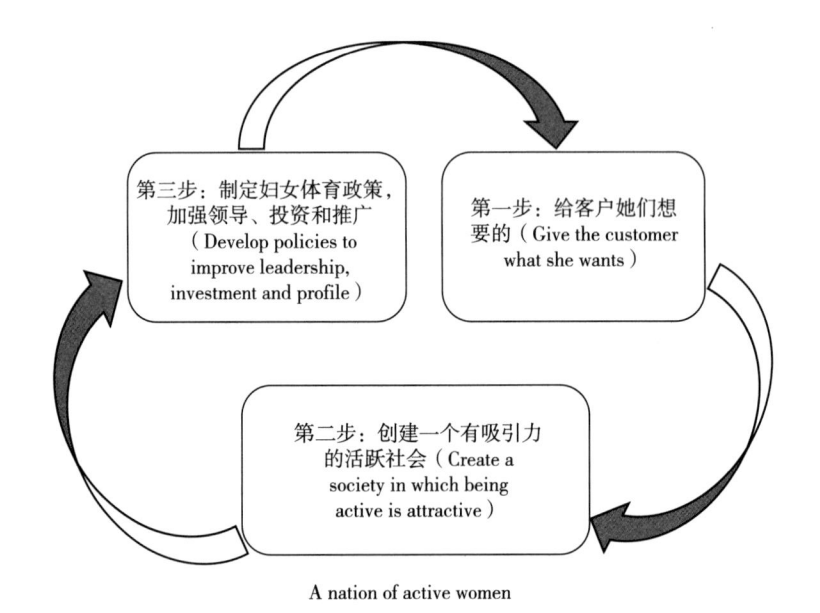

图6-1 英国"A Nation of Active Women"发展策略框架

---

① Women's Sport and Fitness Foundation,"Active Women Strategy:Creating a Nation of Active Women", https://www.wsff.org.uk/active/.

第二步则注重文化的改变，使健身活动成为妇女生活的重要组成部分，通过社会对妇女健身和健康的鼓励、宣传，改变对妇女参与体育的传统看法，吸引更多的女孩参与体育健身和体育比赛，使整个社会活跃起来，拓宽对美的理解，教育和促进妇女进行日常的健身活动，使她们成为健康新女性的文化榜样。第三步则要求政策制定者必须协调相关政策，致力于提高女性领导权，平等地分配资金，投资于妇女体育健身和竞技体育的参与，并说服社会上的其他组织一起努力，共同致力于促进妇女体育的快速发展。

2. This Girl Can

研究显示，经常参与体育锻炼的妇女人数少于男性，英国14—40岁经常参与体育锻炼的妇女人数比男性少200万人。然而，在其他一些欧洲国家，这种差异是不存在的。调查显示：英国仍有75%的妇女愿意更多地参加体育活动。进一步的研究显示，阻碍妇女参与体育的一个非常重要的因素是"她们害怕被评价"——无论是对她们的外表、能力，还是她们参与锻炼的时间的评价，都会成为所有年龄阶段的妇女远离锻炼的情感障碍[①]。This Girl Can 是由国家体育彩票管理中心资助，英格兰体育局主办，旨在了解影响妇女体育参与时间、成本、担心被评价等问题，帮助妇女和女孩克服被评价的恐惧，促使更多妇女和女孩参与体育活动。该活动方案在英国已引起高度的关注，有1300万人把"This Girl Can"在线视频当作一个示范项目。

3. I Will If You Will

"I Will If You Will"是为了促进更多的妇女参与体育活动而设计的行动方案。该行动方案以英国贝里为试点，由英格兰体育局资助，贝里理事会主办，并与当地的企业、国家体育管理机构、社会团体、社会组织和冠军志愿者合作联合承办。"I Will If You Will"行动方案将创新营销技术与体育课程和训练课程结合起来，旨在克服妇女体育参与的障碍。这些障碍主要包含两个方面：一方面，是物质方面的障

---

① Campaign, "Case study: How 'This Girl Can' Got 1.6 Million Women Exercising", https://www.campaignlive.co.uk/article/case-study-this-girl-can-16-million-women-exercising/1394836.

碍，如地理位置和时间等；另一方面，是情感上的障碍，如缺乏自信心或感觉这些体育运动不适合女性参与。为确保试点城市的成功运行，该行动方案从体育设施、市场、交流、组织者、更衣室等方面进行改进。在试点运行期间，从以下四个领域提供了活动方案：①知名体育品牌提供或设置不同形式的体育项目，如有氧网球项目或在学校门口设置一种类似棒球的游戏。②户外健身活动，如在公园组织训练营或组织户外群跑。③舞蹈和健身课程，如尊巴或健美操。④鼓励老年妇女参与的项目，如普拉提。同时，该行动规划鼓励在特殊的场合进行创新的市场营销和品牌推广等。

4. Go Where Women Are

"Go Where Women Are"是英国"妇女运动周"的一部分，是"This Girl Can"行动计划的第二个阶段，针对妇女的特殊情况，无论从身体上还是从精神层面，促使妇女从事体育运动和身体锻炼。通过深入了解妇女体育参与动机、障碍、积极参与活动的诱因、体育活动和身体锻炼对妇女的意义等，发出促使妇女参与体育运动的倡议。主要包括以下七个方面的原则：①通过改变提供体育或训练者的目标以适应妇女体育的需求，不要期待妇女的改变来适应体育和训练。②不要一味地谈及"体育"，"体育"对许多妇女而言是种"包袱"；"体育"和传统刻板印象会引发许多妇女对参与运动的负面联想，考虑到妇女目前对体育的经历，强调这个会不利于妇女体育的发展。③通过向妇女提供不同形式的体育和训练内容促使妇女感受到体育给她们带来的好处，而不仅仅停留在口头说教上，给妇女提供她们想要的体育内容。④眼见为实，依据当地所有妇女的年龄、身体形态和信仰等制定"妇女运动规范"，不仅使妇女变得积极参与，而且要对她们的积极参与表示鼓励，并且还要鼓励参与者带动其他女性的参与。⑤使用积极性的和鼓励性的行为、言语或事件来推动行动计划的开展，仅仅了解缺乏运动所形成的后果，对促进女性的参与是不具有吸引力的。⑥使妇女参与运动变得更容易，即通过对的时间、对的地点、对的欢迎方式、对的公司、对的活动安排等。⑦无论成败，确保相关的参与者得到适当支持。

5. Women's Sport Week

2015年6月1—7日，英国政府联合全国体育管理机构、英格兰体育局、妇女体育慈善机构、主要广播公司等发起了首届"妇女运动周"活动，庆祝妇女参与各级水平的体育活动，包括从精英体育到基层体育的参与。从2015年开始，决定每年举行一次，旨在给每一位妇女在体育领域内提供参与、接触、领导或工作的机会，提高公众对妇女体育的认知，并提高英国妇女体育的知名度。2016年，"妇女运动周"在10月9日举行，在英国各地开展体育活动，目的是提高对妇女体育参与机会的认识，无论背景、种族和能力如何，都应该有平等地参与体育的机会。其具体目标是：①提高媒体对妇女体育和女运动员的报道。②提高对妇女和女孩参与体育的包容性机会的认知。③鼓励提高体育领域内的女性员工和领导的代表人数比例。

（四）英国妇女体育政策的主要特征

1. 英国妇女体育政策制定过程严谨、科学化

英国政府、相关体育组织和个人在妇女体育政策正式出台前的十年中做了大量妇女体育方面的研究工作、试点工作和渐进式的零星政策出台工作；尤其在妇女体育的参与方面，英国体育理事会和其他相关社会组织机构、研究机构对妇女体育参与率、参与动机、参与障碍因素做了大量的、详细的工作和深入的研究分析，为妇女体育政策制定提供了科学依据，整个政策的制定非常严谨、科学。

2. 英国妇女体育政策内容全面、标准化

由表6-12可以看出，英国妇女体育政策涉及9个领域的分政策，每个分政策又包含多个具体小政策，共计34条，每条具体政策后面都提出了具体的行动建议。政策内容涉及学校体育、社区体育、竞技体育，涉及多个民族、多个年龄阶段多种职业的女性人群，涉及国家政府机构、地方机构、非政府社会团体、商业机构和个人等多种社会组织机构，涉及大量的地区等。相对其他国家和国际组织的妇女体育政策，英国的妇女体育政策还提出了妇女在各个行业和领域的数字目标标准，并建立了一系列的绩效评估机构，通过评估对政策的配套行动方案规划做出相应的调整，如英格兰体育局从2005年6月开始的

"Active People Survey"对全国各地参加体育运动的人数进行调查，并且每6个月公布一次调查结果，其中妇女体育参与、男女体育参与差异是"Active People Survey"调查的主要内容，调查结果对妇女体育政策配套行动方案的制定与实施起到了重要的参考依据。

3. 英国妇女体育政策目标长期与短期相结合、可操作化

英国妇女体育政策的总目标是在体育的各个方面实现男女平等，广大妇女全面参与体育领域的各个方面。这是一个长期目标，这个目标的实现也许需要几十年甚至上百年的努力。但英国又针对这个长期目标制定了多个短期目标，短期目标不但在时间上有明确的限制，而且在参与指标数值上也有明确的规定。表6-12就是针对《布莱顿体育宣言》的目标而制定英国妇女体育发展的短期目标，时间明确，数值清晰。这样的短期目标不但使实施机构容易理解，而且更容易操作。

4. 英国妇女体育政策的实施过程具体化、人性化

2016年英格兰体育局的"Active People Survey"调查结果显示，英国妇女至少每周运动一次的比例为31%，男子为41%，妇女仍然低于男子10个百分点。英国政府为了缩小男女体育参与的差距，制定了多个缩小差距、纠正体育领域男女不均衡现象、配合妇女体育政策实施的行动计划方案。如上述的"Active Women""I Will if You Will""Go Where Women are""Women's Sport Week"四个行动方案都是针对妇女体育发展过程中出现的现实问题，并为解决这些问题而提出的行动方案，相关政府投入了大量的资金、人力和物力来解决问题。行动方案非常具体，而且每个行动方案理念都强调妇女参与体育的特殊需求，强调政策提供者、组织者要改变自己去适应妇女，而不是要求妇女改变她们自己来适应政策或组织机构提供的体育服务。除此之外，一些相关的协会也针对妇女体育参与中不平衡现象制定了一些非常具体的、人性化的行动方案，如英国妇女体育与健身基金会（the Women's Sport & Fitness Foundation）制订的针对中小学女生的体育活动方案"Changing the Game, for Girls"，它是根据拉夫堡青年体育学院针对1500所中小学校的调查和研究结果，而设置的促进青少年女生体育参

与的活动方案。研究结果显示：英国年龄在 14 周岁的女生只有 12%的人能够达到官方体力活动指南的指定标准，大约是同龄男生的一半。该行动方案出台的目的是帮助中小学体育教师和管理体育教师的领导促使更多的女孩参与体育课程和学校的体育活动。如"Project 500"是从 2013 年由英国东南部六个积极伙伴关系组织发起的一个为期两年的行动计划，目的是给妇女提供更多从事教练员工作的机会，并且能够得到国家管理机构的一致认可。

（五）英国妇女体育政策对中国的启示

1. 建立妇女体育组织机构并参与妇女体育政策的制定和实施

英国妇女运动与健身基金会（Women's Sport and Fitness Foundation）、英国妇女体育协会（Women in Sport）以及其他各单项妇女体育组织在妇女体育政策的制定、实施和评估中做出了突出的贡献，尤其高校的妇女体育研究中心在妇女体育科学研究方面对体育促进妇女健康的科学研究、妇女参与体育的障碍因素研究为英国妇女体育政策的制定提供了客观、真实的依据，提高了政策制定的科学性。英国妇女运动与健身基金会、英国体育彩票中心联合制订了多个资助女运动员、女学生的妇女体育活动计划，对英国妇女政策的实施起到了关键的推广作用。目前，中国还没建立专门的妇女体育组织，而且全国只有北京大学妇女体育研究中心一个专门研究妇女体育的科研机构。这表明，中国体育领域内性别意识不强，妇女体育工作还没有完全引起国家、社会和高校、科研单位的重视。因此，在制定中国单独的妇女体育政策时，首先要明确提出建立一定数量的妇女体育组织。

2. 加强体育领域内的性别统计

从英国妇女体育发展报告可知，英国从 20 年代就开始在体育领域内进行性别统计，统计指标包括以下几个方面：①体育发展：包括资金投入、体育参与、竞技体育三个方面；②人力资源：包括体育管理者、教练员、裁判员、官员、体育教育工作者、体育媒体六个方面；③体育交流：包括大众媒体、体育委员会信息交流、科研信息交流三个方面。由此可见，英国体育领域中的性别统计工作起步较早，指标全面，能够科学地、系统地反映英国妇女体育参与中存在的各个方面问题,为制定英国妇女体育政策提供了科学依据。中国体育统计工作已经进行了多年,但统计工作中很少纳入性别统计,很难反映体育领域内男女体育参与的差距,也不能很清楚地找出妇女体育工作的问题。如国家体育总局发布的《全民健身活动状况调查公报(2014)》中就没有性别统计方面的数据,很难反映中国男女体育参与的状况。这对将来中国制定妇女体育政策、促进中国体育领域内性别平等不利。当前,中国政府工作人员已经意识到性别统计的重要性,如全国政协委员、全国妇联原书记处书记张静接受《中国妇女报》记者采访时提出:"我们建议相关部门在实施国家大数据战略的过程中进一步加强性别统计工作,为各级党组织和政府、妇联组织等及时、系统、精准地把握性别平等和妇女发展的动态和趋势,制定契合实情的政策、开展精准的政策评估提供翔实可靠、实效性强的数据信息。"[1] 因此,在制定中国的妇女体育政策时,应提出加强体育领域内的性别统计工作。

3. 加大妇女体育行动方案的配套资金支持

受2012年伦敦奥运会女子竞技体育成功举办的影响,英国的妇女体育健身也有了很大进步,而且效果非常明显。自英国伦敦申奥成功以来,英国有将近626000名妇女参加常规体育活动,约700万名妇女参加每周一次的体育活动,将近900多万名妇女愿意开始参与体育运动或者参加更多的体育活动。自2012年伦敦奥运会后,英国政府和英国体彩中心决定在未来5年内投入超过10亿英镑用于促进妇女体育参与。主要用于:①针对14—25岁的女孩建立"女孩卫星俱乐部(Girls Only's Atellite Clubs)",要求英国所有中学网站上都提供一个"卫星社区体育俱乐部"。②"我们女孩项目(the Us Girls project)",英国体彩投入1000万英镑致力于吸引生活在贫困地区的30000名年轻妇女参加体育活动。③2013年1月14日,英格兰体育局投入300万英镑,建立妇女体育试点基地体育投资项目。④给英国

---

[1] 《在大数据战略背景下加强性别统计》,http://acwf.people.com.cn/n1/2016/0316/c99058-28203853.html。

第六章 域外经验：国际组织与发达国家妇女体育政策探索

妇女体育和健身基金会（the Women's Sport and Fitness Foundation）投入累计1708383英镑，帮助体育界了解怎样吸引更多的妇女参与体育活动，并直接与教育部门、县体育局建立合作伙伴关系。⑤所有英国体育理事会资助的精英级女运动员都必须为年轻女孩和社区提供为期5天的技术支持或建立角色模型。⑥英国政府提倡媒体报道更多的女性体育。由此可见，英国政府非常重视本国妇女体育的发展，并取得较大的成功。我们国家在制定妇女体育政策时，应设置针对不同妇女群体的多个行动方案，并根据行动方案内容设置配套的资金投入政策。

二 澳大利亚妇女体育政策探索历程、取得成效及启示

（一）相关背景

20世纪80年代初至90年代末，澳大利亚妇女、女孩在健康状况、体育参与率、体育领域职业职位及工资、体育组织决策岗位及工资、体育媒体覆盖率等方面水平较低，并远低于同一时期男性人员的比例与水平，表现出明显的男女不平等、不均衡现象。1999年，澳大利亚出台了《妇女和女孩体育、娱乐和体力活动的国家政策（1999—2002）》（*National Policy on Women and Girls in Sport, Recreation and Physical Activity*, 1999-2002），成为世界上最早由国家官方制定、面向全国颁布实施、多个部门参与制定并实施的首部妇女体育政策之一。在该政策颁布之前，澳大利亚相关妇女体育的政策分散于《性别歧视法》（1984）（*Sex Discrimination Act*, 1984）、《人权和平等机会委员会法案》（1986）（*Human Rights and Equal Opportunity Commission Act*, 1986）、《平权行动（妇女平等机会）法》（1986）（*Affirmative Action 'Equal Opportunity for Women'*, 1986）、《全国妇女健康政策：促进澳大利亚妇女健康》（1989）（*National Women's Health Policy: Advancing Women's Health in Australia*, 1989）、《全国妇女健康政策（2010）》（*National Women's Health Policy*, 2010)、《学校女童教育的国家政策》（1987）（*National Policy for the Education of Girls in Schools*, 1987)、《第四次联合国会议中关于妇女问题：行动纲领——澳大利亚执行情况报告和多元文化社会中的服务》（1998）（*Fourth United Nations World Conference on Women: Platform for Action — Australia's Implementation Re-*

port and the Charter of Public Service in a Culturally Diverse Society, 1998)。

（二）妇女和女孩运动、休闲和体力活动的国家政策的颁布与实施

澳大利亚多年来一直致力于提高妇女和女孩的生活水平，促进性别包容文化，认可并逐步实施国际组织出台的国际公约、章程、条约和涉及妇女参与公共生活的所有领域的政策，在此基础上规划设计与颁布本国不同领域相关妇女政策。澳大利亚的《妇女和女孩运动、休闲和体力活动国家政策》是其妇女政策在体育领域内开展妇女工作的具体体现。1985年，"妇女与体育"首次作为一个议题出现在联邦政府的工作报告《妇女、体育与媒体》中。此工作报告一出，澳大利亚成立了妇女与体育工作小组，并制定和出台了国家妇女体育政策与计划，该政策于1987年被澳大利亚国家体育委员会所采纳。为了让更多的部门参与到这项工作中来，他们于1997年又重新修订了妇女与体育政策，使得该项政策的内容更加全面，制定和实施的参与部门更加广泛（见表6-13）。在多次修改、完善之后，于1999年由澳大利亚政府正式颁布实施（见表6-14）。

表6-13 参与制定与实施澳大利亚妇女体育政策的部门或单位

政府部门	非政府部门
澳大利亚体育委员会	澳大利亚妇女体育运动协会
联邦卫生和老年保健部	澳大利亚体育联合会
联邦家庭与社区服务部	澳大利亚学校体育运动协会
联邦移民与多元文化事务部	
首相和内阁（妇女地位办公室）部	
联邦工业、科学和资源（国家办事处的运动和康乐政策）部	
国家/地区的体育、休闲部门（通过常务委员会实施娱乐及体育）	
联邦教育、培训和青年事务署	

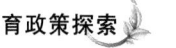

表6-14　　澳大利亚妇女与女孩运动、休闲、
体力活动国家政策内容体系

类别	主要内容
政策宗旨	从国家层面向全国国民彰显，国家将致力于采取各种措施与手段促进妇女与女孩参与体育，使她们享有与男子一样的应有体育权利；也是具体落实澳大利亚国家《多元文化社会公共服务宪章》(*The Charter of Public Service in a Culturally Diverse Society*)的根本要求，即政府强调男女平等策略，要满足妇女与女孩对国家多元文化的实际需求
政策目标	澳大利亚政府希望通过妇女体育政策的出台，使广大妇女能够突破种种障碍，积极参与到体育健身中来，提高全国妇女的健康和生活质量，鼓励人们更加注意锻炼身体，同时鼓励多部门协调合作及多种社会组织参与到这项工作中来
政策内容	①建设一种鼓励妇女与女童参与体育活动的文化； ②呼吁政府和非政府组织积极参与到这项行动中来； ③解决妇女体育中的关键问题； ④改善与提高妇女参与体育活动的具体措施； ⑤该政策的最终获益方
政策实施指导原则	"公平和平等"是该政策实施的首要指导原则，鼓励妇女和女童参与各种体育活动，增进健康和提高她们的幸福指数，体现普适的体育价值观和朴实人文主义关怀
政策制定参与部门	澳大利亚体育委员会、联邦卫生和老年保健部、联邦家庭与社区服务部、联邦移民与多元文化事务部、联邦移民与多元文化事务部、首相和内阁（妇女地位办公室）部、英联邦工业、科学和资源（国家办事处的运动和康乐政策）部、澳大利亚妇女运动体育协会、澳大利亚体育联合会、澳大利亚学校体育运动协会
政策实施部门	体育和休闲部长理事会（SRMC）、体育和休闲常务委员会（SCORS）、联邦卫生与老年保健部、联邦家庭与社区服务部、联邦移民和多元文化事务部、妇女社会地位、总理和内阁办公室、澳大利亚学校体育（代表教育部、培训和青年事务）、澳大利亚体育联合会

（三）澳大利亚妇女体育政策的特征

1. 坚持以性别平等为首要原则，保障女性体育参与权利

《澳大利亚性别歧视法》《平权行动方案》《全国妇女健康政策及全国妇女和女童运动》《休闲和体力活动政策》等首先强调性别平等的原则。同时提出，由于社会、历史传统、经济、家庭责任等方面的原因，澳大利亚妇女参与体育遇到了各种障碍，多项政策的出台就是希望减少妇女参与体育过程中的障碍，鼓励更多妇女参与各种体育运

动,满足妇女和女童的各种体育需求及健康需求。

2. 以宣传为重要手段,营造妇女参与体育的文化氛围

近年来,许多世界学者都在关注并深入研究妇女参与体育活动的科学研究,并研究得出女性参与体育活动的各种益处。澳大利亚的《全国妇女卫生政策》详细列举了影响妇女健康和患上各种疾病的决定因素,《妇女和女童运动、休闲和体力活动政策》详细列举了妇女和女童参与体育运动对身体健康的益处,这两个政策都以官方文件的形式下发到基层各个单位,并通过互联网、电视、报纸、杂志等多种形式进行了宣传,使广大妇女和家庭深入了解妇女参与体育活动的重要性,并要求各事业单位、企业单位、学校、社区等做好宣传工作,为妇女和女童参与体育活动提供力所能及的便利,营造各种级别的、提高体育参与积极性的、新常态的体育文化氛围。

3. 政策的制定和执行体现了跨领域和多部门参与的特点

《妇女和女童运动、休闲和体力活动政策》的制定者由 8 个政府部门和 3 个非政府部门组成,政策的执行者由 7 个政府和非政府部门组成,并且对每个部门的职责进行了详细的分工,容易操作和落实。

4. 澳大利亚妇女体育政策不以强制性为主,主要强调通过各种措施改变人们的认知

由上述可以发现,澳大利亚妇女体育政策除在《性别歧视法》提到妇女有平等的参与权利外,其余政策均没有以法律的形式出现,大多以政策的形式被宣传和执行,缺少切实可行的、专门的、有效的行动方案。因此,政府部门执行的相关妇女体育政策缺乏监督,因而缺乏强制性。另外,正是不以强制性为主,才会采取更全面、更广泛的措施进行促进,从认知等内部因素促使人们自觉、自愿健身,这也符合公共服务政策干预的特征。

(四)澳大利亚妇女体育政策对中国的启示

本书系统地研究了澳大利亚的妇女体育政策,对中国主要有以下启示。

1. 以跨部门的理念尽快制定中国专门的妇女体育政策

中国官方的妇女体育活动和相关的妇女体育政策主要是由全国妇

联、国家体育总局联合各地方妇联和体育局主办和下发的。相关协会和志愿者组织有参加，但却很少。另外，中国几乎没有相对独立的、专门促进妇女参与体育活动的、完整意义上的妇女体育政策，即使有相关妇女体育政策也是零星地出现在一些其他政策中，或者把其他总体政策拿到妇女体育领域中去解读。妇女体育活动在全国并没有引起足够的重视。通过走访基层群众、高校教师、非体育机关干部等，很少有人能够说出中国有什么样的妇女体育政策，或者说很少有人知道中国政府部门都组织了什么样的、专门促进妇女体育发展的体育活动和政策。政策和法律的缺失很难使中国的妇女体育公共服务体系建设实现。由此可见，以跨部门的理念尽快制定中国专门的妇女体育政策不仅有利于促进中国妇女参与体育活动的积极性，更有利于扩大宣传，提高妇女体育意识和性别平等意识。

2. 营造一种能够促进妇女和女童充分参与体育活动的体育人文环境

人文环境是人为因素造成的、社会性的、非自然的、人类社会不断演变的社会大环境。体育人文环境包括体育组织、体育指导员、体育同伴和周围人们参加体育活动状况等。通过上述澳大利亚的官方政策发现，政府非常重视体育文化的培养。中国女性体育受传统观念和社会家庭分工的影响，体育观念落后，体育意识不强。营造一种良好的体育人文环境不仅可以帮助中国女性认识到参与体育活动的积极作用，摆脱传统体育观念的影响，增强体育意识，还可以帮助女性找到归属感，增加自信心，增进健康，提高生活质量。通过体育文化氛围的影响，使她们自觉参与体育活动，体会到体育带来的快乐，把体育活动当作她们生活中的重要组成部分，有利于终身体育的培养。

3. 鼓励和促进社会体育组织参与妇女体育政策的制定与实施

在发达国家，社会体育组织在体育政策的制定与实施、体育活动的组织与宣传、体育公共服务体系中扮演着十分重要的角色，有时甚至超过政府的职能发挥着重要的作用。澳大利亚的社会组织在澳大利亚妇女性别歧视法、平权行动法、全国妇女卫生政策、全国妇女和女童运动、休闲和体力活动政策制定和实施中都扮演着重要的角色并发挥了积极的作用，对澳大利亚妇女体育的发展做出了突出的贡献。当前，中国的社会体育组织还很薄弱，关于社会体育组织建设的法律不完善，一些草根体育组织的合法身份还都很难确立，体育社会组织供给社会服务能力不强等问题都影响着中国妇女体育快速发展。因此，中国应鼓励社会体育组织积极参与中国妇女体育政策的制定与实施工作。

4. 细化中国相关的妇女体育政策，重视配套服务项目的研发

当前中国的妇女体育政策主要体现在以下几个文件中：①《中国足球改革方案》中，特别提到女足发展目标及开展女子足球的学校要占一定比例。②《中国妇女发展纲要（2010—2020）》在妇女与健康的发展主要目标第八条中明确提出："提高妇女经常参加体育锻炼的人数的比例。"③《中华人民共和国妇女权益保障法》第二条规定：妇女在政治的、经济的、文化的、社会的和家庭的生活等各方面享有同男子平等的权利。我们可以理解女子享有同男子平等参与体育的权利。④1995年颁布的《全民健身计划纲要》强调"重视妇女和老年人的体质与健康问题，积极支持她们参加体育健身活动。注意做好劳动强度较大、余暇时间较少的女职工的体育工作"。

以上文件中虽然明确提出了妇女体育发展的政策，但没有进一步细化的政策内容，更没有政策的执行细则和具体的分工，仅仅停留在文字层面和宣传的层面，不具可操作性，更没有配套的服务项目。因此，为促进中国妇女体育的快速发展，细化相关的妇女体育政策，重视配套服务项目的研发是非常必要的。

5. 加大中国妇女体育的宣传力度和媒体覆盖率

中国体育媒体对妇女体育的报道存在两个方面的问题：①媒体覆盖率低，即媒体报道妇女体育方面的内容相对男性来说较少。②人们对妇女的媒体报道关注率较低。这样就形成了一个恶性循环，即因为关注率低，媒体广告收益就少，媒体出于经济利益考虑就很少愿意报道妇女体育方面的新闻，从而导致中国妇女体育的宣传力度不够。有关妇女体育的媒体报道在数量上和质量上均存在问题，阻碍了妇女体育的发展，无形中潜移默化地弱化了妇女在体育领域中的地位，同时进一步巩固了男性在体育领域内的统治地位，从而导致妇女对参与体

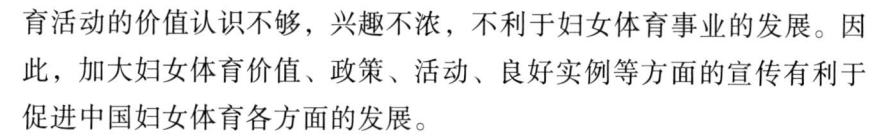

育活动的价值认识不够，兴趣不浓，不利于妇女体育事业的发展。因此，加大妇女体育价值、政策、活动、良好实例等方面的宣传有利于促进中国妇女体育各方面的发展。

6. 鼓励中国学者进行妇女体育方面的科学研究

对妇女体育进行科学研究能够促进妇女体育实践的快速发展，女权主义研究进入体育领域后加快了妇女体育的步伐。如 20 世纪 60 年代以后妇女参与体育的人数和规模不断增多，奥运会女运动员数量和女子项目都达到了空前的规模，这与世界各国学者、女权运动研究者的科学研究是密不可分的。同时女子体育组织的出现与壮大为女子体育的科学研究提供了基础。北美和西欧的一些国家对妇女的研究起步早、成果多，中国由于受儒家文化的影响，对女子体育的科学研究起步晚、成果少，并且研究内容较为单一、质量不高，以妇女体育发展现状研究较多，对妇女体育政策、妇女体育组织、妇女体育领导力、妇女参与体育改善健康的深层次原因、妇女体育与媒体关注等方面的研究较少，不利于中国妇女体育的快速发展。因此，从发达国家妇女体育的发展经验来看，建立相应的妇女体育研究机构及其管理和支持体系，鼓励学者参与妇女体育研究是促进中国妇女体育快速发展的重要因素之一。

三 加拿大妇女体育政策探索历程、取得成效及启示

（一）政策出台相关背景

自 1986 年以来，加拿大的妇女和女孩参与体育的状况就发生了很大改变，《人权法案》明确规定了妇女和女孩参加体育运动的权利，提高妇女和女孩获得更多参与体育的机会。加拿大妇女和女孩获得的越来越多的参赛机会主要是指高水平的竞技比赛，并经常在世界锦标赛、奥运会、残奥会等世界级的大赛中取得令人瞩目的好成绩。此外，加拿大的体育组织也不允许对妇女带有性别歧视，妇女也越来越多地进入了国家体育组织的领导岗位并担任高级行政职务。但是，许多证据表明改善妇女和女孩参与体育的各个方面的目标并没有实现（见表 6-15），由表 6-15 可以看出加拿大妇女体育参与问题主要表现在：①女教练员的数量，尤其是高水平运动队的女教练人数一直都很

低。②妇女担任体育中其他角色的信息非常有限，尤其在体育组织的内部管理、技术领导和官员方面，这说明妇女的体育经验和技能在体育组织内没有发挥应有的作用。③女孩作为运动员的体育参与率仍然低于男孩；妇女和女孩体力活动或体育健身参与率一直低于男子和男孩。④男女性在体育系统内的差距很难通过这些公开的妇女和女孩体育参与的障碍、缺少参与机会等传统的理由来解释清楚。如在一系列的国家或地方会议上，曾不止一次地提到过这一类型的问题即"社会对妇女担任体育中多个角色的态度和设想"，这个问题是非常复杂的，尤其是对那些弱势群体如加拿大原住居民、残疾人群等。⑤妇女对加拿大体育的贡献被妇女本身和男性同行低估，同时妇女对体育的贡献被社会对妇女的期望值所限制，加拿大的社会文化仍然希望妇女履行传统家庭角色，把家务做好，帮助她们的男性同伴对体育做出贡献。基于此种情况，妇女在体育系统内丧失了领导力、技能与观点，因为在建立人力资源能力的需要时，该系统根本就没有她们的参与情况。

表6-15　加拿大妇女和女童在各级体育系统内的体育参与情况

参与类型	具体分类	具体参与状况
参与体育活动	青少年儿童体育参与	1. 只有4%的女孩能够完成日常体力活动的推荐水平，男孩是9%。（Colley et al., 2011） 2. 5—19岁男孩平均每天比女孩大约多走1300步。（CFLRI, 2010a） 3. 过去的一年中，只有70%的女孩经常参加体育运动，男孩是81%。参加每周四次或更多的运动，女孩27%，男孩35%。（CFLRI, 2011）
	成年妇女体育参与	1. 只有19%的成年女性经常参加体育运动，男性35%。（2010） 2. 在国家夏季体育组织的会员中，女性只有39%的会员注册为参赛者，38%的会员注册为休闲娱乐者。（Sport Canada, 2010） 3. 来自不同种族背景的妇女和女孩在加拿大的体育和娱乐系统中代表最少。（Sport Canada, 2005） 4. 所有收入群体的体育休闲活动，女子参与率平均比男子低5%—10%，女性高低收入之间的差距大于男性。（Chief Public Health Officer, 2008）

续表

参与类型	具体分类	具体参与状况
参与体育管理	教练员和技术官员	1. 在加拿大的高校体育中，只有19%的女性在主教练的位置上，17%的女性在体育部主任的位置上。（Donnelly & Kidd, 2011） 2. 在退役的女运动员中，只有20%的人在教练员的岗位上。（Coaching Association of Canada, 2009） 3. 女性占全国教练总数的25%，技术官员占29%。（Sport Canada, 2009）
	高级行政人员和管理干部	1. 加拿大国家体育组织中女性主席或董事只有17%，多种运动项目组织女性主席或董事占27%。（Sydney Scorecard, 2011; CAAWS, 2011） 2. 女性在国家体育组织中董事会职位占24%，多种运动项目体育组织中占34%，民族体育活动组织中占45%。（Sydney Scorecard, 2011; CAAWS, 2011） 3. 女性执行董事或首席执行官在国家体育组织中占33%，在多种运动组织中占40%。（Sydney Scorecard, 2011; CAAWS, 2011）

资料来源：加拿大官方没有统一统计加拿大妇女和女童在各级体育系统内的体育参与情况，笔者根据相关文献统计数据而得（出处见表格括号内英文）。

（二）妇女体育政策相关文件

1. 联邦、省、地区政府制定的官方相关妇女体育政策

《体育活动与体育行为》（2003）与《加拿大体育政策》（2002）一起得到了所有联邦、省、地区政府的认可，确立了加拿大政府在促进全民体育参与、追求卓越的体育领导作用。在这项政策中专门提到"全民包括妇女"这句话，承认妇女和女孩参与体育活动或体育对于实现加拿大体育政策的目标至关重要。社会的其他部门也注意到，增加妇女的参与可以带来积极的效果。一项对世界500强的公司研究发现，董事会中女性董事比例最高的公司要优于女性董事比例最低的公司，公司中至少有三名女性董事的公司要优于其他没有女性董事的公司。欧洲的类似研究也强化了这一发现，公司中有30%的女性是产生积极效果的关键点。在对具有显著性差异的公司访谈时发现，许多公

司或组织也注意到妇女参与的积极作用,他们已经采取措施,如促进妇女职业的灵活性,平衡妇女的工作和生活;支持妇女获得导师、网络、辅导和培训等。加拿大体育协会希望通过增加妇女的体育参与可以为加拿大体育系统带来类似的积极效果。许多关注妇女体育发展的组织或个人一贯强调采用多种途径和方法留住、发展和招募更多的妇女参与体育系统内各项工作,也包括招募那些曾经在体育系统内工作过的、因为多种原因而被迫中断工作的妇女,如抚养子女、照顾家庭等。与招募新成员相比,一些体育组织或机构创造各种机会,期待吸收有丰富体育经验的妇女参与工作,这样不但能克服妇女体育参与的障碍,还可以鼓励她们持续地参与。因此,加拿大的各级政府和非政府体育组织机构为促进妇女体育的快速发展做出了长期不懈的努力,国家、省和地方政府都出台了许多促进体育中男女平等的政策,以期消除妇女体育参与的各种障碍,增加妇女在各级体育系统的参与的预期目标。表6-16是加拿大近20年来出台的促进妇女和女孩体育参与的各种相关政策,由此可以看出加拿大政府为此做出的努力和变革。

表6-16　　　　近20年来对加拿大妇女和女童体育发展
产生影响的政策文件及相关内容

政策类型	年份	政策名称	政策内容
国家政策	1994	《布莱顿体育宣言》(IWG)	1. 社会公平与体育;2. 体育设施供应;3. 学校和青少年体育;4. 提高妇女体育参与率;5. 高水平竞技运动;6. 体育中的领导权;7. 教育、训练和发展;8. 体育信息与科研;9. 体育资源分配;10. 国内外交流与合作
	1981	《权利和自由》第15条(加拿大)	1. 每个人在法律面前都是平等的,有权享受法律的平等保护和平等利益,不受任何歧视,特别是基于种族、国籍或族裔血统、肤色、宗教、性别、精神或身体残疾的歧视。 2. 分款第1条:不排除因其目的而改善处境不利的个人或群体,包括因种族、国籍或族裔血统、肤色、宗教、性别、年龄、精神或身体残疾而处境不利的个人或群体状况的任何法律、计划或活动

续表

政策类型	年份	政策名称	政策内容
国家政策	1986	《加拿大妇女体育政策》（加拿大）	1. 平等意味着在各级体育系统妇女和女童都应该具有平等的参与机会。 2. 平等并不是意味着女性希望参与和男性一样的体育活动，而是给她们提供一个公平、公正的选择和管理环境。各级体育系统必须为男女提供平等的参与比赛、教练、裁判、体育管理的机会
国家政策	1995	《国家公园与娱乐性别平等政策》	1. 加拿大公园与娱乐部一直有一个憧憬：即妇女和女孩可以在安全的、受欢迎的、免于性骚扰的安全环境中参与、享受、引领和积极追求休闲生活方式的机会。性别平等政策的目的是向协会、合作伙伴及其会员提供动机、方向、指导方针，以提高妇女和女孩参与休闲娱乐的机会。 2. 作为研究或从事公园和娱乐的专业人员，有责任去检查我们的服务及服务模式是否真正地反映了社会概况，而不是对传统客户需求的简单反应。作为更为主动的专业人士，我们的任务是确保公平公正地准入，做出改变现状的承诺并实现其承诺是对我们的极大挑战
国家政策	2002	《加拿大体育政策》	承认妇女和女孩参与体育活动或体育对于实现加拿大体育政策的目标至关重要
国家政策	2009	《积极参与：妇女和女孩体育政策》	促进妇女和女童在各级体育系统内参与体育的机会，营造良好的体育参与氛围和安全的体育参与环境
省级政策	1992	《不列颠哥伦比亚省妇女和女孩参与体育活动或体育政策》	1. 政策声明：关于妇女和女孩参与体育运动和体育的省级政策给不列颠哥伦比亚省处理此类问题时提供了方向和框架。必须将这种情况视为促进性别平等的、更大的社会承诺一部分。通过与联邦、省、区域及各级地方政府合作，设计、实施和监督一个有计划地、有步骤地共同实行男女机会平等的政策。 2. 公平意味着妇女和女孩在各级体育和体育活动系统内，应该有同男子和男孩同样的参加自己喜欢的运动项目的机会。这意味着妇女和女孩不一定必要要参加与男子相同的体育活动，但需要以公平、公正的方式给妇女和女孩提供选择这些活动的机会。也意味着在训练、比赛、裁判、管理等这些领域都应该给予男子和女子同样的参与机会
省级政策	1994	《新斯科舍体育休闲政策》	没有找到政策原文
省级政策	1994	《安大略省充分和公平的准入政策》	妇女和女孩在体育和体育活动中获得充分的、公平的参与政策

续表

政策类型	年份	政策名称	政策内容
市级政策	1989	《加拿大城市联合会批准的决议》	加拿大政府于1986年10月通过了妇女体育政策,同时安大略和不列颠哥伦比亚省也正在制定妇女体育发展政策;市政当局也必须在这些地方发挥领导作用,鼓励给妇女和女孩参与体育的机会。决议如下:市政当局审查他们社区的体育设备是否针对男女设计的;有待进一步解决;提高市政当局对妇女和女孩参与体育活动的益处的认识;有待进一步解决;职业体育领域尤其是团队运动领域中对妇女和女孩机会不平等的问题
	1999	《高贵林市性别平等计划》	作为高贵林市的大卫·莫里森与不列颠哥伦比亚人权委员会关于人权协议的结果,高贵林市制订了一个性别平等计划。该计划包括:1. 性别平等数据汇编,针对高贵林市的方案、服务和设施等不同性别的使用率;2. 建立性别平等委员会,负责向市政委员会提出体育项目预算与管理中男女平等的建议;3. 任命一个两性平等协调员,协助委员会完成任务,围绕体育和休闲活动中的性别平等问题建立与社区和学校的联系,为内部员工提供领导,并进行内部和外部的倡议;4. 建立两性平等基金,致力于提高体育和体力活动中的两性平等;5. 要求所有的用户群都有自己的性别平等政策,并做好参与统计作为实施使用的先决条件

资料来源:笔者依据加拿大发布的政策整理归纳。

由表6-16可以看出,加拿大国家政府(Sport Canada)即加拿大体育总会一共出台了两个专门的促进妇女和女孩全面参与体育的妇女和女孩体育政策:①关于妇女体育的加拿大体育政策(*The 1986 Sport Canada Policy on Women in Sport.*)。②积极参与:关于妇女和女孩的体育政策(*Actively Engaged: A Policy on Sport for Women and Girls*, 2009)。新版的妇女和女孩体育政策从2009年1月1日开始实施,代替1986年版的妇女体育政策。新版的妇女体育政策是针对自1986年以来加拿大妇女和女童体育参与过程出现的新情况、新问题,对老版本的妇女体育政策进行了修改和完善,加拿大所有联邦、省、市地区政府现行的妇女和女孩体育政策也是根据2009年版的妇女和女孩体育政策制定和执行的。因此,本研究重点介绍和分析加拿大现行2009年版的妇女和女孩体育政策,以期为制定中国的妇女体育政策内容体系做出参考。表 6-17 是 2009 年版加拿大妇女和女孩体育政策的内容体系。

表 6-17　积极参与：加拿大妇女和女童体育政策内容体系

政策条目	政策具体内容
政策宗旨	建立一个向妇女和女童提供优质体育经历的体育系统，使她们能够积极地参与，并获得平等的、全方位的支持。使妇女和女童一生都有能够根据自己的兴趣、能力、天赋等来选择适合自己参与体育的机会
政策目标	这个政策出台的目标是培养运动环境——从运动场到颁奖台——妇女和女童尤其作为运动员、教练员、技术领导人或官员、治理领导者等参与者都应被提供高质量的运动经历和各种体育组织的公平支持
预期结果	1. 从运动场到颁奖台——妇女和女童作为运动员参与者积极参加加拿大的竞技体育；2. 加拿大妇女作为教练员、技术领导人和技术官员积极参与加拿大和国际的体育组织，并取得较大的进展；3. 妇女作为管理领导人（作为主要志愿者和高级管理人员）积极参与加拿大的体育组织，同时在参与国际体育组织方面也取得进展
政策应用	本政策适用于加拿大文化遗产部所有的与体育有关的项目和活动，包括与其他政府、部门和组织合作的项目和活动。如果这些活动的绝大多数都是集中发展加拿大体育，那么参照加拿大的体育系统同样支持加强国际体育
政策实施	该政策交加拿大文化遗产部来执行和实施。并定期更新行动计划，包括整合积极措施纳入其他政策、战略、赠款和捐助计划中
政策干预	1. 程序改进——调整和细化活动方案，确保体育组织和其他体育系统的利益相关者能够向妇女提供全新的、高质量的体育经历 2. 战略领导——在加拿大或国际其他司法范围内，积极推进配套措施，通过双边或多边的文书和论坛提高妇女和女童参与体育的运动经验 3. 意识——促进妇女和女童有意识地参与个人或组织的活动 4. 知识扩展——通过研究妇女和女童的运动经验，并扩展、使用和分享研究的知识、实践和创新等成果
测量与评价	加拿大文化遗产部将根据政策问责制框架监督与评估该政策的执行情况。将对如下两个方面进行评价：1. 评价政策干预的有效性——是否达到政策设置的总目标；2. 评价政策的有效性——帮助政府实现目标。检测结果有助于定期评估并确定最佳实践方案。该政策的周期计划检验至少要 5 年检验一次，包括利益相关者的目标输入以及内部结果。加拿大文化遗产部将依据财政部的积极监控政策、评估政策和内部审计政策为指导，对本政策的有效性进行评估与检测

2. 新政策实施的行动计划

2009 年新版的妇女和女孩体育政策是交给加拿大文化遗产部来实施和开展的，因此新政策实施的行动计划也是由该部门制订的。行动计划是一系列相关政策文件的重要组成部分，包括制定政策的预期方向、阐述测量与评价战略的政策问责制框架等。虽然政策问责制框架中的政策和逻辑模型是长期文件，但在后期的政策执行过程中将有一系列的行动计划，而且每一组行动计划将持续3—5年的时间，并在政策执行的整个周期内定期更新。

加拿大文化遗产部负责体育的机构负责制订更加详细的计划来指导其内部工作，并确立新周期内即将开展的促进妇女和女孩全面参与体育的所有活动。该行动计划旨在确保把妇女和女孩积极体育参与应考虑的因素全部纳入加拿大文化遗产部所有与体育有关的项目和活动中。加拿大新版的妇女体育政策最重要的一部分就是政策干预，也就是政策如何实施的问题，它直接关系到政策是否能够起到应有的作用、达到预期的目标等。该行动计划的所有活动是根据新版政策概述的政策干预领域组织的，即程序改进、战略领导、建立意识、知识扩展四个部分（见表6-18）。并针对这四个部分的干预情况建立政策监督模型即"政策问责制框架逻辑模型"，依据模型的内容和程序对政策干预进行监督和评估。

表6-18　加拿大新版妇女与女孩体育政策行动计划内容体系

政策干预	目标	实施行动
程序改进	调整和完善加拿大文化遗产部的计划，使体育组织和体育系统内其他利益相关者能够为妇女和女童提供全新的、优质的体育体验	1. 建立加拿大文化遗产部制订的每一计划和活动的项目绩效指标（如体育赞助计划、主办赛事计划、运动员援助计划、加拿大体育研究计划、竞赛计划、国际双边协议等），协助检测妇女和女孩体育参与中的性别差距。 2. 通过定期更新有助于妇女和女童体育发展的行动计划工具，改进加拿大文化遗产部的筹资实践，鼓励资助积极促进妇女和女孩参与体育的组织或项目。这些行动计划包括体育筹资和问责制框架工具（包括资格、评估和问责制）、主办工具（评估和多方协议等）、省/地区政府双边协议进程和国际体育倡议等。 3. 通过加拿大体育局鼓励组织资助正在进行的、积极地将妇女和女孩作为领导管理者、教练员、运动员及技术官员等参与者的联络过程，包括提供简易化的知识和准备与差异分析工具的运用。 4. 确保在考虑妇女和女童积极参与的情况下，尤其在指定的角色中，设计和发展加拿大文化遗产部的计划和新举措。确定解决针对妇女和女童参与障碍的例子包括：与组织合作调整治理结构、志愿者和专业发展、更新组织普惠政策、有针对性的研究、高水平教练辅导和发展、技术官员的发展等

第六章 域外经验：国际组织与发达国家妇女体育政策探索

续表

政策干预	目标	实施行动
战略领导	在其他司法辖区内积极推动配套措施的发展，通过参加多边和双边论坛，加强妇女和女孩优质的体育参与经验	1. 在考虑加拿大文化遗产部内与体育有关的在编人员与分配行为时，按照公共服务委员会或部门的指导方针和最佳做法（包括竞赛任务、报告、国际代表团、出现体育领导会议等），尤其是在领导角色与社区体育互动方面确保性别平等政策。 2. 支持省/地区政府支持或制定体育项目和倡议，即支持和发展使妇女和女孩作为运动员、教练员、技术领导人或官员、管理领导人（酌情）等参与者的身份积极参与体育。 3. 鼓励其他单独政府部门的体育论坛支持或制定体育项目和倡议，即鼓励和支持妇女和女孩作为运动员、教练员、技术领导人或官员、管理领导人等参与者身份积极参与各级体育活动。 4. 倡导其他联邦政府部门在参与体育赛事或节目时，充分考虑到性别平等政策，积极联合倡议适当地聘用妇女和女孩（如积极地参与共同倡议的或学校卫生联合会协调的活动）。 5. 促进妇女和女孩积极参与，并在加拿大文化遗产部制订的体育活动计划、服务和倡议中充分考虑到性别平等问题。既包括组织的资助工作（如国家体育组织或体育中心的工作），以及支持诸如加拿大金牌计划、长期运动员发展专家组等团体的工作
建立意识	增加妇女和女孩有目的地参与体育给组织或个人带来的积极效果	1. 由加拿大文化遗产部支持、现有社会营销和体育活动推广的，应充分考虑到性别平等政策。这包括加拿大文化遗产部有关体育的沟通、共同支持的倡议等，如"参与行动"。 2. 积极分享由加拿大文化遗产部资助的体育组织和行动计划组织或倡导的、有前途/最好的关于促进妇女和女孩体育参与的实践经验。 3. 通过加拿大文化遗产部的资助，开发和举办培训班/训练班，最大限度地帮助妇女和女孩作为运动员、教练员、技术领导人或官员、管理领导人等积极参与培训和训练。 4. 与广播和数字通信公司一起审查政策的有效性和可行性，促进媒体和广播对妇女和女孩体育参与内容的播报。 5. 通过多个委员会及工作组参与的协议或双边协议，促进妇女和女孩获得优质体育经验的国际性利益
知识扩展	通过研究和发展妇女和女孩的体育经历，扩大、利用和分享相关的知识、经验和创新	1. 确立体育组织中妇女和女孩作为运动员、教练员、技术领导人或官员等的基准线，并确立与加拿大体育局有捐赠协议的体育组织的领导人。 2. 开发和实施工具（包括知识分享），帮助员工对加拿大文化遗产部有关体育计划和活动进行性别分析。 3. 支持科学研究和知识传播的举措，进一步了解妇女和女孩作为运动员、教练员、技术领导人或官员、管理领导人参与体育的情况。 4. 确保现有的关键研究，如运动员状况的研究、教练员状况的研究，包括性别敏感数据和基于性别的分析。 5. 积极参加国际/国内官员促进妇女和女孩体育发展的重大信息交流会

(三) 加拿大妇女体育政策特征分析

1. 强调给妇女和女孩提供优质的运动经历

不论种族、肤色、语言、国家、残疾等，所有女性全面地参与体育是她们应有的权利，全面地参与体育可以理解为不但要求数量，而且要求参与的质量。当前参与数量被定义为参与的人数或女性参与人数占总参与人数的比例，对于参与的质量还没有固定的解释和理解，还没有被概念化。加拿大学者 Celina H. Shirazipour、M. Blair Evans、Nick Caddick、Brett Smith 等提出优质运动经历包括以下四个方面：①通过与同伴的沟通培养团队凝聚力。②通过参与对身体和精神上具有挑战性的、具有风险和竞争机会的任务，培养挑战精神。③通过参与社会的机会培养角色。④通过参与项目中的自由与选择培养他们的独立精神和自主选择能力。2009年新版《积极参与：妇女和女孩体育政策》对优质体育经历的定义是："运动员参与实践，传递和组织良好技术和体育道德的方式，符合运动员长期发展的原则"；新版体育政策的首要目标就是"优质运动经验"。优质的运动经历不但给妇女和女孩在参与体育的过程留下了美好的印象和愉快的经历，还使她们在参与的过程中锻炼了社会交往能力、沟通能力、勇敢精神、团队精神、学习能力、自尊和自信和身体健康，使她们对参与体育产生好感、兴趣，从中体会到快乐，感受体育的魅力，对妇女和女孩终身体育产生积极的作用，同时对提高体育参与率和体育人口也有很大的促进作用。由上述加拿大妇女和女孩体育政策文件可以看出，国家、省、地区政府制定的政策文件中多次提到促进"妇女和女童优质的运动经验"，加拿大促进妇女体育与体育活动协会政策中也多次提到"使她们能够充分体会到参与体育活动给她们带来的健康和幸福""为年轻妇女和女孩提供优质的体育活动和健康饮食的经验""为年轻妇女提供一个愉快和积极的娱乐体验的机会，同时提高她们在体育参与环境中舒适度"等类似的强调优质运动经历的政策用语，由此可见加拿大的妇女和女孩体育政策非常重视妇女和女孩优质运动经历的作用。

2. 政策主体的分散性与普及性

政策主体是指参与或影响公共政策的制定、执行和评估的个人、团体或组织。加拿大文化遗产部是制定和执行加拿大文化政策的最主要的部门，主要负责加拿大文化内涵建设、文化参与培养、积极公民权、公民生活参与、加强人与人之间的联系、妇女地位、体育等国家政策和方案的制定。《积极参与：妇女和女孩体育政策》是由加拿大文化遗产部制定并执行的，并由加拿大体育局、加拿大国际事务处、加拿大国际体育局、加拿大国际关系司、国际奥委会、残奥会联邦秘书处等7个组织机构共同辅助完成。由表6-16中可以看出，加拿大的官方妇女体育政策不但有国家政策，还有省、地区政府政策，各省或地区根据本地区人口来源情况、文化背景、经济背景等情况又因地制宜地制定了反映地方特点的妇女和女孩体育政策，从客观上调动了省或地方政府相关组织机构的积极主动性。由加拿大促进妇女体育与体育活动协会制定的政策或倡议的参与部门则更复杂多样，如参与《"在行动"手册》制定的体育组织由土著居民组织，加拿大公园与娱乐部门，课后托育，从教组织，男孩女孩俱乐部，警察局，商会及贸易协会，地方和省级体育团体等23个政府和非政府部门组成。由此可见，加拿大妇女体育政策主体的复杂性、参与单位的多样性、参与地区的全面性，有国家的政府单位、省政府单位、地区政府单位、各种社会体育组织协会、教育机构、社区服务部门、宗教组织等，同时也反映了加拿大妇女体育政策的普及性。

3. 政策的目标多样性与具体化。

相对于国际体育组织有关妇女体育政策，加拿大的妇女和女孩体育政策的目标更加具体和多样。从参与人群年龄来说，既有青少年女童的体育参与目标，又有中老年妇女的体育参与目标；从参与人群的职业特征来说既有学生的体育参与目标，又有教练员、裁判员、技术官员或领导和管理领导人、企业和组织机构的董事会参与人员或董事会主席的参与目标；从政策目标制定的机构来看，既有国家的政策目标，又有省、地区政府以及相关体育协会的政策目标；从参与体育本身的性质来看，既有参与体育健身的政策目标，又有参与竞技体育的目标等。由此可以看出，加拿大的妇女与女孩体育政策目标的多样性。另外，加拿大妇女和女孩体育参与的目标也非常具体，如：《积极参与：妇女和女孩体育政策》的目标是："优质的运动经验和获得各种体育组织的公平支持"，这两个目标就非常具体，便于组织者和参与者更好地理解和操作。协会制定《年轻妇女和女孩课后体育活动政策目标与对策》的目标是："每一个年轻妇女和女孩都能在放学后积极参加一项自己喜欢的体育活动项目，而且这个项目是她的家庭能够接受和负担得起的"，这些政策的目标就更加具体，更加容易操作了，意思是让每一个参与此项目的女孩都能参与一项自己喜欢的体育运动，而这项运动能够得到家长的支持，并且在花费方面少，使得每个支持女孩参与的家庭都能支付得起这个消费金额或者是免费项目。由此可见，加拿大的妇女和女童体育政策是非常全面、周到和人性化的，它基本上涵盖了所有的女性人群、所有体育领域的项目和职业，所有体育政府部门、社会组织和企业等；同时，该国家的政策目标具体到一件事、一个活动等，这样政策的目标很容易被完成，使参与的政府部门、组织机构或个人很有成就感，并受到很大鼓舞，有利于促进妇女和女孩体育政策的目标完成。

4. 政策内容的稳定性及执行的动态性

政策内容的稳定性是指一个国家或政府在制定政策时必须做到政策内容是正确的、连续的，如果政策内容是不停地变化的，那么政策往往失去了它的权威性和严肃性，公众对它的信任度和威严性就会大打折扣，并会给政策的执行者带来麻烦，导致很难把政策执行下去。但随着社会经济的变迁，政策内容又不能一成不变，老的政策执行一段时间后明显不能适应当前社会的新形式时，就要根据社会的主要矛盾，对政策内容进行适当的调整，使其适应当前社会的需求。同时，执行政策的机构可以根据政策内容制订一个 3—5 年的执行计划，当计划完成后，可以再制订下一个计划，保持政策执行的可更替性和动态性。加拿大的官方妇女和女孩体育政策就是如此，加拿大国家政府到目前为止共制定了两个版本的妇女和女孩体育政策，即 1986 年版和 2009 年版的妇女和女孩体育政策。2009 年版的政策是在老版本政

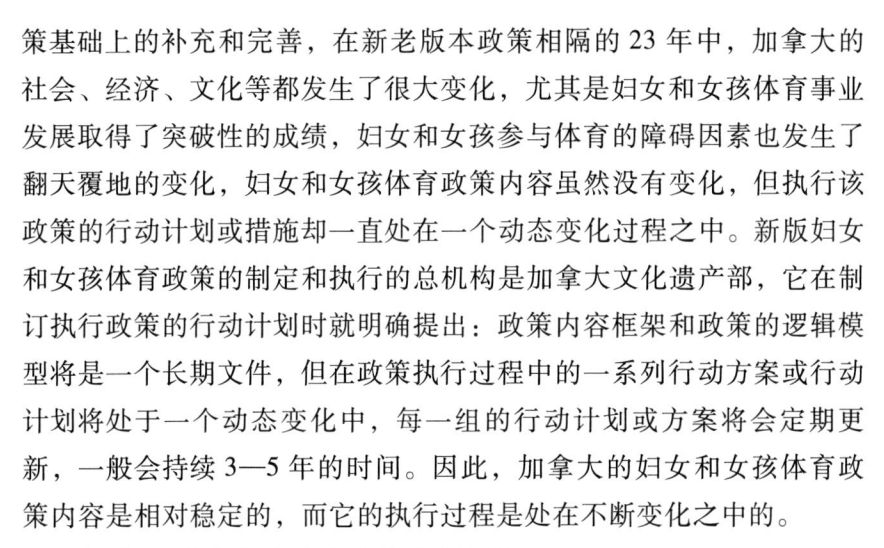

第六章 域外经验：国际组织与发达国家妇女体育政策探索

策基础上的补充和完善，在新老版本政策相隔的 23 年中，加拿大的社会、经济、文化等都发生了很大变化，尤其是妇女和女孩体育事业发展取得了突破性的成绩，妇女和女孩参与体育的障碍因素也发生了翻天覆地的变化，妇女和女孩体育政策内容虽然没有变化，但执行该政策的行动计划或措施却一直处在一个动态变化过程之中。新版妇女和女孩体育政策的制定和执行的总机构是加拿大文化遗产部，它在制订执行政策的行动计划时就明确提出：政策内容框架和政策的逻辑模型将是一个长期文件，但在政策执行过程中的一系列行动方案或行动计划将处于一个动态变化中，每一组的行动计划或方案将会定期更新，一般会持续 3—5 年的时间。因此，加拿大的妇女和女孩体育政策内容是相对稳定的，而它的执行过程是处在不断变化之中的。

（四）加拿大妇女体育政策对中国的启示

1. 注意优质体育运动经历对妇女和女孩终身体育的影响

加拿大妇女体育政策的宗旨就是建立一个能够向妇女和女童提供优质体育经历服务的体育系统，使妇女和女童在参与体育的过程中，不但能够促进她们的身体健康，而且能够感受体育带给她们的快乐体验，通过参与体育活动可以让她们交到朋友、调节情绪，提高社会交往能力和社会适应能力。因此，加拿大文化遗产部非常重视学校给学生提供优质的体育教育经历，并根据学生的兴趣、爱好、文化背景等特征设置学生喜欢的体育项目，提供参与体育活动所需的体育场地、设施和技术指导。因此，中国在出台妇女体育政策时，应注意到妇女和女童优质体育经历对她们终身体育的影响，尤其在学校体育教育方面，选择学生喜爱的体育项目、促使她们掌握基础运动技能和培养体育兴趣显得非常重要。

2. 鼓励各地区依据国家政策出台适合本地区的妇女体育政策

加拿大政府出台政策后，各地区也相应地出台了本地区的妇女政策。甚至有的地区出台的妇女政策先于国家政府出台政策的时间，并给国家出台总的妇女体育政策提供了重要的参考依据。加拿大的这种方式给中国未来出台妇女体育政策提供了一个很好的范例，各省、市、地区可以依据国家的妇女体育政策精神，在原则允许的范围内，出台适合本地区的妇女体育政策，目的就是满足中国妇女多种层次的体育需求，促进妇女体育参与率。

3. 强调女性自身的体育意识和能力

加拿大是出台妇女体育政策较早的国家，它的第一部妇女体育政策是1986年出台的。加拿大的妇女体育政策大部分都是宣传性和扶植性的政策，基本上没有强制性的政策。从上述的政策实施的逻辑模型和行动手册可以看出，加拿大政府非常重视妇女体育文化氛围、体育意识、运动技能、兴趣爱好、领导能力等方面的培养，从妇女自身激发她们对体育的兴趣，掌握运动能力和体育领域就业能力、领导能力，以此提高妇女和女孩在体育领域内的参与率。强调体育带给妇女快乐的驱动机制，尽量避免体育参与过程中痛苦的驱动机制，调动妇女和女孩自身的内部驱动机制，使她们积极主动地参与体育活动。在制定中国妇女体育政策时，应强调构建一种培养妇女体育意识的文化氛围，建立培训和训练机制，提高妇女体育竞技能力、健身能力、管理能力和领导能力等；从妇女自身出发，提高妇女体育参与的内部驱动机制，培养妇女和女孩终身体育思想。

四　美国妇女体育政策探索历程、取得成效及启示

（一）相关背景

截至目前，美国没有出台针对促进妇女和女孩体育发展的单独政策，有关妇女体育参与的相关政策都包含在其他的政策文件中，如《美国宪法》《教育法》、部分州通过的《平等权利修正案》和《民权法案》等，具体内容见表6-19。由表6-19可以看出，美国多个法案均对妇女体育的发展产生了影响，因为中国的学者对美国关于男女平等的法案研究较多，本研究就不再对美国的每一个具体法案的内容一一进行赘述。其中，最著名的《教育法修正案》第九条对美国的学校体育、竞技体育中性别平等产生了深远的意义，大幅度提高了学校女性学生的体育参与率，同时对美国社会体育、商业体育、体育文化等也产生了巨大影响。同时该法案也成了世界相关组织、其他国家政府组织、研究机构关注的焦点。关于《教育法修正案》第九条的报道、研究文献超过了任何一个有关妇女体育的政策文件。查阅美国政府网站（USA.gov）、美国妇女体育基金会（Women's Sport Foundation）、加利福尼亚妇女法律中心（California Women's Law Center）、女冠军（www.ChampionWomen.org）、全国大学生体育协会［National Collegiate Athletic Association（NCAA）-Gender Equity］、国家妇女法律中心［National Women's Law Center（NWLC）］、全国高校妇女体育管理协会［National Association of Collegiate Women Athletics Administrators（NACWAA）］、密歇根大学妇女和女童夏普研究中心（Sharp Center for Women and Girls of the University of Michigan）、女孩的性别平等［Girls for Gender Equity, Inc.（GGE）.http：//www.ggenyc.org/］、女权多数基金会（Feminist Majority Foundation）、美国健康、体育、娱乐、舞蹈联盟［American Alliance for Health, Physical Education, Recreation and Dance（AAHPERD）］等30个官方网站，其中关于妇女体育平等权的问题都涉及《教育法修正案》第九条，或者是对该法案的解读或延续。虽然美国没有出台专门的妇女体育政策，但鉴于《教育法修正案》第九条对美国甚至全世界产生的影响，以及该法案对促进妇女体育发展做出的突出贡献，本研究决定对该法案的内容及政策产生的影响进行梳理和分析，以期为本研究构建中国妇女体育政策内容体系框架提供借鉴作用。

表6-19　　　　美国促进妇女体育发展的相关政策、法律

名称	核心内容
《美国宪法》第5、14修正案 Constitution of th United AdmendmentⅤ、XIV	美国宪法保护美国任何一个公民平等的宪法保护权利，并对美国公民做出界定："凡在美国出生或规划美国的人，均为合众国的和他们居住州的公民。任何一州，都不得指定或实施限制合众国公民的特权或豁免权的任何法律；不经正当法律程序，不得剥夺任何人的生命、自由或财产；对于在其管辖范围内的任何人，不得拒绝给予法律平等保护。"它们是美国体育领域内出现性别歧视问题法律诉讼的主要法律依据之一

续表

名称	核心内容
《教育法第九章》 Education Law Title IX	美国学校体育中性别歧视问题的主要法律依据，为促进美国学校女性体育的发展做出突出贡献（具体内容已论述）
《平等权利修正案》 The Equal Rights Amendment	反对美国存在的各种各样的基于性别的歧视行为，并保护妇女的各种权利，包括妇女体育参与权。该法案不需要考虑其被诉讼单位是否是接受联邦政府资助的单位和法律地位，只是出现性别歧视问题，均可依据该法案提起诉讼。该法案在美国只有22个州通过，多个州体育领域内的性别歧视问题都是通过该法案提起诉讼的
《恢复性民权法案》 Civil Right Restoration Act	重新确定了《教育法》第九章的适用范围。第2、6、7章的内容：强制禁止各种歧视，接受联邦资助的项目禁止歧视和提供平等的就业机会，对体育领域内出现的各种歧视给予强行禁止和修正，是体育领域内性别歧视的法律依据之一
《奥林匹克与业余体育法》 Olympic and Amateur Sports	要求美国各个单项体育联合会制订发展妇女体育的计划，鼓励和公平地支持妇女参与国家的各项比赛，并为她们参与体育活动提供各种帮助，美国奥委会并对其计划执行情况进行监督和检查
《体育平等信息公开法》 Equity in Athletics Disclosure Act	要求接受《教育法》第九章法律管制的高等学校需要向美国民权办公室上报男女学生参与体育活动的统计数据和信息
《大学体育政策指南再澄清：三项检验标准》 Clarification of Intercollegiate Athletics Policy Guidence: the Three Part Test	美国教育部重申坚持执行《教育法》第九章于1979年设立的三项标准及实施办法，并提出一般的标准和原则在中学同样适用
《加强大学教练员工资性别歧视实施指南》 Enforcement Guidence on Sex Discrimination on the Compensation of Sports Coaches in Education Institutions	指出美国全国大学体育协会（NCAA）教练员工资存在较大的性别差异，女队教练员工资明显低于男队教练员，要求各学校及教育机构对从事同种教练工作的男女教练员应该享有同样的报酬，采取相应的措施保证同工同酬

续表

名称	核心内容
《运动员的奖学金政策指南》 Policy Guidence for Athletic Scholarships	要求对学校的运动员实施平等的奖学金政策，并针对学校运动员可能在奖学金方面的各种歧视现象制定了具体解决政策，要求不符合男女运动员奖学金比例的学校应提供具体原因说明，否则将视为存在性别歧视
《再澄清执行教育法第九章体育政策指南》 Further Clarification on the Implementation of Chapter 9 Sports Policy Guidelines	指出执行《教育法》第九章是为了保护女性运动员的体育权利，增加她们的体育参与机会；并不是要减少男队或男运动员的体育参与机会达到规定的数据上的平等

（二）《教育法修正案》第九条的妇女体育相关政策文本内容

1972 年，美国国会通过了《教育法修正案》第九条，禁止接受联邦政府资助的学校教育计划（包括体育）存在性别歧视，第一次把体育中的性别歧视问题上升到法律层面。该政策对提高女孩和妇女在休闲体育和竞技体育中的参与机会产生了重大的影响。起初，由于《教育法修正案》第九条颁布的条文非常简洁，没有执行细则说明，在执行的过程中引发了许多问题，如它究竟该引发哪些方面的变革，是否意味着所有的男女参与人数、组织队伍数、投入资金数、教练员数、场地设施等都必须要求一样，是否妇女获取一半的资助资金后就必须要减少对男子体育资金的投入等问题。1979 年，美国卫生教育福利部又对《教育法修正案》第九条颁布了政策解释说明和执行细则（见表 6-20），阐明了实现该法案第九条的三个条件，要求各组织机构只要满足三条中的任何一条均可获得联邦政府的资助资格。这三个条件也是三种测试，它们是：①相称性测试：提供给学生与入学人数相当的体育参与机会，如果一个学校的女生占学生总人数的一半时，那么该学校的女运动员占总运动员人数的比例应该在 45% 左右，上下浮动的比例不能超过 5%，满足这项测试后，该校的男、女生体育参与机会应该与男、女各自招生的本科生比例"基本相称"；②进步性检测：对代表数量不足的群体（一般指女性）给予不断扩大的体育机会，满足这项测试后，该校应该依据代表数量不足群体的兴趣和能力，长期地、不断地给她们提供和扩大体育参与的机会，在最近三年内，必须提供在扩展这些弱势群体项目上有所改进；③兴趣满足检测：满足代表数量不足群体的兴趣和天赋，满足这项测试后，学校必须证明充分考虑了这部分的兴趣和天赋，即使女性参与体育活动的人数少于男性。该法案由美国人权办公室负责实施，实施范围包括几乎所有的公立学校、大多数私立学院和许多私立中学和小学。

表 6-20　　　《教育法修正案》第九条妇女体育政策体系

事项	政策内容
政策宗旨	提供女性在更多的、有组织体育活动中平等的参与机会，保证学校的女性运动员都能够获得与男性同等待遇和利益，真正地实现性别平等
政策范围	直接或间接接受联邦财政资金资助的教育项目，包括高中校际体育、大学校际体育、学院校际体育、俱乐部体育及校内的各种体育活动
政策目标	1. 所有联邦政府的资助都以适当的比例提供给该学校体育项目中男女参与者，确保女性参与者获得平等资金资助； 2. 男女运动员应获得同等的待遇、福利和机会； 3. 男女学生的体育兴趣和能力必须得到同等有效的保障； 4. 受资助的学校必须为男女个体提供参与校际比赛的机会，并为男女运动员安排进入专业运动队训练的时间表
政策内容	1. 设置体育运动项目和体育比赛的水平，是否同时满足不同性别运动员的能力和利益； 2. 体育设施和体育装备是否同时满足男女学生的需求； 3. 训练和比赛的时间安全是否考虑到了男女平等； 4. 训练补助和差旅费用是否平等； 5. 获得文化学习和教练员指导的机会是否平等； 6. 男女教练员的配额及薪水是否平等； 7. 训练的场地、设施（训练设施、服务水平、更衣室等）是否平等； 8. 提供的医疗和康复训练的设施和服务是否平等； 9. 食宿条件是否平等； 10. 是否充分尊重了运动员的肖像权

（三）《教育法》第九章妇女体育相关政策内容特征分析

1. 《教育法》第九章不要求配额，它只要求学校以一种没有性别歧视的方式分配参与的机会

《教育法》第九章要求接受联邦基金资助的学校为女生提供平等的体育机会。因为它允许按性别把运动队分开即男队和女队，学校决

第六章 域外经验：国际组织与发达国家妇女体育政策探索

定给女队分配运动场地。该法案并不要求完全的平等，即给男生提供多少体育场地设施就必须要给女生提供多少体育场地设施。它只要满足上述三个测试条件中的一个即是满足了提供平等机会的要求，而且这三个测试条件是宽容的、灵活的，它要求学校只要满足其中一个测试条件即可获得联邦政府的资金资助，而不是公众认为的必须完全实现各个方面的、机械的男女平等。例如，1994—1998 年，美国人权办公室（ORC）处理的 74 个关于《教育法》第九章参与案例中，其中有 21 所学校，或少于 1/3 的学校只选择了满足上述三个测试条件中的一个条件作为其合规性。

2.《教育法》第九章不是要求学校为增加女子项目而削减男子体育项目

《教育法》第九章出台后，一些学校为了维持日益上涨的足球和篮球项目的开支，选择了削减某些男子运动项目，如体操和摔跤等，有的学校还选择了削减某些女子运动项目。甚至有些学校在这两个项目的预算花费大约占男子项目总预算的 84%，尤其在美式橄榄球冠军杯 I 级的投入更多。例如，圣地亚哥州立大学削减男子排球 200 万美元的财政预算，而不是削减橄榄球队 500 万美元的财政预算，更有甚者，为了给橄榄球队配备新制服和使用了最先进的技术的钛合金头盔，四个月后，该学校取消了该校的男子排球项目。罗格斯大学在橄榄球比赛之前花费 17.5 万美元住宿昂贵的酒店，这个支持力度比该校男子网球队整个预算都高，后来该校取消了男子网球队。

3.《教育法》第九章不要求学校在男女运动员身上花费同等数目的资金

《教育法》第九章虽然要求学校平等地对待男女运动员，但并不是绝对地、机械地要求在男女运动员的资金花费上完全平等，由于不同运动项目的消费不同，学校不可能在经费预算上完全一样，如美式橄榄球的制服和头盔要比游泳衣和泳帽贵很多，因此，根本没有必要要求学校必须为游泳队和橄榄球队花费同等数目的钱去购买比赛服装。但学校不能基于此种情况给男运动员提供一流的运动服，而给女运动员提供质量较差的运动服；或者给男运动员提供比赛服、训练服、在家里或者外出制服等多套服装，而只给女运动员提供一套服装。

4.《教育法》第九章虽然取得了较大的成功，但女子体育运动项目仍然落后于男子项目

迄今为止，《教育法》第九章已颁布45年，学校体育中女性运动员倍增，男、女运动员之间的差距缩小。但仍然没有达到该政策的预期目标，实现男女平等。在全美大学生体育协会（NCAA）的高校中，女性人数超过50%，然而，她们却只有44%的体育参与机会。男子体育运动项目的开支相对于女子项目而言，仍然占有主导地位。例如，参与美式橄榄球冠军杯Ⅰ级联赛的学校中，平均在女运动员身上花费1美元，大约就有2.5美元花费在男运动员身上；整个美式橄榄球冠军杯Ⅰ级的比赛中男子比赛单独花费超过1600万美元，比该项目女子比赛的费用高出1000万美元以上。被划分到与美式橄榄球冠军杯Ⅰ级的高校中，女运动员大约获得整个项目（男、女）经费总额的29%，招募新队员花费的28%，该项目体育奖学金总额的39%。由此可见，《教育法》第九章的颁布虽然缩小了学校男女体育参与之间的差距，但要完全实现真正的平等，仍有很长的路要走。

（四）美国妇女体育相关政策对中国的启示

美国妇女体育主要在政策和法律共同的作用下促进其实现男女平等、保护妇女体育参与的各项权利。美国妇女体育政策大部分都是以法律的形式出现的，具有法律强制性，对美国体育领域内快速实现男女平等或接近实现男女平等起到了关键性的作用。政策是党和各级政府为了实现一定时期的特定主张或目标而制订的计划或行动准则，通常会以规范性文件的形式出现。而法律则是由立法机关或国家机关制定并由国家政权保证执行的行为规则，是国家意志的体现。依据美国的经验，在制定中国的妇女体育政策时，应考虑以政策和法律相结合的形式共同作用保护中国妇女体育各方面的权利，仅以政策的形式出现，往往没有具体的行动准则，在执行政策时，不利于实施单位或个人操作。但也不能仅仅只依靠法律，因为法律的条文原则性过强，灵活性和时代性较弱，容易导致僵化、滞后等问题。当前，中国体育领

第六章　域外经验：国际组织与发达国家妇女体育政策探索

域内促进男女平等或保护妇女体育发展权的文件都是以政策的形式出现的，都是一些纲领性的文件，内容均为政策性的语言，没有具体行动准则，较为抽象，仅仅起到了一种宣传作用，从执行者的角度上看，不具可操作性。因此，未来中国的妇女体育政策应以政策和法律相结合的形式出现，避免单独以政策的形式出现——流于形式；避免单独以法律的形式出现——又过于僵化。

第七章

现实需求：中国妇女体育参与走势及妇女体育政策文本内容体系建构

第一节 中国妇女体育参与基本状况与需求分析

"男女平等"是中国的一项基本国策，也是相关国际组织与国家呼吁、倡导与追求的主要目标之一。关于男女平等目前"妇女学（女性学）""社会性别平等"等研究涉及的主要领域是妇女在政治、经济、文化、社会、教育与家庭等方面与男性享有一样权利的研究，具体涉及妇女参政管理权、平等就业权、教育培训权利、劳动安全、消除歧视、工资待遇、媒体关注、创新创业等方面。

综观第四章第三节部分，国际组织、英国、澳大利亚、加拿大、美国等妇女体育政策中主要把妇女体育领导与管理权、妇女在体育相关企事业等单位就业权、男女在体育领域就业的工资待遇、体育参与率及媒体关注度等作为男女体育平等的追求目标与研究热点。这些热点涵盖男女两性平等享有体育权利的基本内容维度，也与中国男女平等政策、妇女政策涉及的内容维度基本一致。经过咨询相关专家，本书按照国际体育男女平等的内容维度和国内妇女体育研究领域，主要

第七章　现实需求：中国妇女体育参与走势及妇女体育政策文本内容体系建构

筛选出来四大类相关指标：①妇女体育参与率；②妇女体育领域就业权；③妇女体育被媒体宣传公平状况；④妇女体育领导管理权等。本书按照这四类问题进行了调研，这既与世界接轨，便于横向比较，也有利于了解中国妇女体育参与现状，为后面中国妇女体育政策制定提供现实依据。

同时，本部分对目前中国妇女体育参与状况、妇女体育需求及妇女体育政策需求做了调研，为中国妇女体育政策制定提供参考。

一　中国妇女体育参与率性别统计现状分析

（一）中国等级运动员发展人数性别统计现状分析

由表 7-1 可以看出，中国等级运动员年发展总数、男女比例基本上处于稳定发展状态，2019 年出现快速增长，年平均运动员发展人数维持在 45000 人左右，男运动员发展人数大约是女运动员人数的 2 倍，男性明显高于女性。由表 7-2 可以看出，中国女运动员达到国际健将级的比例基本上与男运动员持平，甚至还高于男运动员一些。但就女运动员年发展总数和国际健将级发展的比例来说，中国女运动员晋级国际健将的比例却远远高于男运动员。由表 7-2 至表 7-5 可以看出，中国女运动员从二级到国际健将，随着运动级别的提高，中国女运动员所占的比例越高，与女性教练员的晋级趋势恰恰相反。造成这种现象可能有两种原因：①长期以来中国女性传统的吃苦耐劳精神，加上受中国竞技体育"举国体制""奥运争光计划"影响，中国女子竞技体育一直接受系统的、科学的训练，女子竞技体育水平提高较快；②中国女子竞技体育普及性较差，后备力量明显不足，参与竞技体育的女性运动员明显少于男性。而这些能够坚持训练的女运动员往往成绩较好，不好的就会被及时淘汰。在访谈中发现，20 世纪 80 年代，中国的经济发展明显好转，人民生活水平有了明显的提高，计划生育导致的独生子女明显增多，许多家长认为从事竞技体育太苦，尤其是对女孩子，她们大多不愿意让家里的女孩子从事竞技体育训练。另外，受传统文化的影响，许多家长认为长期从事竞技体育会让女性更加男性化，失去女孩子独有的女性特征。

表 7-1　　　　　2010—2020 年中国等级运动员
　　　　　年发展总人数男女比例现状　　　单位：人；%

年份 类别	2010	2011	2012	2013	2014	2015	2017	2018	2019	2020
总数（人）	46341	38380	46412	51089	45141	41971	42885	46577	59592	51102
男（人）	28798	24138	29625	32987	28474	27061	27008	29072	37798	32579
男运动员所占比例（%）	62.14	62.89	63.83	64.57	63.08	64.48	62.98	62.42	63.43	63.75
女（人）	17543	14242	16787	18102	16667	14910	15877	17505	21794	18523
女运动员所占比例（%）	37.86	37.11	36.17	35.43	28.82	35.52	37.02	37.58	36.57	36.25

资料来源：国家统计局。

表 7-2　　　　　2010—2020 年中国国际级运动健将
　　　　　年发展人数男女比例现状　　　单位：人；%

年份 类别	2010	2011	2012	2013	2014	2015	2017	2018	2019	2020
总数（人）	306	300	167	130	127	209	32	103	43	101
男（人）	153	165	82	64	65	81	16	48	18	49
男运动员所占比例（%）	50.00	55.00	49.10	49.23	51.18	38.76	50	46.60	41.86	48.51
女（人）	153	135	85	66	62	128	16	55	25	52
女运动员所占比例（%）	50.00	45.00	50.90	50.77	48.82	61.24	50	53.40	58.14	51.49

资料来源：国家统计局。

第七章 现实需求：中国妇女体育参与走势及妇女体育政策文本内容体系建构

表 7-3　　　　　2010—2020 年中国运动健将
年发展人数男女比例现状　　　单位：人;%

年份 类别	2010	2011	2012	2013	2014	2015	2017	2018	2019	2020
总数	1712	1675	1820	1283	910	1663	478	1290	453	1719
男（人）	993	993	956	718	515	919	303	744	242	882
男运动员所占比例（%）	58.00	59.28	52.53	55.96	56.59	55.26	63.39	57.67	53.42	51.31
女（人）	719	682	864	565	395	744	175	546	211	837
女运动员所占比例（%）	42.00	40.72	47.47	44.04	43.41	44.74	36.61	42.33	46.58	48.69

资料来源：国家统计局。

表 7-4　　　　　2010—2020 年中国一级运动员
年发展人数男女比例现状　　　单位：人;%

年份 类别	2010	2011	2012	2013	2014	2015	2017	2018	2019	2020
总数（人）	8953	7580	9690	9197	11410	11277	11083	12812	17575	11136
男（人）	993	4663	6294	5699	6380	6922	6420	7395	9874	6491
男运动员所占比例（%）	55.58	61.52	64.95	61.97	55.92	61.38	57.93	57.72	56.18	58.29
女（人）	3977	2917	3396	3498	5030	4355	4663	5417	7701	4645
女运动员所占比例（%）	44.42	38.48	34.05	38.03	44.08	38.62	42.07	42.28	43.82	41.71

资料来源：国家统计局。

表7-5　　　　　2010—2020年中国二级运动员
　　　　　　年发展人数男女比例现状　　　　　单位：人；%

年份 类别	2010	2011	2012	2013	2014	2015	2017	2018	2019	2020
总数（人）	35370	28825	34735	40479	32694	28834	31292	32372	41521	38146
男（人）	22676	18317	22293	26506	21514	19151	20269	20885	27664	25157
男运动员所占比例（%）	64.11	63.55	64.18	65.48	65.80	66.42	64.77	64.52	66.63	65.95
女（人）	12694	10508	12442	13973	11180	9683	11023	11487	13857	12989
女运动员所占比例（%）	35.89	36.45	35.82	34.52	34.20	33.58	35.23	35.48	33.37	34.05

资料来源：国家统计局。

（二）中国健身体育参与现状性别统计分析

表7-6的数据由《2020年全民健身活动状况调查公报》中数据整理而成，从表中数据可以看出中国19岁及以上各年龄组"经常参加体育锻炼"的平均参与比例为30.3%。2013年《中国妇女发展纲要（2011—2020年）》实施情况统计报告、2014年《中国妇女发展纲要（2011—2020年）》中期统计监测报告数据显示，中国妇女经常参加体育锻炼的人数比例分别为18.9%和15.1%，两组数据均高于全国总平均数14.67%。如据2013年全国10个省份城乡居民参加体育锻炼现状抽样调查数据，女性经常参加体育锻炼的人数比例为18.9%，与2007年全国城乡居民参加体育锻炼现状调查相比，提高了11.4个百分点，而从不参加锻炼的女性比例则由70.9%下降到了51.9%。据2014年全民健身活动状况调查数据，中国20岁及以上女性经常参加体育锻炼的人数比例为15.1%，与2007年全国城乡居民参加体育锻炼现状调查相比，提高了7.6个百分点[1]。表7-7中的数

---

[1] 国家统计局：《〈中国妇女发展纲要（2011—2020年）〉中期统计监测报告》，https://www.gov.cn/xinwen/2016-11/03/content_5128075.htm。

第七章 现实需求：中国妇女体育参与走势及妇女体育政策文本内容体系建构

据来源于华南师范大学熊欢教授的课题《多维视角下女性大众体育发展战略研究》，该组数据是2013—2014年通过问卷调查的形式收集的中国18岁以上妇女人群的体育参与数据，由于"经常参加体育活动"的标准和"经常参加体育锻炼"的标准不一样，同样一个时间段的调查数据有些出入，但可以看出中国妇女体育大众体育健身参与的进步。为了进一步了解中国妇女体育参与状况，本研究在2017年的问卷调研中也调查了中国妇女体育参与状况，表7-8和表7-9调查结果显示，调查对象中16.1%的女性经常参加体育活动，偶尔参加体育活动以上的比例达到45.2%，比例与2014年全国调查数据有一定比例的提高。而同期英国的全民健身数据却远远高于中国，具体见表7-10，但英国的男性健身人数高于女性，男女之间的差距为4%。由此可以看出，目前中国"经常参加体育锻炼"人口比例整体远远低于发达国家，女性总体体育健身参与好于男性。但通过实地走访和调查，中国的体育场地设施、健身指导服务远远不能满足妇女的需求，这一观点也已经在中国的众多研究成果中得到验证。

表7-6　　　　　20岁及以上人群各年龄组"经常参加体育锻炼"人数的百分比（2020）

年龄组	19—29岁	30—39岁	40—49岁	50—59岁	60—69岁	70—79岁	80岁以上	平均
百分比（%）	30.0	28.4	31.7	31.6	29.5	23.5	14.7	30.3

表7-7　　　　　18岁以上中国妇女各年龄组经常参加体育活动的比例（2013—2014）

年龄组	18—25岁	26—35岁	36—45岁	46—55岁	56—65岁	65岁以上	平均
百分比（%）	24.1	23.3	21.8	19.3	50.0	38.9	29.57

表7-8　　　　　本研究所调查妇女体育参与比例情况一览表（n=1873）　　单位：人；%

参加情况	经常参加	偶尔参加	一般	很少参加	从未参加
人数（人）及百分比（%）	302（16.1）	545（29.1）	352（18.8）	562（30.0）	112（6.0）

表 7-9　　　　　　本研究所调查妇女体育
　　　　　参与体育活动项目一览表（n=1873）　　单位：人；%

体育项目	广场舞	球类运动	武术	跑步	瑜伽	游泳	其他
人数（人）及百分比（%）	410（21.9）	352（18.8）	75（4.0）	1086（58.0）	444（23.7）	227（12.1）	210（11.2）

表 7-10　　　　　　2015—2016 年英国 16 岁以上
　　　　　　　人群参与健身人数比例及性别　　　　单位：%

性别	不运动（Inactive）每周少于 30 分钟	适当运动（Fairly active）每周 30—149 分钟	经常运动（active）每周 150 分钟以上
男女总平均	25.6	13.7	60.7
男（人）	24	13	63
女（人）	27	15	59

（三）中国学校学生体育参与现状性别统计分析

1. 学校体育课教学性别状况

从表 7-11 中可以看到中国在校学生的比例稳步上升，学校体育课程的开设直接促使了女生体育参与率提高，增加了中国女性体育参与的人数的比例。但众多的研究证明，中国的大部分学校的体育课程都采用性别中立的原则，只有少部分学校以性别为基础采用男女分班上体育课。男女混合上体育课的形式表面上是实行了男女平等原则，实际上忽视了男女学生生理上和心理上的差别，采用统一的教学内容进行教学，在一定程度上不能同时满足男女学生的体育需求，在学校体育教学的实践中，体育内容、项目、场地等主要的体育资源更倾向于男生，忽略了女生体育需求，不利于女生体育技能的掌握，更不利于终身体育习惯的养成。中国学者汪全先、王健在《我国学校体育性别问题的根源及其消解》一文中提出："当前中国学校体育中存在性别遮蔽、性别隔离、性别排斥、性别刻板印象、性别话语权力偏失；女性政治地位的实际弱势、经济资源的投入失衡、文化传统的性别偏见、教育传统的性别偏失、利益相关主体的自身限制是中国学校体育性别问题产生的根源。"① 由此可见，在制定中国妇女体育政策时，不但要注重社会体育资源的公平分配问题，更要注重学校体育资源的公平分配问题，学校的体育政策也应该把性别意识纳入其主流意识中。

表 7-11　　　　中国女学生所占在校生的比例统计　　　　单位：%

年份	学前教育	义务教育	高中教育	高等教育教育	
				本科生	研究生
2013	46.2	46.48	47.8	49	49.0
2015	46.4	46.5	47.9	49.7	49.7
2020	47.2	46.6	50.4	51.0	50.9

资料来源：国家统计局：《中国妇女发展纲要（2011—2020年）》统计监测报告。

2. 学校体育课余训练与竞赛性别参与状况与分析

表 7-12、表 7-13 和表 7-14 分别是本研究随机调研的 145 所中小学体育业余训练、校内竞赛及校外竞赛男女性别比例情况。从三个表的统计数据可以看出，总体来看女生参与业余体育训练、校内校外体育竞赛的比例均低于同校男生，且呈现小学无论从业余训练还是体育竞赛女生参与比例均高于初中和高中，说明小学阶段可能由于升学压力不大、性别意识还不是非常强、生理发育还没有明显地影响女生的体育参与，可是随着年龄增长、升学压力变大、生理发育呈现新的特征，则影响女生参与体育活动。另外，也可能由于随着女生年龄增长，生理期的出现而又缺乏专门的适合女生的体育项目或场馆设施，则可能影响女生体育参与。

表 7-12　　　　　　145 所中小学参与业余体育
训练的学生数量性别统计情况

学校层次	参与业余训练的学生总数（人）	参与业余训练的男生数量（人）	参与业余训练的女生数量（人）	参与业余训练的女生所占比例（%）
高中（60 所）	4575	3285	1290	28.20

---

① 汪全先、王健：《我国学校体育性别问题的根源及其消解》，《体育学刊》2017 年第 2 期。

续表

学校层次	参与业余训练的学生总数（人）	参与业余训练的男生数量（人）	参与业余训练的女生数量（人）	参与业余训练的女生所占比例（%）
初中（45所）	4170	2785	1385	33.21
小学（40所）	2895	1745	1150	39.72
合计（145所）	11640	7815	3825	32.86

表7-13　145所中小学在2016年参与本校体育竞赛学生数量性别统计情况　　单位：人;%

学校层次	参与校内体育竞赛学生总数（人）	参与校内体育竞赛男生数量（人）	参与校内体育竞赛女生数量（人）	参与校内体育竞赛女生所占比例（%）
高中（60所）	65940	42530	24310	36.87
初中（45所）	63070	37655	25415	40.30
小学（40所）	64750	36885	27865	43.03
合计（145所）	193760	117070	77590	40.04

表7-14　145所中小学在2016年参与校外体育竞赛学生数量性别统计情况（人）　　单位：人;%

学校层次	参与校外体育竞赛学生总数（人）	参与校外体育竞赛男生数量（人）	参与校外体育竞赛女生数量（人）	参与校外体育竞赛女生所占比例（%）
高中（60所）	4955	3565	1390	28.05
初中（45所）	4770	3465	1305	27.36
小学（40所）	3195	2025	1170	36.62
合计（145所）	12920	9055	3865	29.91

二 中国体育领域就业性别统计现状分析

（一）近 12 年中国等级教练员发展人数性别统计现状分析

由表 7-15 可以看出近 12 年中国教练员每年发展总数基本上呈上升状态，只有 2012 年、2011 年发展人数较少一些，2017 年之前基本维持在 1500 人左右，2017 年以后大幅上升，男女比例也相对稳定，基本都维持在男性教练员占 72% 左右，女性教练员占 28% 左右。男性教练员每年发展人数基本上是女性教练员的 3 倍，男性明显高于女性。由此可见，中国的教练员队伍主要以男性为主，男女比例差距较大。由表 7-16、表 7-17 可以看出，2017 年之前中国女性教练员晋升机会明显低于男性，年发展国家级女性教练员的比例明显低于年发展女性教练员总人数所占比例，如 2012 年女性教练员年发展总人数的比例是 27.51%，而女性国家级教练员年发展人数的比例只有 5.56%。到高级教练员年发展人数时，女教练年发展人数比例稍微低于年发展女性教练员总人数的比例。由此可见，中国女性教练员随着级别的升高，晋升机会就越少，在年发展总数中高级职位中所占的比例就越少，这种现象于 2017 年开始有所改观。由表 7-1 可知，中国女运动员年发展总数的比例在 35% 左右，年女性教练人数发展的比例明显低于女运动员年发展总数的比例，女教练员与女运动员发展呈不均衡态势。

表 7-15　　　　　2010—2021 年中国等级教练员年
发展总人数男女比例现状　　　　单位：人；%

年份 类别	2010	2011	2012	2013	2014	2015	2017	2019	2021
总数（人）	1451	1045	767	1518	1648	1610	5217	25860	25759
男（人）	1063	719	556	1101	1173	1150	3767	18559	18341
男性比例（%）	73.26	68.8	72.49	72.53	71.18	71.43	72.2	71.8	71.2
女（人）	388	326	211	417	475	460	1450	7301	7418
女性比例（%）	26.74	31.2	27.51	27.47	28.82	28.57	27.8	28.2	28.8

资料来源：国家统计局。

表 7-16　　　　　　2010—2021 年中国国家级教练员
年发展人数男女比例现状　　　　　单位：人；%

年份 类别	2010	2011	2012	2013	2014	2015	2017	2019	2021
总数（人）	74	13	72	75	35	46	261	671	748
男（人）	50	10	68	68	25	37	156	482	546
男性比例（%）	67.57	76.92	94.44	90.67	71.43	80.43	59.8	71.8	73
女（人）	24	3	4	7	10	9	105	189	202
女性比例（%）	32.43	23.08	5.56	9.33	28.57	19.57	40.2	28.2	27

资料来源：国家统计局。

表 7-17　　　　　　2010—2021 年中国高级教练员
年发展人数男女比例现状　　　　　单位：人；%

年份 类别	2010	2011	2012	2013	2014	2015	2017	2019	2021
总数（人）	292	161	101	247	293	297	1586	5291	5563
男（人）	220	116	73	180	25	217	1085	3860	4008
男性比例（%）	75.34	72.05	72.28	72.87	72.35	73.06	68.4	73	72
女（人）	72	45	28	67	81	80	501	1431	1555
女性比例（%）	24.66	27.95	27.72	27.13	27.65	26.94	31.6	27	28

资料来源：国家统计局。

（二）中国在职体育教师人数男女比例现状分析

由表 7-18 可以看出，2003—2010 年中国体育教师总数中的女教师比例在逐年增长，截至 2010 年，中国女体育教师的比例是 16.45%。由于 2010 年后数据没有找到，本书对 2016 年毕业的硕博士论文进行统计，依据他们的调查数据进行了列表、总结（具体见表 7-19），该组数据的调研时间均在 2015—2016 年，依据总数据进行计算中国女教师的比例是 30.88%，这一数据仅能反映中国较发达地区的情况，因为学生的调研往往都是一些交通便利的地区，而那些交通不便、经济文化较为落后的地区不利于学生的调研。由此推断，这一比例高于全国总平均的女教师比例水平，通过表7-19也可以看出这一点，经济文化欠发达的地区往往男教师占绝大多数，女教师少甚至没有。如河北省保定市农村小学体育教师的男女比例为85∶4，女教师的比例只有4.49%。表7-20是本研究2017年9月1—3日在杭州第十三届全国学生运动会体育科学大会期间随机调查了福建、河北、广东、天津、浙江、河南、上海、重庆、北京、陕西等省份的145所高中、初中与小学的男女教师调研情况，女性体育教师比例为20.79%。由此可见，中国学校体育领域女性就业比例远远低于全国就业水平（见图7-1），在制定中国单独妇女体育政策时，应关注体育领域妇女就业问题。英国、美国、加拿大、澳大利亚及世界相关体育组织均制定有促进女性教练员发展的相关政策。

表7-18　　　2003—2010年全国体育教师数量性别统计　　　单位：人；%

年份	男教师	女教师	总数	女教师所占比例
2003	399220	74522	473742	15.73
2004	404159	75515	479674	15.74
2005	409701	76835	486536	15.79
2006	417884	78547	496431	15.82
2007	433352	81892	515244	15.89
2008	446316	85077	531393	16.01
2009	468217	91200	559417	16.30
2010	480673	94621	575294	16.45

表7-19　　　　　中国2016年硕博士论文关于
体育教师性别统计现状（2015—2016年）　　　单位：人

论文题目	调查人数	男	女
《对河北省保定市农村小学体育教师职业生存现状的研究》	89	85	4
《隆德县农村中小学体育师资队伍建设研究》	80	65	15

续表

论文题目	调查人数	男	女
《烟台市中学女性体育教师从业状态与发展对策》	693	597	96
《张家口市农村中小学体育工作发展策略研究》	44	38	6
《唐山市中学体育教师科研现状研究》	72	43	29
《重庆市北碚区小学体育教育资源现状与对策研究》	80	68	12
《新疆塔什库尔干塔吉克自治县体育现状与发展研究》	80	65	15
《迁安市小学体育教师师资队伍现状研究》	415	324	91
《成都市武侯区初级中学体育师资现状调查与分析》	248	121	127
《职后需求视角下体育教师职前培养的优化研究——以山东省中小学体育教师为例》	585	384	201
《小学体育教师反思能力培养方案设计与实施研究——以河北师范大学"国培计划"为例》	73	53	20
《山西省中学体育教师职业素养的研究》	267	168	99
《中学体育教师教学效能感、职业认同与工作满意度的关系研究》	306	226	80
《北京市高等学校体育教师权益保障现状的研究》	190	119	71
《成都市普通高校体育教师继续教育现状研究》	96	60	36
《商丘市中学体育教师自我效能感与职业倦怠的关系研究》	182	124	58
《专业化视域下中国特殊体育教师教育研究》	95	44	51
《特殊教育学校体育教师现状的调查研究》	108	71	37
《农村中学体育教师利益表达机制研究》	51	41	10
《上海市中小学体育教师绩效工资分配现状的调查研究》	606	384	222
《北京市高等院校体育教师激励机制研究》	182	116	66
《高中体育教师课堂有效教学行为调查研究——以太原市为例》	236	168	68
《益阳市农村初中体育教师生存状态研究》	198	151	47
《地方高校体育教师专业发展研究——以H省五所地方高校为例》	383	261	122

第七章 现实需求：中国妇女体育参与走势及妇女体育政策文本内容体系建构

续表

论文题目	调查人数	男	女
《北京市中小学新入职体育教师教学工作现状调查研究》	278	173	105
《泰州市民办中学体育教师专业化现状研究》	61	53	8
《深圳市龙岗区中小学在职体育教师培训现状的调查与研究》	119	85	34
《甘南藏区中小学体育教师工作满意度研究》	237	177	60
《江西省高校体育教师职业倦怠现状及其相关因素影响分析》	239	113	126
《江西省中学体育教师对自身专业能力现状认知的研究》	246	169	77
《苏州与台北两市中小学体育教师在职培训路径比较研究》	394	236	158
《武汉市中学体育教师工作满意度在人口统计学变量上的调查研究》	160	103	57
《南昌市中学体育教师职后培训研究》	151	99	52
《扬州市邗江区中小学体育教师继续教育现状与分析》	298	219	79
《初中体育教师实施〈体育与健康课程标准〉的现状与分析》	60	36	24
《"国培计划"视野下黑龙江省农村中小学体育教师继续教育研究》	68	61	7
《影响乡村体育教师专业化成长因素研究——以陕北地区宜川县为例》	62	44	18
合计	7732	5344	2388
男女体育教师所占比例（%）	100	69.12	30.88

表7-20　　本书随机调研的145所中小学体育教师数量性别统计情况　　单位：人；%

学校层次	教师总数	男教师数量	女教师数量	女教师所占比例
高中（60所）	985	795	190	19.29
初中（45所）	505	410	95	18.81
小学（40所）	410	300	110	26.83
合计	1900	1505	395	20.79

中国妇女体育政策内容设计：域外镜鉴与现实诉求

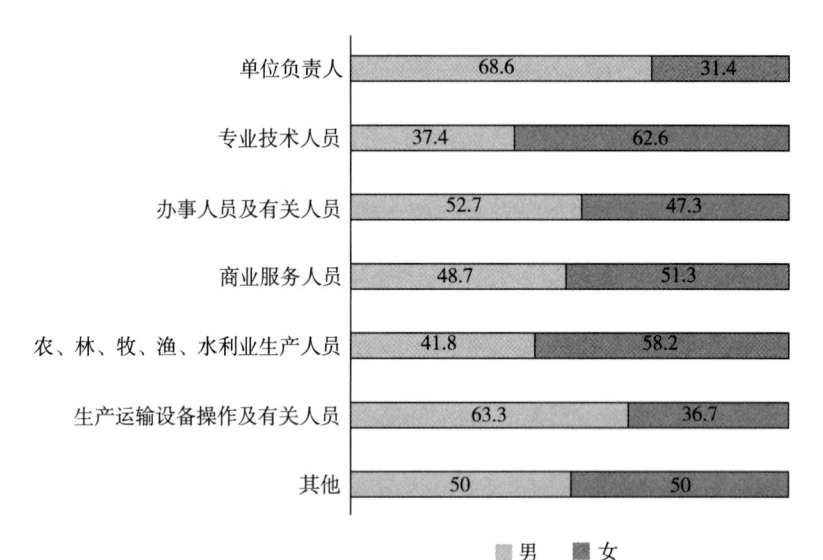

职业	男	女
单位负责人	68.6	31.4
专业技术人员	37.4	62.6
办事人员及有关人员	52.7	47.3
商业服务人员	48.7	51.3
农、林、牧、渔、水利业生产人员	41.8	58.2
生产运输设备操作及有关人员	63.3	36.7
其他	50	50

图7-1　2021年不同职业的性别构成

资料来源：《中国社会统计年鉴（2022）》。

（三）中国七大体育品牌企业员工男女就业比例现状分析

为了了解中国体育企业男女员工就业比例状况，本研究调研了2016年中国十大品牌体育用品公司中七个公司，具体调查结果如表7-21所示。从表7-21可以看出，中国知名体育品牌公司的在职员工中，虽然女性员工比例占33.61%，多于学校体育领域女性体育教师的比例、竞技体育领域的女性从业人员的比例。但与图7-1全国其他行业数据相比，仍然低于其他类型的企业。

表7-21　　　2016年中国十大品牌产品公司中七大品牌
体育用品公司在职员工性别统计　　　单位：人；%

公司名称	男（人数）	女（人数）	总人数	女性所占比例
李宁体育用品有限公司（中国）	1212	763	1975	38.63
安踏体育用品有限公司	12200	5660	17800	31.80
特步体育用品有限公司	5889	2511	8400	29.89
匹克体育用品有限公司	4128	3896	8024	48.55
361°国际有限公司	7661	1839	9500	19.36
福建德尔惠体育用品有限公司	2065	1135	3200	35.46
贵人鸟体育用品有限公司	3131	2534	5665	44.73
合计	36286	18338	54564	33.61

（四）中国第十三届全运会各代表队在职工作人员性别现状分析

表7-22是对中国2017年8—9月举行的第十三届全运会的所有代表队的领队、教练员、队医及工作人员进行的性别统计，正编人员男、女领队的比例分别是77.06%和22.94%，男女教练员比例是82.71%和17.29%，工作人员男女比例是76.79%和23.21%；队医的男女比例是91.35%和8.65%；超编人员（外聘人员）中男女教练员比例是83.54%和16.46%，其他人员的男女比例是79.15%和20.85%。中国男、女教练比例接近世界发达国家水平，但略低于发达国家水平。截至2013年9月，英国的男女教练的比例分别是82%和18%。加拿大在指导伦敦奥运会的93名教练中，有19名是女性教练，达到了20.43%。由此可见，竞技体育领域，中国男女工作人员性别差距较大，尤其在队医方面，女性从业人员的比例更低，只有8.35%。

三 中国体育领域媒体报道性别现状分析

媒体对促进体育文化的建设和宣传起到了重要的推动作用，它最直观地向人们呈现体育中发生的各种事件，并对各类体育事件进行评价，这种评价往往受当前社会中的习俗、态度和价值观影响，直接或间接影响着人们对妇女参与体育的潜在看法和态度。媒体对体育报道的性别平等主要体现在以下三个方面：①媒体报道女运动员时，过分强调女性的性别符号，而男性运动员则被描绘成强大的、有运动天赋的运动员。因为长期形成的习俗、态度和价值观导致对妇女参与体育的刻板印象，有些媒体呈现了不正确的性别态度往往会重申这些陈规观念定型。体育记者和编辑们在报道女子运动项目时，往往不是围绕她们运动员的身份进行报道，而是过分地强调"女儿"、"妻子"和"母亲"的身份，或者强调她们在参与体育过程的"不容易""眼泪""性感的身体""精致的五官""白皙的皮肤"等对其强化女性的身份，而忽略对女性运动员的"运动技术""体能""在体育中表现出来体育精神"等的报道。不正确的性别刻板印象通过媒体的宣传不但影响了公众对妇女参与体育的价值观，而且会对妇女参与体育产生极大的负面影响，使参与体育的妇女失去了社会、家庭的支持，挫伤了妇女体育参与的积极性。洛杉矶业余体育基金会的研究表明，决定体

表7-22　中国第十三届全运会各代表队工作人员性别　　　　　　　　　　　　单位：人，%

运动队	正编人员 领队 男	领队 女	教练员 男	教练员 女	工作人员 男	工作人员 女	队医 男	队医 女	超编人员 教练员 男	教练员 女	其他人员 男	其他人员 女	工作人员总数 总数	男	女
解放军	28	3	73	18	6	1	13	1	11	2	30	2			
北京	20	6	91	13	5	1	16	0	5	3	31	5			
天津	29	12	120	29	9	4	17	2	18	2	32	11			
河北	9	3	52	25	6	4	9	2	10	3	16	7			
山西	8	4	40	14	0	1	3	1	6	5	8	5			
内蒙古	10	1	35	5	0	1	6	2	5	0	7	3			
辽宁	21	6	94	26	12	4	19	3	20	6	32	11			
吉林	7	1	21	8	1	2	2	0	4	2	6	2			
黑龙江	5	1	36	7	1	1	3	0	8	0	7	2			
上海	27	14	137	25	7	2	32	2	25	3	39	15			
江苏	31	11	132	16	11	3	28	2	18	4	59	11			
浙江	14	10	95	25	8	3	9	0	16	5	31	11			
安徽	13	2	52	7	0	0	7	1	10	1	14	2			
福建	13	2	65	13	4	2	16	2	18	0	28	5			
江西	3	2	25	10	2	0	2	1	6	1	17	2			
山东	28	7	120	26	16	3	29	2	25	2	52	11			

第七章 现实需求：中国妇女体育参与走势及妇女体育政策文本内容体系建构

续表

运动队	正编人员 领队 男	领队 女	教练员 男	教练员 女	工作人员 男	工作人员 女	队医 男	队医 女	超编人员 教练员 男	教练员 女	其他人员 男	其他人员 女	工作人员总数及占比 总数	男	女
河南	13	4	70	13	3	2	14	0	6	3	31	13			
湖北	10	2	61	14	2	1	10	0	7	6	38	3			
湖南	11	2	38	10	2	0	8	0	12	4	18	4			
广东	31	6	122	21	10	8	23	3	23	5	47	11			
广西	6	5	40	11	1	2	10	1	2	0	14	3			
海南	0	1	15	1	0	0	1	0	6	0	0	1			
重庆	4	1	23	6	0	3	1	1	7	0	5	3			
四川	10	10	102	21	6	3	19	3	15	1	49	8			
贵州	5	1	20	4	2	0	3	0	1	0	11	3			
云南	13	1	46	5	2	0	8	0	4	1	14	4			
西藏	2	0	11	1	0	0	0	0	2	1	3	2			
陕西	10	1	48	8	2	3	9	0	10	0	13	6			
甘肃	4	1	30	3	1	1	2	0	5	1	6	1			
青海	0	1	7	2	0	0	2	0	0	0	5	0			
宁夏	1	0	12	1	0	0	0	0	0	0	3	1			
新疆	12	2	37	3	2	1	9	1	10	1	6	3			

续表

运动队	正编人员									超编人员					工作人员总数及占比		
	领队		教练员		工作人员		队医		教练员		其他人员		总数	男	女
	男	女	男	女	男	女	男	女	男	女	男	女			
香港	15	2	37	8	2	0	4	1	5	1	8	6			
澳门	4	0	3	0	2	0	1	1	2	0	2	1			
新疆生产建设兵团	1	0	1	1	3	0	0	0	3	0	2	1			
火车头体协	0	0	0	0	0	0	0	0	3	1	1	0			
煤矿体协	1	0	1	0	0	0	2	0	1	1	0	2			
前卫体协	1	0	2	0	0	0	1	0	1	0	2	0			
个人	0	0	0	0	0	0	0	0	0	0	0	0			
合计	420	125	1914	400	182	55	338	32	330	65	687	181	4729	3871	858
所占比例（%）	77.06	22.94	82.71	17.29	76.79	23.21	91.35	8.65	83.54	16.46	79.15	20.85		81.86	18.14

第七章　现实需求：中国妇女体育参与走势及妇女体育政策文本内容体系建构

育运动在报纸上报道的主要因素是体育编辑的体育兴趣。许多体育编辑成长的时代，妇女的体育运动能力被贬低了。②公平的体育报道应该对所有的体育运动项目进行平等的报道，而不是对一些发展基础较好、群众基础较好、收视率较高的体育项目进行压倒式的报道，而对其他发展相对较弱的项目报道较少或者不报道。③媒体覆盖率是检验体育领域内性别平等的重要指标，也是检验媒体报道质量和媒体覆盖类型的重要指标。目前，国际上和发达国家一般都采用媒体覆盖率及媒体覆盖质量来衡量妇女体育媒体报道的公平性和平等性。

较高的媒体覆盖率直接带给运动项目发展的良好效益和带动体育赛事的快速发展。衡量妇女体育媒体报道率的方法有多种，一般包括：①纸质报道：报纸、杂志、期刊论文等；②广播音频：通过各种广播的形式报道；③网络：网络文字报道、网络文字加图片报道、网络音频报道、网络视频报道；④电视媒体报道：新闻报道、赛事直播和转播、传记性报道、电视剧和电影故事等。本研究依据国际标准，筛选了报道体育的两大媒体进行了统计，即电视和报纸。电视媒体选取了中央电视台5套，主要报道体育节目的频道；报纸选用了《中国体育报》《人民日报》。

（一）中央电视台5套体育报道性别现状与分析

本研究统计了 CCTV-5 在 2016 年 7 月 1 日至 2017 年 6 月 30 日报道的所有体育节目，剔除广告和其他非体育节目，统计结果见表 7-23—表 7-26，其中报道男性体育的总时长为 292229 分钟，占总时长的 55.40%，报道女性体育的总时长为 57124 分钟，占总时长的 10.83%，报道女性体育的总时长远小于报道男性的总时长。与妇女体育的总参与率相比，中国电视媒体对妇女体育的报道率远远低于参与率，男性体育媒体覆盖率远远高于女性体育。黄金时段一般是指电视收视率较高的时段，每天的 19—21 点是中国电视收视率较高的时段，一些重要的赛事播报往往都安排在这个时段，直接反映媒体覆盖的质量。本研究统计黄金时段播报体育事件数量的性别差异，用以显示中国妇女体育媒体覆盖的质量。由表 7-24 可以看出，中国中央电视台 5 套黄金时段报道男女体育事件数量上的差异，男性达到了

67.18%，女性只有10.94%。由表7-26可以看出，中国体育媒体对女性体育项目的报道明显存在着项目特征，排球和乒乓球的报道率明显高于其他项目，几乎占到了所有项目报道时间的一半。这种现象不利于其他女子项目的发展，同时也影响了体育项目的均衡发展和后备力量的培养。

表7-23　　　　　CCTV-5不同性别曝光时长一览　　　　单位：分钟；%

	报道男性	报道女性	男女混合	合计
时长	292229	57124	178161	527514
比例	55.40	10.83	33.77	100

表7-24　　　　　CCTV-5黄金时段19—21点
不同性别曝光比例　　　　单位：个；%

	报道男性	报道女性	男女混合	合计
节目数	436	71	142	649
比例	67.18	10.94	21.88	100

表7-25　　　　CCTV-5不同时段不同性别报道比例　　　　单位：%

时间	报道男性	报道女性	男女混合
06:00—08:00	8.8	1.5	89.7
08:00—12:00	37.2	5	57.8
12:00—14:00	44.6	8.9	46.5
14:00—18:00	41.6	17	41.4
18:00—22:00	38.8	9.7	51.5
22:00—24:00	56.2	7.4	36.4
24:00—06:00	56.3	8.5	35.2

第七章 现实需求：中国妇女体育参与走势及妇女体育政策文本内容体系建构

表 7-26　　　　CCTV-5 报道女性的项目类别情况

项目	节目时长（分钟）	所占比例（%）	节目个数（个）	所占比例（%）
排球	16378	33.89	167	35.60
乒乓球	5612	11.61	55	11.72
滑雪	4143	8.57	46	9.80
冰壶	3673	7.60	27	5.75
足球	3591	7.43	31	6.60
网球	3131	6.47	22	4.69
举重	1769	3.66	17	3.62
篮球	1545	3.19	14	2.98
花样滑冰	1397	2.89	14	2.98
跳水	1352	2.79	21	4.47
九球	805	1.66	7	1.49
体操	790	1.63	7	1.49
羽毛球	690	1.42	3	0.63
射击	690	1.42	4	0.85
游泳	665	1.37	4	0.85
自行车	423	0.87	4	0.85
速度滑冰	210	0.43	2	0.42
花样游泳	200	0.41	3	0.63
台球	182	0.37	2	0.42
短道速滑	175	0.36	1	0.21
射箭	165	0.34	4	0.85
摔跤	120	0.24	1	0.21
啦啦操	120	0.24	2	0.42
艺术体操	90	0.18	3	0.63
围棋	90	0.18	1	0.21
雪车	60	0.12	1	0.21

续表

项目	节目时长（分钟）	所占比例（%）	节目个数（个）	所占比例（%）
跆拳道	60	0.12	2	0.42
飞碟	60	0.12	1	0.21
武术	55	0.11	1	0.21
击剑	55	0.11	1	0.21
健美操	27	0.05	1	0.21

（二）报纸体育报道率性别统计现状与分析

报纸妇女体育覆盖率常用的统计方法通常有以下5种：①文章数量；②专栏报道的长度测量；③报道文章的页面放置；④图片数量；⑤附带图片的文章数量。本研究依据上述常用统计方法中的4种方法（专栏报道的长度测量没有做）统计了《中国体育报》《人民日报》在2016年7月1日至2017年6月30日的媒体报道情况，具体统计结果见表7-27至表7-40。其中，《中国体育报》报道女性的文章数为1128篇，占总文章数的8.63%，报道男性的文章数为2777篇，占总文章数的21.26%，报道男女混合的文章数为1873篇，占14.34%，无关的文章数为7226篇，占55.34%，无关内容占比最大，女性占比最少。表7-27至表7-33是采用国际通用指标对报纸的专栏、报纸头条、报纸版面、报纸图片进行统计，用以显示《中国体育报》对妇女体育报道的质量，数据显示各项指标均低于男性。表7-34至表7-40是对《人民日报》内容的性别统计情况分析，《人民日报》2016年7月1日至2017年6月30日报道女性体育的文章数为192篇，占比为14.11%，报道男性体育的文章数为464篇，占比为34.11%，报道男女混合的文章数为94篇，占比为6.91%，无关的文章数为632篇，占比为46.47%，无关内容的占比最大，混合报道占比最少。《人民日报》关于体育内容的报道，男女之间的差距明显比《中国体育报》还大。

第七章　现实需求：中国妇女体育参与走势及妇女体育政策文本内容体系建构

表 7-27　　　　　《中国体育报》妇女体育曝光文章数量　　　单位：篇；%

	女性	男性	混合	无关
篇数	1128	2777	1873	7226
比例	8.63	21.26	14.34	55.34

表 7-28　　　　　《中国体育报》以头版头条形式报道
　　　　　　　妇女体育文章数量情况　　　　　单位：次；%

	女性	男性	混合	无关
次数	19	29	69	143
比例	7.3	11.15	26.53	55.00

表 7-29　《中国体育报》以专栏形式报道妇女体育的数量　单位：个；%

	女性	男性	混合	无关
栏数	59	131	231	490
比例	5.35	11.89	20.98	44.50

表 7-30　《中国体育报》报道妇女体育附带图片的文章数量　单位：篇；%

	女性	男性	混合	无关
篇数	475	1263	778	1408
比例	12.08	32.12	19.79	35.81

表 7-31　　　《中国体育报》报道妇女体育的图片的数量　　　单位：个；%

	女性	男性	混合	无关
个数	693	1634	1004	1404
比例	14.38	33.92	20.84	29.15

表 7-32　　《中国体育报》报道妇女体育的文章所在位置　　单位：次；%

	第1版	第2版	第3版	第4版	第5版	第6版	第7版	第8版
次数	95	174	134	49	53	85	48	34
比例	14.13	25.89	19.94	7.29	7.88	12.64	7.14	5.05

表 7-33　《中国体育报》报道妇女体育的文章种类　　单位：篇；%

	比赛	传记	报道
篇数	351	650	114
比例	31.47	58.29	10.22

表 7-34　《人民日报》报道妇女体育的文章数量　　单位：篇；%

	女性	男性	混合	无关
数量	192	464	94	632
比例	14.11	34.11	6.91	46.47

表 7-35　《人民日报》以头版头条形式报道妇女体育的文章数量　　单位：次；%

	女性	男性	混合	无关
次数	2	0	1	193
比例	1.02	0.00	0.51	98

表 7-36　《人民日报》以专栏形式报道妇女体育的数量　　单位：个；%

	女性	男性	混合	无关
栏数	25	49	32	40
比例	17.60	34.50	22.53	28.16

表 7-37　《人民日报》报道妇女体育附带图片的文章数量　　单位：篇；%

	女性	男性	混合	无关
篇数	65	202	38	19
比例	20.24	62.92	11.83	5.91

表 7-38　《人民日报》报道妇女体育的图片的数量　　单位：个；%

	女性	男性	混合	无关
个数	85	217	47	33
比例	22.19	56.65	12.27	8.61

第七章 现实需求：中国妇女体育参与走势及妇女体育政策文本内容体系建构

表7-39 《人民日报》报道妇女体育的文章所在位置

单位：次；%

版次	1	2	3	4	5	6	7	8	9	10	11	12	13	14	15	16	17	18	19	20	21	22	23
次数	4	0	0	0	0	2	6	8	1	0	1	2	3	14	49	1	0	0	1	0	0	1	42
比例	2.96	0	0	0	0	1.48	4.44	5.92	0.74	0	0.74	1.48	2.22	10.37	36.29	0.74	0	0	0.74	0	0	0.74	31.11

211

表 7-40　　《人民日报》报道妇女体育的文章种类情况　　单位：篇；%

	比赛	传记	报道
篇数	112	5	21
比例	81.15	3.62	15.21

（三）国内外妇女体育媒体覆盖率对比分析

通过文献资料的查询，目前中国没有发现关于妇女体育媒体覆盖率的研究。西方发达国家起步较早，研究方法较为成熟，研究内容较全面。2004年年底，奥地利、立陶宛、挪威、意大利、冰岛5个欧洲国家建立合作伙伴关系共同启动了一个改善妇女体育媒体覆盖率的项目计划，命名为："体育、媒体和刻板印象——体育与媒体中的女性和男性"［Sports, Media and Stereotypes -Women and Men in Sports and Media（SMS）］，该项目随机抽取2004年夏季奥运会和2005年上半年某些固定日展开数据统计，统计结果显示：5个国家总体数据中，男性媒体覆盖率为78%，女性媒体覆盖率为13%，男女混合覆盖率为9%。英国、美国和澳大利亚关于妇女媒体覆盖率的数据见图7-2—图7-5和表7-41。通过对以上国家的研究发现，虽然西方发达国家关于妇女体育媒体覆盖率的研究起步较早，相关研究机构、政府部门也出台了一系列提高妇女体育媒体覆盖率的政策和措施，但效果并不明显，尤其是美国，如美国娱乐与体育节目电视网（ESPN）2014年对妇女体育的报道率仅为2%，而男性体育报道率则达到了95.5%，男、女体育媒体覆盖率相差较大。由此可见，中国妇女体育的媒体覆盖率研究虽然起步较晚甚至没有研究，但统计数据表明，中国妇女体育媒体覆盖率略好于西方发达国家。分析其主要原因可能存在以下三个方面：①中华人民共和国成立初期，中国出台了一系列保护妇女权利和保障男女平等的政策，相对西方发达国家，中国关于男女平等的政策、措施和执行力度在当时优于西方发达国家，男女平等的思想意识已经深入了社会的各个层面，虽然许多领域并没有刻意地提出性别意识，但有些领域还是或多或少地受到了这种思想意识的影响，中国妇女体育的媒体覆盖率也是如此。②长期以来，媒体往往报道竞技体育

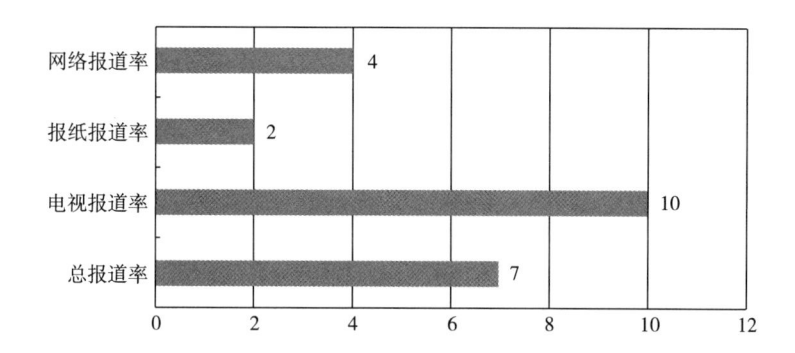

第七章 现实需求：中国妇女体育参与走势及妇女体育政策文本内容体系建构

图 7-2 2014 年英国妇女体育媒体覆盖率情况（%）

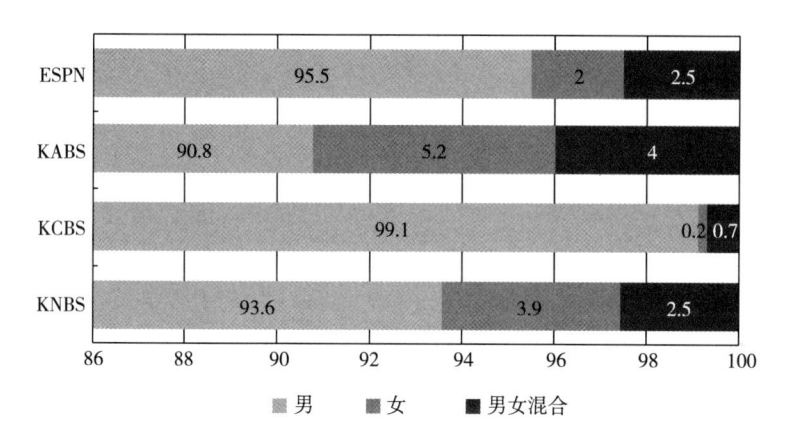

图 7-3 2014 年美国当地网络公司和 ESPN 体育中心对体育报道的性别统计（%）

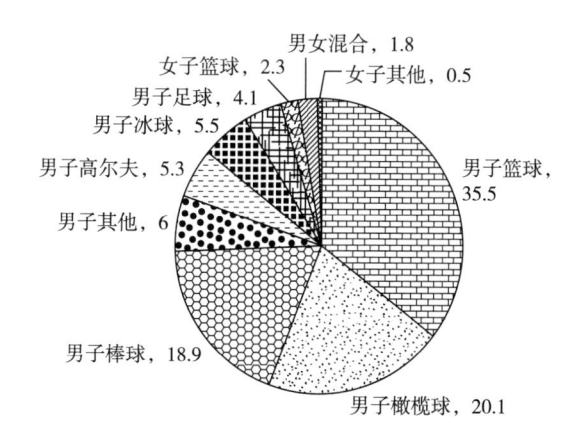

图 7-4 2014 年美国当地网络公司和 ESPN 体育中心
对男女体育项目报道的性别统计（%）

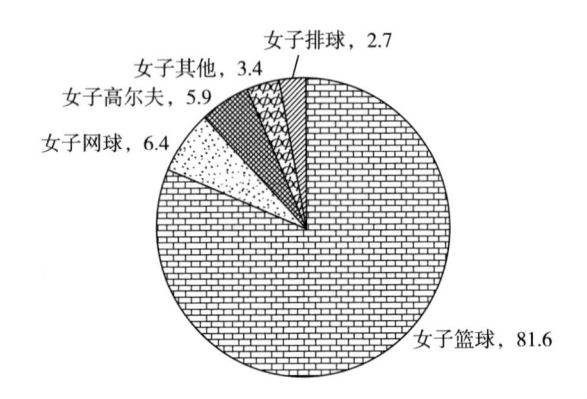

图 7-5　2014 年美国当地网络公司和 ESPN 体育中心
对女子体育项目报道的统计（%）

女子排球，2.7
女子其他，3.4
女子高尔夫，5.9
女子网球，6.4
女子篮球，81.6

表 7-41　　　　　2015 年澳大利亚体育媒体报道性别统计　　　　单位:%

性别	总体	ABC	SBS	SEVEN	NINE	TEN
男性体育	81.1	80.7	84.8	81.4	78.9	80.9
女性体育	7.4	11.2	8.9	7.8	7.4	8.6
其他	7.4	5.1	3.5	8.6	9.4	7.9
男女混合	2.8	3	2.7	2.2	4.2	2.6

比赛的内容较多，中国女子竞技体育的优势明显，在国际上取得了突出的成就，尤其在国际大赛中，中国女子优势项目或夺冠项目被媒体报道的频率较高。③本书只统计了中央电视台 5 套、《中国体育报》和《人民日报》三家媒体公司，而这三家媒体公司均属于国家重要宣传窗口，在某种程度上代表国家的意志和价值取向，更倾向于国家的政治、文化价值的传递，而不仅仅只停留在其收视率和商业价值上。而西方媒体公司基本上都是市场化的商业公司，往往把收视率和其商业利润放在首位，媒体企业的新闻工作者为了保持发行量和收视率，就必须遵守传统的文化信仰和态度。众所周知，男子运动项目的收视率和赞助远远高于女子运动项目。因此，男子运动项目是各种媒体努力报道的方向，而女子运动项目则很少受到媒体的关注。由于本研究没有统计中国商业媒体公司对妇女体育的报道率，不清楚中国商业媒

体公司对妇女体育的报道率是否与西方发达国家的趋势一致，因此，这组数据不能单纯地说明中国妇女体育媒体的覆盖率，这也是本书在即将完成时发现的一个重要问题，在后续的研究中，我们将会继续深入研究这一问题。

四 中国妇女体育领域决策层话语权现状分析

女性只有真正参与到社会事务的领导、管理或决策层中，才能制定确保男女两性平等权利的规章制度，也才能确保妇女在事实上享有与男性平等的权利。因此，国际发达国家呼吁和采取措施，增加妇女在国家和社会事务管理中的领导权、决策权和话语权。同样，妇女只有与男性一样在体育各领域平等地拥有体育领导、管理或决策权，才能制定出符合女性体育需求的体育规章制度。

本书主要从促进中国体育事业发展的几个核心领域的领导人员、管理人员和裁判员性别统计现状，分析中国妇女体育领导管理赋权的水平状况。主要指标如下：①全国人民代表大会、党的代表大会和全国政协会议和各省市"两会"体育委员代表中女性比例。②31个省市人大代表、政协代表中体育代表中男女比例。③国家体育总局及其相关职能部门厅级以上领导男女比例。④31个省市体育局及其相关职能部门副处级以上领导男女比例。⑤教育部体卫艺司及31个省市教育厅体卫艺处副处级以上领导男女比例。⑥全国15所体育院校处级以上领导男女比例。⑦中国裁判员等级发展人数男女比例。

（一）近几届全国和31个省份人民代表大会、政协会议、党代会和代表体育委员中男女比例状况

中华人民共和国全国人民代表大会是最高国家权力机关，中国人民政治协商会议是中国人民爱国统一战线的组织，是中国共产党领导的多党合作和政治协商的重要机构，是中国政治生活中发扬社会主义民主的重要形式。中国共产党代表大会是中国执政党的重要大会，是决策国家和党重大政策、理念及事项的决策机构。三个会议的代表均是国家发展重大事项的参政议政者，是国家事务的主要代表，集体决策或建议国家的重大事项、重要政策等。在这三个机构中的任职是领导、管理、决策权的重要体现。同样，全国各省份人大、政协具有对

本省份重大事项的管理、决策等权利。而三个会议的代表均是来自各行各业、各个领域的代表，同样也有来自体育领域的代表，他们代表着体育人行使相关管理、领导及参政权。男女代表比例的多少，是反映男女平等状况的重要指标，中国一直重视男女平等，并把男女平等作为基本国策。但由于历史的原因，在三个会议上男女比例明显不平等，近20年来国家一直在改变这种状况并取得了较大进步，但总体仍然有较大差距。

表7-42至表7-45是全国和各省（市、区）人大、党代会和政协会议女性代表比例、体育代表女性代表比例的基本情况。表中调查数据显示：①中国在三个会议中女性代表的比例总体仍然偏低，但逐届在改观；②女性代表在体育代表中的比例均高于全国的水平；③越是综合实力发展好的省市其男女代表的比例越趋于合理，如北京、上海、天津、广州等发达省市的女性代表比例明显高于其他省市，北京市人大、政协女性体育代表分别达到了50%。分析原因，可能主要有两个方面：一方面，中国女子竞技体育成绩一直优于男子，在奥运会等国际大赛中取得大量优异成绩，曾经呈现"阴盛阳衰"的现象，因此，这些取得优异成绩的女运动员到各地后就会被选拔出来做代表。另一方面，体育项目是国际性最强的项目之一，其受国际组织、发达国家男女平等思想影响的较多，故在遴选代表时会更多考虑女性。

表7-42　　　近三届全国人民代表大会、党的代表大会
体育领域代表总数及男女比例状况　　　单位：人；%

人数代表 类别	党的十八 大代表	党的十九 大代表	党的二十 大代表	第十二届全 国人大代表	第十三届全 国人大代表	第十四届全 国人大代表	合计
总人数	2270	2287	2296	2987	2980	2977	15797
女性人数及占比	521 (23.0)	551 (24.1)	619 (27.0)	699 (23.4)	742 (24.9)	790 (26.5)	3922 (24.8)
体育人员	24	21	22	9	11	14	101
其中：男性	7 (29.2)	6 (28.6)	6 (27.3)	3 (33.3)	4 (36.4)	5 (35.7)	31 (30.7)
女性	17 (70.8)	15 (71.4)	16 (72.7)	6 (66.7)	7 (63.6)	9 (64.3)	70 (69.3)

第七章　现实需求：中国妇女体育参与走势及妇女体育政策文本内容体系建构

表 7-43　　　　　近五届全国政协会议体育领域
　　　　　　　代表总数及男女比例状况　　　单位：人；%

人数政协会议	第八届	第九届	第十届	第十一届	第十二届	合计
总人数	2093	2196	2268	2237	2237	11031
女性人数及占比	283 (13.5)	341 (15.5)	373 (16.4)	395 (17.7)	399 (17.8)	1791 (16.2)
体育人员	21	18	19	22	22	102
其中：男性	18 (85.7)	15 (83.3)	15 (78.9)	16 (72.7)	19 (86.4)	83 (81.4)
女性	3 (14.3)	3 (16.7)	4 (21.1)	6 (27.3)	3 (13.6)	19 (18.6)

表 7-44　　　　全国 31 个省份第十二届人民代表大会
　　　　　　体育领域代表总数及男女比例状况　　　单位：人；%

省份代表类别	总代表数	女性人数及占比	体育代表人数	男性体育代表人数	女性体育代表人数
河南	952	199 (20.9)	0	0 (0)	0 (0)
河北	767	180 (23.5)	0	0 (0)	0 (0)
云南	634	149 (28.5)	2	1 (50.0)	1 (50.0)
辽宁	619	140 (22.6)	2	1 (50.0)	1 (50.0)
黑龙江	578	134 (23.2)	1	1 (100)	0 (0)
湖南	768	130 (16.9)	0	0 (0)	0 (0)
安徽	730	210 (28.8)	2	1 (50.0)	1 (50.0)
山东	906	199 (22.0)	1	0 (0)	1 (100)
浙江	635	167 (26.3)	1	0 (0)	1 (100)
江苏	803	207 (25.8)	2	1 (50.0)	1 (50.0)
新疆	550	139 (25.3)	0	0 (0)	0 (0)
江西	609	148 (24.3)	0	0 (0)	0 (0)
湖北	731	181 (24.8)	1	1 (100)	0 (0)
广西	693	176 (25.4)	1	1 (100)	0 (0)
甘肃	509	120 (23.6)	0	0 (0)	0 (0)

续表

省份代表类别	总代表数	女性人数及占比	体育代表人数	男性体育代表人数	女性体育代表人数
山西	552	153（27.7）	1	1（100）	0（0）
内蒙古	534	147（27.5）	1	1（100）	0（0）
陕西	578	135（23.4）	0	0（0）	0（0）
吉林	515	76（14.8）	0	0（0）	0（0）
福建	558	139（24.9）	0	0（0）	0（0）
贵州	600	171（28.5）	0	0（0）	0（0）
广东	784	224（28.5）	0	0（0）	0（0）
四川	882	206（23.4）	1	0（0）	1（100）
青海	396	89（22.5）	0	0（0）	0（0）
西藏（第十届）	445	103（23.1）	3	2（66.7）	1（33.3）
海南（第五届）	393	91（23.2）	1	1（100）	0（0）
宁夏（第十一届）	421	88（20.9）	2	2（100）	0（0）
北京（第十四届）	771	263（34.1）	6	3（50.0）	3（50.0）
天津（第十六届）	705	181（25.7）	2	0（0）	2（100）
上海（第十四届）	864	276（31.9）	2	1（50.0）	1（50.0）
重庆（第四届）	864	212（24.5）	0	0（0）	0（0）
合计	20346	5033（24.7）	33	19（57.6）	14（42.4）

表7-45　　　全国31个省份最近一届政协会议
体育领域代表总数及男女比例状况　　单位：人；%

省（直辖市）代表类别	总代表数	女性人数及占比	体育代表人数	男性体育代表人数	女性体育代表人数
河南（第十一届）	899	206（22.9）	8	6（75）	2（25）
河北（第十一届）	769	167（21.7）	11	6（54.5）	5（45.5）
云南（第十一届）	644	175（27.2）	7	5（71.4）	2（18.6）
辽宁（第十一届）	812	173（21.3）	6	4（66.7）	2（33.3）
黑龙江（第十一届）	721	166（23.0）	7	5（71.4）	2（18.6）
湖南（第十一届）	749	161（21.5）	9	5（55.6）	4（44.4）
安徽（第十一届）	745	196（26.3）	14	8（57.1）	6（42.9）

第七章 现实需求：中国妇女体育参与走势及妇女体育政策文本内容体系建构

续表

省（直辖市）代表类别	总代表数	女性人数及占比	体育代表人数	男性体育代表人数	女性体育代表人数
山东（第十一届）	819	192（23.4）	9	7（77.8）	2（22.2）
浙江（第十一届）	730	188（25.8）	10	6（60.0）	4（40.0）
江苏（第十一届）	795	132（16.6）	10	7（70.0）	3（30.0）
新疆（第十一届）	526	152（28.9）	3	3（100）	0（0）
江西（第十一届）	691	125（18.1）	4	4（100）	0（0）
湖北（第十一届）	725	194（26.8）	7	4（57.1）	3（42.9）
广西（第十一届）	693	163（23.5）	6	3（50.0）	3（50.0）
甘肃（第十一届）	590	85（14.4）	3	2（66.7）	1（33.3）
山西（第十一届）	586	196（33.4）	7	7（100）	0（0）
内蒙古（第十一届）	520	132（25.4）	6	4（66.7）	2（33.3）
陕西（第十一届）	650	133（20.5）	6	4（66.7）	2（33.3）
吉林（第十一届）	610	130（21.3）	6	5（0）	1（0）
福建（第十一届）	701	125（17.8）	9	6（66.7）	3（33.3）
贵州（第十一届）	584	133（22.8）	7	5（71.4）	2（28.6）
广东（第十一届）	978	180（18.4）	9	5（55.6）	4（44.4）
四川（第十一届）	895	175（19.6）	6	3（50.0）	3（50.0）
青海（第十一届）	399	103（25.8）	3	1（33.3）	2（66.7）
西藏（第十届）	615	133（21.6）	2	1（50.0）	1（50.0）
海南（第五届）	398	78（19.6）	3	2（66.7）	1（33.3）
宁夏（第十一届）	420	120（28.5）	4	2（50.0）	2（50.0）
北京（第十四届）	761	261（34.3）	8	4（50.0）	4（50.0）
天津（第十三届）	780	248（31.8）	10	9（90.0）	1（10.0）
上海（第十四届）	834	184（22.1）	10	8（80.0）	2（20.0）
重庆（第四届）	845	209（24.7）	12	10（83.3）	2（16.7）
合计	21484	5015（23.3）	222	151（68.0）	71（32.0）

（二）国家体育总局及各省市体育局系统处级以上女性领导比例状况与分析

与发达国家相比，中国体育管理机构中女性比例较低，尤其是女性担任正职的比例更低。英国妇女体育政策规定：英格兰体育局资助的政府管理机构中女性领导人比例不低于25%（具体见表7-49），《Trophy Women（2015）》报告显示：英国国家政府体育机构、英国体育理事会和英格兰体育局资助社会体育组织董事会的女性代表总平均达到了30%。国际奥委的妇女体育政策规定：各管理部门女性比例不低于20%。由表7-46、表7-47、表7-48可以看出，中国女性在各种管理岗位上的比例平均低于20%，只有国家体育总局机关职能部门内厅级以上领导的女性比例达到了21.7%，而国家体育总局直属单位厅级以上领导中女性比例只有15.6%，31个省份体育局厅级以上领导中女性领导比例更低，只有12.2%。由上述三个表可以看出，中国体育领域内的女性领导人的晋升比较难，随着职位和级别的升高，女性领导人比例越来越少，许多省市体育局的领导班子中根本没有女性，综合比较中发现，中国体育管理机构中女性领导人担任正职的比例更低，国家体育总局42个直属单位中只有一位女性正职领导，占2.38%；31个省份体育局34位正职领导人中只有2位女性正职领导，占5.88%，"玻璃天花板（glass ceiling）"现象在中国体育领域也难以例外。欧洲（如挪威、西班牙、意大利、法国、冰岛、英国等）一些国家为解决体育领域女性管理者或领导比例较低这一问题往往采用"配额"的政策：即要求相关机构和单位中，女性领导人不低于一定的比例，并取得了实质性的进步。目前，北欧国家在发达国家中女性董事的比例明显升高，尤其是意大利和法国的女性代表人数增加明显，法国在世界排名第三位，女性领导人的比例达到了28%。

表7-46　　　　　　国家体育总局机关厅级以上
　　　　　　　领导总数及男女比例状况　　　　　单位：人；%

职能部门人数	厅级以上总人数	男性人数及占比	女性人数及占比	女性正职人数
总局办公厅	4	4（100）	0（0）	0
政法司	3	2（66.7）	1（33.3）	0
群体司	5	4（80）	1（20.0）	0
竞体司	4	4（100）	0（0）	0
青少司	2	2（100）	0（0）	0

第七章 现实需求：中国妇女体育参与走势及妇女体育政策文本内容体系建构

续表

职能部门人数	厅级以上总人数	男性人数及占比	女性人数及占比	女性正职人数
经济司	4	2（50）	2（50.0）	1
人事司	4	3（75）	1（25.0）	0
外联司	3	1（33.3）	2（66.7）	2
科教司	2	2（100）	0（0）	0
宣传司	2	1（50）	1（50）	0
直属机关党委	2	2（100）	0（0）	0
离退休干部局	3	1（33.3）	2（66.7）	0
总局领导	8	8（100）	0（0）	0
总计	46（正职13人）	36（78.3）	10（21.7）	3（23.1）

表7-47　国家体育总局直属单位厅级以上领导总数及男女比例状况　　单位：人；%

直属单位人数	厅级以上总人数	男性人数及其占比	女性人数及其占比	女性正职人数
机关服务中心	4	3（75.0）	1（25.0）	0
水上运动管理中心	4	3（75.0）	1（25.0）	0
体操运动管理中心	2	2（100）	0（0）	0
网球运动管理中心	3	3（100）	0（0）	0
健身气功管理中心	2	1（50.0）	1（50.0）	0
国家奥林匹克体育中心	5	4（80.0）	1（20.0）	0
体育科学研究所	4	3（75.0）	1（25.0）	0
体育信息中心	3	2（66.7）	1（33.3）	0
体育基金管理中心	2	2（100）	0（0）	0
财务管理与审计中心	3	3（50.0）	0（0）	0
举重摔跤柔道运动管理中心	4	4（100）	0（0）	0
手曲棒垒球运动管理中心	4	3（75.0）	1（25.0）	0
小球运动管理中心	4	3（75.0）	1（25.0）	0
登山运动管理中心	3	3（100）	0（0）	0
青岛航海运动学校	4	3（75.0）	1（25.0）	0

续表

直属单位人数	厅级以上总人数	男性人数及其占比	女性人数及其占比	女性正职人数
运动医学研究所	3	2 (66.7)	1 (33.3)	0
对外体育交流中心	3	3 (100)	0 (0)	0
中国体育报业总社	5	3 (60.0)	2 (40.0)	0
冬季运动管理中心	6	6 (100)	0 (0)	0
拳击跆拳道运动管理中心	3	3 (100)	0 (0)	0
篮球运动管理中心	3	3 (100)	0 (0)	0
航空无线电模型运动管理中心	4	4 (100)	0 (0)	0
汽车摩托车运动管理中心	2	1 (50.0)	1 (50.0)	0
湛江潜水运动学校	2	2 (100)	0 (0)	0
反兴奋剂中心	2	2 (100)	0 (0)	0
人力资源开发中心	2	1 (50.0)	1 (50.0)	0
射击射箭运动管理中心	6	6 (100)	0 (0)	0
田径运动管理中心	3	2 (66.7)	1 (33.3)	0
排球运动管理中心	2	1 (50.0)	1 (50.0)	0
棋牌运动管理中心	4	3 (75.0)	1 (25.0)	0
社会体育指导中心	4	3 (75.0)	1 (25.0)	0
安阳航空运动学校	4	4 (100)	0 (0)	0
北京体育大学	9	9 (100)	0 (0)	0
体育器材装备中心	3	3 (100)	0 (0)	0
自行车击剑运动管理中心	6	6 (100)	0 (0)	0
游泳运动管理中心	5	4 (80.0)	1 (20.0)	0
乒乓球羽毛球运动管理中心	3	2 (66.7)	1 (33.3)	0
武术运动管理中心	4	3 (75.0)	1 (25.0)	0
训练局	6	5 (83.3)	1 (16.7)	0
秦皇岛训练基地	3	2 (66.7)	1 (33.3)	0
体育文化发展中心	3	2 (66.7)	1 (33.3)	1
体育彩票管理中心	3	3 (100)	0 (0)	0
总计	154 (正职48人)	130 (84.4)	24 (15.6)	1 (2.1)

第七章 现实需求：中国妇女体育参与走势及妇女体育政策文本内容体系建构

表7-48　　　　31个省份体育局厅级以上
　　　　　　领导总数及男女比例状况　　　单位：人；%

直属单位人数	厅级以上总人数	男性人数及占比	女性人数及占比	女性正职人数
河南	9	7（77.8）	2（22.2）	0
河北	8	8（100）	0（0）	0
云南	7	6（85.7）	1（14.3）	0
辽宁	6	5（83.3）	1（16.7）	0
黑龙江	5	5（100）	0（0）	0
湖南	6	5（83.3）	1（16.7）	0
安徽	6	6（100）	0（0）	0
山东	7	6（85.7）	1（14.3）	0
浙江	8	8（100）	0（0）	0
江苏	7	7（100）	0（0）	0
新疆	6	6（100）	0（0）	0
江西	6	6（100）	0（0）	0
湖北	8	8（100）	0（0）	0
广西	5	4（80.0）	1（20.0）	0
甘肃	5	4（80.0）	1（20.0）	0
山西	6	5（83.3）	1（16.7）	0
内蒙古	6	6（100）	0（0）	0
陕西	9	9（100）	0（0）	0
吉林	4	4（100）	0（0）	0
福建	4	3（75.0）	1（25.0）	0
贵州	5	5（100）	0（0）	0
广东	7	4（57.1）	3（42.9）	0
四川	7	5（71.4）	2（28.6）	1
青海	5	4（80.0）	1（20.0）	0
西藏	4	4（100）	0（0）	0
海南	7	5（71.4）	2（28.6）	0
宁夏	4	4（100）	0（0）	0
北京	7	6（85.7）	1（14.3）	0
天津	10	7（70.0）	3（30.0）	1

续表

直属单位人数	厅级以上总人数	男性人数及占比	女性人数及占比	女性正职人数
上海	6	5（83.3）	1（16.7）	0
重庆	6	5（83.3）	1（16.7）	0
总计	196（正职34人）	172（87.8）	24（12.2）	2（5.8）

表7-49　　　　2014年英国体育局资助的各管理
机构中的女性领导人比例　　　单位:%

职位	女性领导人比例
首席执行官	23
主席	11
发展董事	33
执行董事	18

（三）教育部体卫艺司、各省份体卫艺处处级以上女性领导比例及相关体育高等院校校级领导女性比例状况与分析

联合国教科文组织在1978年所出台的《体育运动国际宪章》就提出："经常参加体育活动是健康生活的重要组成部分,是一项最基本的人类权利。"[①] 学校体育中性别问题已引起了西方发达国家的广泛关注和研究,并提出:体育教育和体育活动除了可以促进学生的健康之外,还可以作为一种通用语言来弥合社会上的因种族、性别和地区而产生的各种分歧。学校体育课程给学生提供了今后经常参与体育活动的价值观、知识和技能,并建立自尊、自信、吃苦耐劳和战胜困难等其他良好品质的机会。学校的体育资源的配置、教学理念、课程的设置是否纳入性别意识直接取决于教育领域管理人的性别意识。研究证明,男、女体育教育管理者的领导风格、理念、考虑问题的角度具有明显的性别差异,而且对学校体育产生直接的影响。上述国际部分的研究已经表明,管理岗位中有30%左右的女性更有利于促进工作效

---

① "International Charter of Physical Education and Sport", 2016-01-01, http://unesdoc.unesco.org/images/0011/001140/114032cb.pdf#page=33.

率，并取得良好的效果，而且有女性管理者的单位比没有女性管理者的单位效益好。由表7-50、表7-51可以看出，中国体育教育领域领导岗位上女性领导人的比例较低，高层职位的女性管理人更低，教育部及31个省份教育司（厅）体卫艺处处级以上领导总数中女性比例是22.1%，31位正职领导中女性只有3人，占9.7%；全国15所体育专业院校校级以上领导总数中女性比例是15.7%，22位正职领导中只有1位女性，占4.5%。

表7-50　　　　　　教育部及31个省份教育司（厅）
　　　　　　体卫艺处处级以上领导总数及男女比例状况　　单位：人；%

直属单位人数	处级以上总人数	男性人数及其占比	女性人数及其占比	女性正职人数
教育部体卫艺司	4（仅司局级以上）	3（75.0）	1（25.0）	0
河南	2	2（100）	0（0）	0
河北	2	1（50.0）	1（50.0）	1
云南	2	1（50.0）	1（50.0）	0
辽宁	2	2（100）	0（0）	0
黑龙江	2	2（100）	0（0）	0
湖南	2	2（100）	0（0）	0
安徽	2	2（100）	0（0）	0
山东	2	2（100）	0（0）	0
浙江	2	1（50.0）	1（50.0）	0
江苏	2	2（100）	0（0）	0
新疆	2	1（50.0）	1（50.0）	0
江西	2	1（50.0）	1（50.0）	1
湖北	2	2（100）	0（0）	0
广西	2	1（50.0）	1（50.0）	0
甘肃	2	1（50.0）	1（50.0）	0
山西	2	1（50.0）	1（50.0）	0
内蒙古	2	2（100）	0（0）	0
陕西	2	1（50.0）	1（50.0）	1
吉林	4	4（100）	0（0）	0
福建	2	1（50.0）	1（50.0）	0

续表

直属单位人数	处级以上总人数	男性人数及其占比	女性人数及其占比	女性正职人数
贵州	2	2（100）	0（0）	0
广东	4	4（100）	0（0）	0
四川	4	3（75.0）	1（25.0）	0
青海	2	1（50.0）	1（50.0）	0
西藏	2	2（100）	0（0）	0
海南	2	1（50.0）	1（50.0）	0
宁夏	2	2（100）	0（0）	0
北京	5（含挂职锻炼1人）	3（60.0）	2（40.0）	0
天津	3	3（100）	0（0）	0
上海	3	2（66.7）	1（33.3）	0
重庆	2	2（100）	0（0）	0
总计	77（正职31人）	60（77.9）	17（22.1）	3（9.7）

注：有些省份体卫艺处称呼不一样，这里指所有包括体育管理的部门。统称为"体卫艺处"。

表 7-51　　全国 15 所体育专业院校校级以上领导总数及男女比例状况　　单位：人；%

人数 体育院校	校级以上总人数	男性人数及占比	女性人数及占比	女性正职人数
北京体育大学	9	9（100）	0（0）	0
上海体育学院	8	6（75.0）	2（25.0）	0
武汉体育学院	8	7（87.5）	1（12.5）	0
天津体育学院	5	5（100）	0（0）	0
成都体育学院	7	6（85.7）	1（14.3）	0
西安体育学院	8	7（87.5）	1（12.5）	0
沈阳体育学院	7	6（85.7）	1（14.3）	0
广州体育学院	6	5（83.3）	1（16.7）	1
首都体育学院	8	6（75.0）	2（25.0）	0
吉林体育学院	7	6（85.7）	1（14.3）	0
河北体育学院	9	8（88.9）	1（11.1）	0

续表

人数 体育院校	校级以上总人数	男性人数及占比	女性人数及占比	女性正职人数
南京体育学院	10	7 (70.0)	3 (30.0)	0
哈尔滨体育学院	8	7 (87.5)	1 (12.5)	0
山东体育学院	8	6 (75.0)	2 (25.0)	0
郑州大学体育学院	7	6 (85.7)	1 (14.3)	0
总计	115（正职22人）	97 (84.3)	18 (15.7)	1 (4.5)

（四）中国裁判员发展人数性别现状与分析

由表7-52可以看出，中国国家级裁判员年发展人数的男女比例基本上是2∶1，男性裁判员的发展人数是女性的2倍，比例高于中国教练员年发展人数。由表7-53至表7-55可以看出，中国女性裁判员在健美操等项目的发展人数较多，另外，在象棋、射击、柔力球、武术、蹦床等群众性项目、非对抗性项目中女性教练员的发展人数较多，接近50%，有的甚至超过50%，如2013—2016年健美操国际级裁判、国家级裁判员中女性占52.58%。而在篮球、排球、足球、田径等对抗性项目和体能性项目中，女性教练员的比例较少，尤其在篮球和足球中更少。中国女子排球有着光辉的历史和良好的群众基础，但由表7-54可以看出，中国女性排球教练工作并没有像女子排球项目那样有较高的参与率，2015—2016年中国排球联赛中的男性裁判员是女性裁判员的3倍。在篮球项目和足球项目中，女性裁判更少，女性教练员一般都是在女子项目的比赛中参与执裁，很少出现在男子项目的比赛中。从表7-55、表7-56可以看到，2016—2017年赛季WCBA联赛、十三届全运会成年女子篮球五人制比赛中女性裁判员的参与不到50%，而在国内的男子篮球比赛中没有出现女性裁判员执裁的现象。这一现象与国际上的发展趋势是一致的，虽然许多国际组织机构呼吁鼓励女性裁判员、技术官员参与男子比赛，但女性裁判执裁男子比赛的概率仍然很低，也不是完全没有。如2013年男篮亚锦赛官方网站就报道了这样一条信息，8月1—11日在菲律宾举办的第27届亚锦赛将采取一项创举，两名女裁判将首度执法男篮亚锦赛，其中包括现年41岁的中国女裁判彭玲。从表7-57至表7-59可以看出，中国第十三届乒乓球比赛全运会群众组女性裁判员参与率明显高于职业组，达到了56.2%，高出职业组约13个百分点。通过对十三届全运会乒乓球比赛群众组参与裁判员的数据统计显示，中国女性裁判参与群众组项目执裁率较高，这对中国今后女性健身的发展是个很好的趋势和良好开端。但女性裁判员年发展人数、竞技体育的执裁率仍然很低，在今后的妇女政策文件制定的过程中，仍需设定具体的发展目标，保障女性裁判员发展的良好生态环境。

表7-52　　2020年中国国家级裁判员发展人数男女比例统计　　单位：人;%

项目	总数	性别（男）	性别（女）	男性占比	女性占比
田径	5	3	2	60	40
篮球	3	2	1	66.7	33.3
自行车	3	3	0	100	0
摔跤	8	8	0	100	0
跆拳道	6	3	3	50	50
体操	5	4	1	80	20
蹦床	4	2	2	50	50
羽毛球	1	1	0	100	0
橄榄球	4	2	2	50	50
航空模型	2	2	0	100	0
轮滑	3	3	0	100	0
毽球	99	72	27	72.7	27.3
门球	389	228	161	58.6	41.4
信鸽	3	3	0	100	0
健美	7	6	1	85.7	14.3
空手道	2	1	1	50	50
散打	1	1	0	100	0
冲浪	9	7	2	77.8	22.2
滑板	9	0	9	0	100

续表

项目	总数	性别（男）	性别（女）	男性占比	女性占比
曲棍球	13	7	6	53.8	46.2
速度滑冰	1	1	0	100	0
花样滑冰	21	2	19	10	90
冰壶	65	33	32	50.8	49.2
高山滑雪	83	46	37	55.4	44.6
越野滑雪	69	53	16	76.8	23.2
跳台滑雪	94	73	21	77.7	22.3
自由式滑雪	132	98	34	74.2	36.8
单板滑雪	138	107	31	77.5	22.5
冬季两项	56	35	21	62.5	37.5
摩托艇	22	19	3	86.4	13.6
围棋	1	0	1	0	100
国际象棋	4	3	1	75	25
象棋	17	12	5	70.6	29.4
高尔夫球	20	16	4	80	20
游泳	103	59	44	57.3	42.7
花样游泳	6	1	5	16.7	83.3
拳击	3	3	0	100	0
柔道	11	8	3	72.7	27.3
现代五项	194	123	71	63.4	36.6
射击	61	27	34	44.3	55.7
赛艇	12	6	6	50	50
皮划艇	9	9	0	100	0
帆船	22	19	3	86.4	13.6
足球	7	7	0	100	0
排球	2	2	0	100	0
兵兵球	11	1	10	9	91
网球	326	243	83	74.5	25.5
手球	43	27	16	62.8	37.2
共计	2121	1393	728	65.7	34.3

表 7-53　　　　2013—2016 年健美操国际级裁判、
　　　　　　　国家级裁判员性别统计　　　单位：人；%

级别	总数	性别（男）	性别（女）	男性占比	女性占比
国际一级	2	1	1	50.0	50.0
国际二级	4	1	3	25.0	75.0
国际三级	3	1	2	33.3	66.7
国际四级	32	17	15	53.1	46.9
国家级	56	26	30	46.4	53.6
共计	97	46	51	47.4	52.6

表 7-54　　　　中国排球联赛（2015—2016 年）
　　　　　　　裁判员性别统计　　　　　单位：人；%

地区	总人数	性别（男）	性别（女）	男性占比	女性占比
北京	15	11	4	73.3	26.7
天津	9	3	6	33.3	66.7
河北	4	4	0	100	0
山西	2	1	1	50.0	50.0
内蒙古	1	1	0	100	0
辽宁	12	7	5	58.3	41.7
上海	11	11	0	100	0
江苏	12	9	3	75.0	25.0
浙江	14	13	1	92.9	7.1
福建	10	8	2	80.0	20.0
江西	1	1	0	100	0
山东	11	7	4	63.6	36.4
河南	11	9	2	81.8	18.2
湖北	7	5	2	71.4	28.6
湖南	7	6	1	85.7	14.3
广东	10	8	2	80.0	20.0
重庆	4	2	2	50.0	50.0
四川	15	11	4	73.3	26.7
云南	5	4	1	80.0	20.0

续表

地区	总人数	性别（男）	性别（女）	男性占比	女性占比
陕西	5	2	3	40.0	60.0
香港	1	1	0	100	0
解放军	2	1	1	50.0	50.0
北体大	1	1	0	100	0
石化体协	1	1	0	100	0
共计	171	127	44	74.3	25.7

表 7-55　　2020—2021 年赛季 WCBA 联赛技术代表、裁判员性别统计　　单位：人；%

名称	总数	性别（男）	性别（女）	男性占比	女性占比
技术代表	9	0	9	0	100
裁判员	67	42	25	62.7	37.3
共计	76	42	34	55.3	44.7

表 7-56　　十四届全运会成年女子篮球五人制比赛裁判员性别统计

单位：人；%

级别	总数	性别（男）	性别（女）	男性占比	女性占比
比赛仲裁	4	3	1	75	25
技术代表	4	3	1	75	25
裁判员	16	12	4	75	25
辅助裁判	20	16	4	80	20
共计	44	34	10	77.2	22.7

表 7-57　　2017 年 1—6 月乒协选派裁判员性别统计　　单位：人；%

赛事名称	时间	总人数	性别（男）	性别（女）	男性占比	女性占比
第十三届全运会乒乓球项目资格赛	1.18	28	16	12	57.1	42.9
裁直通德国世界锦标赛	2.28	10	9	1	90.0	10.0
中国乒乓球俱乐部比赛	3.27	56	33	23	58.9	41.1

续表

赛事名称	时间	总人数	性别（男）	性别（女）	男性占比	女性占比
中国乒乓球公开赛	5.09	65	36	29	55.4	44.6
全国性乒乓球比赛	5.27	50	26	24	52.0	48.0
国际乒联青少年巡回赛（太仓站）	6.02	28	13	15	46.4	53.6
共计		237	133	104	56.1	43.9

表7-58　十四届全运会乒乓球项目资格赛裁判员的性别　单位：人；%

级别	总数	性别（男）	性别（女）	男性占比	女性占比
裁判长	1	1	0	100	0
副裁判长	4	2	2	50	50
裁判长助理	3	2	1	66.7	33.3
裁判员	22	13	9	59.1	40.9
共计	30	18	12	60	40

表7-59　十三届全运会乒乓球项目群众组裁判员的性别　单位：人；%

级别	总数	性别（男）	性别（女）	男性占比	女性占比
比赛仲裁	4	2	2	50.0	50.0
技术代表	1	1	0	100	0
裁判长	1	1	0	100	0
副裁判长	4	3	1	75.0	25.0
裁判长助理	3	3	0	100	0
裁判员	56	20	36	35.7	64.3
辅助裁判	4	2	2	50.0	50.0
共计	73	32	41	43.8	56.2

五　中国妇女体育需求及对国家出台《妇女体育政策》的期望状况调研分析

如本研究调查方法部分所述，为了进一步了解中国不同职业领域妇女对目前中国男女参与体育活动的平等状况及他们对于妇女体育需

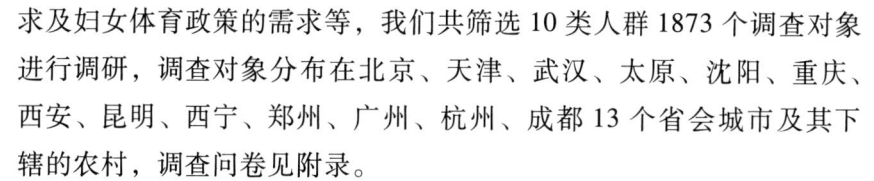

第七章 现实需求：中国妇女体育参与走势及妇女体育政策文本内容体系建构

求及妇女体育政策的需求等，我们共筛选10类人群1873个调查对象进行调研，调查对象分布在北京、天津、武汉、太原、沈阳、重庆、西安、昆明、西宁、郑州、广州、杭州、成都13个省会城市及其下辖的农村，调查问卷见附录。

（一）调查妇女对象对男女两性体育公平状况的看法现状与分析

本书从六个方面分别调研了中国男女两性体育公平状况，从表7-60的调查结果来看，有60.2%的调查女性认为目前中国的体育氛围更有利于男性参加体育活动，40.2%的女性认为单位或生活小区的体育场馆设施更有利于男性参加体育活动，41.7%的女性认为单位或社区开展的体育活动更适合男性，并有47.3%的女性认为在接受的教育环境中所开设的体育项目更适合男性，78.0%女性认为目前的工作环境缺乏合适的体育活动条件。在所调查的1873位女性中，高达69.9%的女性认为目前中国男女体育参与上平等状况一般、不太平等和非常不平等。上述状况说明，目前中国在体育活动方面男女还存在着明显的不公平现象，结合我们的访谈情况，那些认为比较公平或非常公平的女性也多数是认为体育是男子的事，我想参加体育也没有人限制我，不存在公不公平问题，这种看法正是她们的习惯性看法，更值得去改变。另外，本研究也调查了部分在体育部门工作的女性，她们多数认为自己的晋升机会与男性还是比较平等的，但对男性会更有利些。

表7-60　本研究调查妇女人群对中国男女两性体育公平状况看法（n=1873）　单位：人；%

问题条目	分布情况				
1. 您认为目前中国体育环境或体育氛围，更有利于男性还是女性参加体育活动？	（1）非常利于男性	（2）比较利于男性	（3）男女一样	（4）比较利于女性	（5）非常利于女性
	189 (10.1)	939 (50.1)	652 (34.8)	66 (3.5)	27 (1.5)
2. 您认为您所在单位和居民小区的体育场馆设施更有利于男性还是女性参与体育活动？	（1）非常利于男性	（2）比较利于男性	（3）男女一样	（4）比较利于女性	（5）非常利于女性
	118 (6.3)	635 (33.9)	1028 (54.9)	84 (4.5)	8 (0.4)

续表

问题条目	分布情况				
3. 您认为您所在单位和居住小区开展的体育活动，是适合男性多一些还是女性多一些？	(1) 男性非常多	(2) 男性比较多	(3) 男女一样	(4) 女性比较多	(5) 女性非常多
	87 (4.6)	694 (37.1)	873 (46.6)	202 (10.8)	17 (0.9)
4. 您认为从小到大所学习的体育项目更适合男性还是女性？	(1) 非常适合男性	(2) 比较适合男性	(3) 男女一样	(4) 比较适合女性	(5) 非常适合女性
	69 (3.7)	816 (43.6)	894 (47.7)	73 (3.9)	21 (1.1)
5. 目前您工作的环境，有适合男、女性参加体育活动的条件吗？	男性：(1) 非常适合	(2) 比较适合	(3) 一般	(4) 不太适合	(5) 非常不适合
	116 (6.2)	487 (26.0)	855 (45.6)	294 (15.7)	121 (6.5)
	女性：(1) 非常适合	(2) 比较适合	(3) 一般	(4) 不太适合	(5) 非常不适合
	50 (2.7)	361 (19.3)	923 (49.3)	395 (21.1)	144 (7.6)
6. 根据您的理解，总体上，您感觉中国男女在体育参与上存在不平等现象吗？	(1) 非常平等	(2) 比较平等	(3) 一般	(4) 不太平等	(5) 非常不平等
	34 (1.8)	530 (28.3)	948 (50.6)	311 (16.6)	50 (2.7)

（二）调查妇女对体育的需求及制约其参加体育活动的因素

表7-61的调查数据显示，绝大多数女性认为（87.9%）男女都需要参加体育活动，有50.2%的女性认为掌握一定的运动技能非常影响或比较影响其参加体育活动的积极性或信心。但现实情况却是，单位开展经常开展体育活动的比例不足15.0%，还有46.5%的单位从来不开展体育活动或很少开展体育活动；单位开展女性相关体育活动的比例更低，经常开展妇女体育活动的单位仅为11.9%，而有53.7%的单位很少或从未开展过妇女体育活动。这与女性的体育需求是不一致的，需要今后大力促进妇女体育活动开展，也为相关政策出台提供了现实依据。

表 7-61　　本研究调查妇女人群对体育需求及
单位实际提供情况（n=1873）　　　单位：人；%

问题条目	分布情况				
1. 您认为男性、女性谁更需要参加体育活动？	（1）男性 75 （4.0）	（2）女性 135 （7.2）	（3）男女都需要 1646 （87.9）	（4）男女都不需要 2 （0.9）	
2. 您认为掌握一项以上体育运动技能是否会影响您现在参加体育活动的积极性或信心？	（1）非常影响 210 （11.2）	（2）比较影响 730 （39.0）	（3）一般 571 （30.5）	（4）不太影响 277 （14.8）	（5）一点不影响 85 （4.5）
3. 目前您工作单位系统内，经常开展体育活动吗？	（1）总是 2 （0.1）	（2）经常 277 （14.8）	（3）偶尔 723 （38.6）	（4）很少 612 （32.7）	（5）从未 259 （13.8）
4. 贵单位经常组织促进妇女社会体育参与的活动吗？	（1）总是 3 （0.2）	（2）经常 219 （11.7）	（3）偶尔 646 （34.5）	（4）很少 621 （33.2）	（5）从未 384 （20.5）

另外，进一步的调查显示，目前制约妇女参加体育活动的因素有许多（见表7-62），但最常见的因素有五个：上班（40.8%）、照顾孩子（35.4%）、家务（31.4%）、照顾老人（22.9%）和没有合适的体育项目（19.3%）。因此，如何从政策的视角让妇女从繁重的家庭劳动中、工作中解放出来，提供适合女性的体育活动项目将是保障妇女体育权利的重要途径。

表 7-62　　影响中国女性参加体育活动的最大障碍因素　　单位：人；%

（1）家务	（2）照顾孩子	（3）照顾老人	（4）上班	（5）没有合适的体育项目	（6）掌握的运动技能太少	（7）害羞，没有勇气	（8）家人反对	（9）缺少资金	（10）其他
588	663	429	764	361	135	109	34	159	84
31.4	35.4	22.9	40.8	19.3	7.2	5.8	1.8	8.5	4.5

(三) 调查妇女对出台妇女体育政策的看法

从表 7-63 的调查统计结果可以看出，62.4% 的女性认为比较必要和非常必要出台专门的妇女体育政策，仅有 8.5% 的女性认为不太必要或不必要。有 45.7% 的女性认为体育部门应该增加女性领导比例，仅 19.2% 的女性认为当前的电视、报纸等媒体关于体育的报道能够满足其需要，50.3% 的女性希望增加女性体育相关媒体报道。这些均说明，中国女性渴望政府出台专门的体育政策保障、满足其体育需求。进一步的调查表明（见表 7-64、表 7-65），中国妇女希望平等的体育参与机会、平等的资金资助、平等的体育领导决策权及平等的体育领域就业机会等，健身指导与咨询、体育康复与保健、场地设施、有组织的体育活动及体育技能培训是排在前五位的女性公共体育产品需求。

表 7-63　　本研究调查妇女人群对中国出台妇女体育政策的相关看法（n=1873）　　单位：人；%

问题条目	分布情况				
1. 您认为国家有必要出台专门的妇女体育政策来确保中国女性的体育权利吗？	(1) 非常必要	(2) 比较必要	(3) 一般	(4) 不太必要	(5) 不必要
	178 (9.5)	991 (52.9)	545 (29.1)	109 (5.8)	50 (2.7)
2. 您认为当前所在单位体育部门需要增加女性领导比例吗？	(1) 非常需要	(2) 比较需要	(3) 一般	(4) 不太需要	(5) 非常不需要
	193 (10.3)	663 (35.4)	756 (40.4)	243 (13.0)	2 (0.9)
3. 当前的电视、报纸等媒体关于体育的报道能满足您的需求吗？	(1) 完全满足	(2) 满足	(3) 基本满足	(4) 部分满足	(5) 不能满足
	24 (1.3)	335 (17.9)	933 (49.8)	496 (26.5)	85 (4.5)
4. 您希望电视、报纸等媒体更多地报道女性体育活动吗？	(1) 非常希望	(2) 比较希望	(3) 一般	(4) 不太希望	(5) 非常不希望
	142 (7.6)	799 (42.7)	873 (46.6)	51 (2.7)	8 (0.4)

第七章 现实需求：中国妇女体育参与走势及妇女体育政策文本内容体系建构

表 7-64　　若国家出台专门的妇女体育政策，应该保证的女性体育权利　　单位：人；%

（1）平等参与体育活动的机会	（2）体育领域的领导、管理与决策	（3）平等的资金资助	（4）体育领域就业机会	（5）平等的新闻媒体报道率	（6）体育活动信息咨询	（7）其他
730	639	656	596	403	395	135
39.0	34.1	35.0	31.8	21.5	21.1	7.2

表 7-65　　若国家出台专门的妇女体育政策，政府应该提供的女性公共体育产品　　单位：人；%

（1）健身指导与咨询	（2）体育康复与保健	（3）场地设施	（4）体质监测	（5）体育裁判	（6）体育信息宣传	（7）体育活动组织与管理	（8）体育技能培训	（9）女性体育参与各项统计	（10）其他
848	848	774	446	92	318	554	463	176	58
45.3	45.3	41.3	23.8	4.9	17.0	29.6	24.7	9.4	3.1

另外，在问卷调查的主观题回答中，有一定比例的女性认为中国出台的妇女体育政策要更多保护女性健康体育权利，要多宣传体育，增加女性体育设施种类，消除男女不平等观念，多一些女性参与体育的氛围，增加健身电子设备的供给，减轻家庭负担，增加适合在家中开展的体育活动，提高服务意识，女性工作繁忙与家庭不平等在国家方面没有保护，增加女性体育假日，单位要有专门的妇女体育政策保障条例，培养妇女体育兴趣，对女性体育宣传不到位，提高工资，增加女性体育项目，教授正确的健身方法，多提供免费体育设施，多设置专业性要求低的体育活动项目，增加专人健身指导等的意见与建议，并有相当比例的女性都提到了需要妇联参加体育管理，说明这些年来妇联的工作已得到广大妇女的高度认可。

综上所述，目前中国大多数妇女需要体育，有强烈的参与体育活动的意愿，渴望国家能够出台妇女体育政策保障其体育参与权利，并提出了诸多具体的体育需求，为后面妇女体育政策的研究提供了良好的基础。

第二节　方向、目标与核心：中国妇女体育政策文本核心内容体系构建

依据政策科学理论，政策的制定涉及众多方面。从政策过程看，包括政策问题确认、政策议程设定、政策制定、政策执行、政策评估、政策监控和政策终结或调整等环节；从政策系统构成看，包括政策主体、政策客体、政策环境、政策工具等；从政策制定过程看，包括制定政策目标、设计政策方案、论证评估方案和抉择政策方案等。而从本书来看，目前中国还没有妇女体育政策，本书主要探讨为什么当前中国应该制定妇女体育政策、中国妇女体育政策应该主要涵盖哪些内容、选择哪种类型政策工具，这些是政策制定首先应考虑的核心内容，而不把重点放在政策制定、运行、监控、评估等程序问题上，不再重点探讨政策主体、客体、政策制定办法与步骤等具体内容，这些是今后要研究的议题。因此，本部分内容，主要探索中国妇女体育政策制定的价值取向、政策目标、政策制定基本理念、政策涵盖范围与政策核心内容及政策工具选择等核心内容。这是主要从政策文本的视角进行的研究，即中国妇女体育政策今后颁布的文本核心内容体系构建。

一　中国妇女体育政策构建的意义与价值取向

（一）中国妇女体育政策构建的意义

1. 构建中国妇女体育政策，是践行中国"男女平等"基本国策和第四届世界妇女大会"促进性别平等"承诺的具体体现

早在1954年，中国就把"男女平等"写入了《中华人民共和国宪法》。其中第48条第1款就男女平等问题明确指出："中华人民共和国妇女在政治的、经济的、文化的、社会的和家庭的生活等各方面享有同男子平等的权利。"从1995年江泽民同志在北京召开的联合国第四次世界妇女大会开幕式上明确提出，到2005年修订妇女权益保障法条例，再到党的十八大、十九大、二十大连续三次全国人民代表

第七章 现实需求：中国妇女体育参与走势及妇女体育政策文本内容体系建构

大会将男女平等作为基本国策写入报告，标志着男女平等基本国策完成了从"政府的承诺"到"立法的确认"再到"执政党意志"的全方位"认证"。

同样地，在1995年北京召开的联合国第四次世界妇女大会上，中国政府郑重承诺将贯彻执行世界妇女大会通过的《北京宣言》和《行动纲领》，并参照《行动纲领》从11类目标制定中国历史上第一个专门有关妇女发展的政府规划《中国妇女发展纲要（1995—2000）》。该纲要主要把中国如何实现促进性别平等目标进行了解析，并拟定了具体措施，成为中国妇女事业发展里程碑式的文件。

妇女参加体育的权利是妇女人权的一种，是其享有政治、经济、文化、社会、健康、教育等权利的体现，因为，体育涉及就业、教育、参与等方方面面的事项。因此，如何保障妇女享有同男子一样的体育权利至关重要，妇女体育政策的颁布将为实现这一目标提供政策保障，是践行"男女平等"基本国策和促进性别平等承诺的具体行动。

2. 构建中国妇女体育政策，是践行党和国家"'四个全面'战略布局""五大发展理念"在妇女体育发展中的具体落实

党的十八大之后，以习近平同志为核心的党中央提出了"四个全面"战略布局，即全面建成小康社会、全面深化改革、全面依法治国、全面从严治党，为国家的发展指明了方向，是指导党和国家发展的新要求与新行动纲领。妇女体育事业是党和国家发展的重要组成部分，是全面建成小康社会的应有之义，妇女体育权利依赖于改革、依赖于法律保障，更离不开党的坚强后盾。妇女体育政策的提出，就是为确保妇女身心健康，确保男女体育权利平等，贯彻党的"四个全面"战略布局的具体方案。

"创新、协调、绿色、开放、共享"是党的十八届五中全会上确立的国家发展理念，是指导中国开展各项事业的指导思想，同样地，也是指导中国妇女体育工作的重要理念。妇女体育需要创新，妇女体育产品、妇女体育管理模式、妇女体育政策、妇女体育活动、妇女体育科技等均需要创新发展；妇女体育需要协调，需要男女之间、家庭之间、社区之间、事业之间等的协调发展；妇女体育更需要绿色理

念，妇女体育的健身方式、健身器材、健身环境、体育环保等树立绿色理念；妇女体育需要开放视野，需要与国内、国际交流，需要与他人交流等；妇女体育需要共享成果，共享国家发展在体育事业的成果，共享国际体育发展成果，共享男女平等体育权利等。

妇女体育政策的制定就是在党和国家"四个全面"战略布局和"五大发展理念"指引下，科学发展中国妇女体育事业，促使妇女体育与男子体育协调、健康、可持续地发展，确保妇女体育发展践行国家要求与理念的具体落实。

3. 构建中国妇女体育政策，是中国打造国际大国风范的应有之举

党的十八大以来，以习近平同志为核心的党中央带领中国快速打造了有担当、有能力、有思路、有措施的、有情怀的国际大国形象，提出和创造了一系列创举："一带一路""人类命运共同体""亚投行""杭州G20""金砖国家开发银行""共建共治共享""中国式现代化"等。伦敦政治经济学院IDEAS的高级客座研究员、剑桥大学政治学与国际问题系高级研究员马丁·雅克认为，中国更为富有、健康，更为国际化、聚焦全球视野，更能体会他者感受，更加自信，受教育程度更高，思维更开阔，更为注重环保，预示着中国将会或正在引领世界发展。中国发展理念和实践已被国际接受与效仿，在很多领域中国正在带领国际共同发展。

"男女平等""性别平等"是国际组织与世界各国共同的理想与目标，中国作为国际大国当然应该率先探索促进男女平等的先进制度、政策与科学措施。近年来，中国确实在这些方面取得了突飞猛进的发展，妇女事业得到快速发展，包括妇女发展规划、发展政策等。制定科学的、先进理念的"妇女体育政策"，正是中国引领国际社会发展的具体举措。因此，中国应该研制和颁布最具代表性的妇女体育政策，引领国际妇女体育发展，促进男女性别在体育领域的真正平等。

4. 构建中国妇女体育政策，有利于实现妇女全面参与体育，最终实现妇女全面发展

正如"妇女体育政策功能"所论述，妇女体育政策的颁布，具有

第七章 现实需求：中国妇女体育参与走势及妇女体育政策文本内容体系建构

五大功能：①唤醒全体国民"妇女体育意识"，真正实现男女两性在体育权利方面事实的平等；②提升妇女对体育的领导权、参政权；③消除妇女在体育领域就业歧视，提升妇女在体育领域就业率；④建立培养妇女体育意识与体育能力的机制与条件，全面提升妇女体育参与率；⑤促进媒体关注妇女体育，提高妇女体育媒体覆盖率等。妇女体育政策的这些功能，有利于引导全社会创造妇女参加体育活动的文化氛围，激励妇女全面参与大众体育、学校体育、竞技体育及体育产业等的方方面面，从体育价值、体育情感、健身等多个方面提升女性的综合能力。

2016年3月，国务院发布的《"十三五"发展规划纲要》第六十六章第1节首次专章专节规划"促进妇女全面发展"；2021年3月，国务院发布的《"十四五"发展规划纲要》第五十章第一节专章专节规划"促进男女平等和妇女全面发展"，对妇女全面发展提出了具体目标。习近平总书记在2015年9月纽约联合国总部的妇女峰会上，以《促进妇女全面发展，共建共享美好世界》为题，发表主旨演讲，强调了促进妇女全面发展的重要意义。2020年，在联合国大会纪念北京世界妇女大会25周年高级别会议上，习近平主席再次倡议，"让我们继续携手努力，加快实现性别平等、促进全球妇女事业发展"。[①] 可见，"促进妇女全面发展"是中国乃至国际的重要使命，而妇女体育政策的颁布，就是促进妇女平等地参与体育各项活动，提升其身心健康及综合能力，有利于促进其全面发展的规划和保障。

5. 构建中国妇女体育政策，有利于带动体育的全面发展，实现"全民健身""健康中国2030"国家战略

科学参加体育锻炼和体育运动，将会大大提升人体免疫力，进而提升妇女的健康水平。在妇女体育政策全面实施的基础上，妇女参加体育活动的时间会更多，体育内容更丰富，对其身心健康发展均是有利的。另外，妇女体育活动开展具有特殊性，研究表明，妇女若经常参加体育锻炼也会带动家庭成员，尤其带动子女和丈夫的体育活动，

---

① 人民网：《在联合国大会纪念北京世界妇女大会25周年高级别会议上的讲话》，https://baijiahao.baidu.com/s?id=1679388029026560526&wfr=spider&for=pc。

进而带动整个家庭的活动，有利于幸福家庭的打造。如一项最近的研究表明，经常参加体育运动的母亲，她的孩子的体育参与率是71%，不经常参与体育运动的母亲，她的孩子的体育参与率是29%。每个家庭都提升了身心健康水平，显然也会带动整个社会的健康发展，更契合国家提出的"健康中国2030"国家战略。

"全民健身计划"显然是全体国民的健身计划，是涵盖男女公民都参与体育活动的计划。妇女体育政策的研制与颁布，将会明显提高女性参与体育活动的比例，一方面成为实现国家"男女平等"基本国策的重要组成部分，另一方面也是实现"全民健身计划"目标的有效促进政策。

综上所述，中国出台专门的妇女体育政策，一方面，促进妇女体育事业发展，促进男女平等享有体育权利；另一方面，也是贯彻执行、助推国家全面发展的支撑体系之一。另外，妇女体育政策的颁布，若能够成功实施，将为中国男女平等基本国策的实现提供范例与借鉴。

（二）中国妇女体育政策构建的价值取向

政策的价值取向指的是政策制定主体基于自己的价值观在面对或处理各种矛盾、冲突、关系时所持的基本价值立场和价值态度，是政策的出发点和归宿，是政策最本质的规定性，是社会发展的指针和方向，政策的价值取向直接影响着政策是否可以执行与实施。中国公共政策的价值取向随着历史的发展阶段是在不断发展变化的，从新中国成立至今主要经历三个主要类型的公共政策价值取向：①中华人民共和国成立初期至改革开放前以政治理想主义价值取向为主阶段。该阶段，主要服务于政治与集体发展，强调公民为国家，忽略国民个体利益与权利，其价值取向是朴素的平等主义、平均主义以及虚构的集体主义；②改革开放至党的十六大召开以效率优先的价值取向为主阶段。强调了服务国家经济建设，"以经济建设为中心"，政策倾斜于某些特殊领域或群体，但出现了两极分化，加大不公平；③党的十六大以来以公平为主的价值取向阶段。这个阶段更加强调社会的公平、和谐、发展、民生等，更侧重于公民个体的发展。近年来，随着社会的发展，公共政策呈现多元化的价值取向，如公平、平等、法治、幸福感、社会和谐等。这些价值取向均是以人为本,关注人这一核心发展要素,强调国家和社会的发展就是为人的发展服务,强调了人的发展。

中国妇女体育政策的研制,就是基于中国发展到新的历史阶段,强调妇女个体的发展,依据妇女的体育需求,与男性一样平等地配置体育资源,创造体育活动条件,促进妇女体育的全面发展。晏辉把价值分为三类:生存价值、秩序价值和信念价值。并认为价值是分层次的,认为生存价值是基本价值,秩序价值乃根本价值,信念价值乃核心价值。[①] 借鉴这一思路,本书认为中国妇女体育政策的价值取向也是有层次的,有统领思想的,有过程遵循的,有终极追求的,为此,我们把中国妇女体育政策制定的价值取向确立为三个方面:①核心价值取向:以人为本,一切为了妇女的体育利益;②基本价值取向:公平正义,促使男女两性平等享有体育权利;③终极价值取向:促使妇女全面参与体育,全面提升妇女幸福感与实现社会共同幸福(见图7-6)。

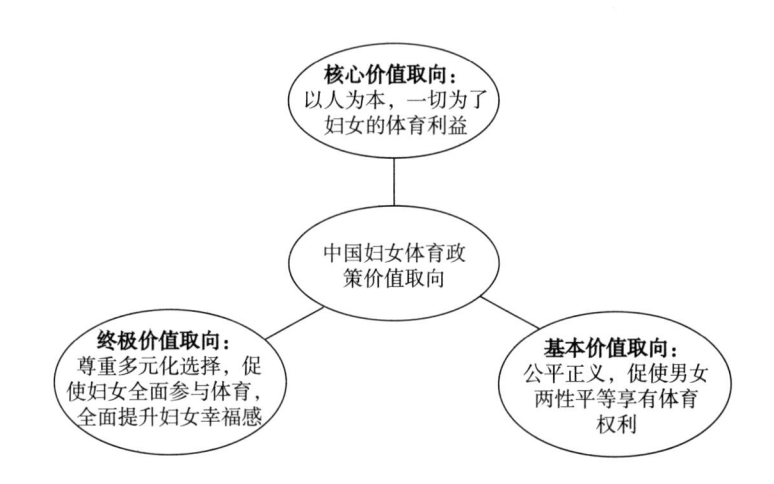

图 7-6 我国妇女体育政策的价值取向

1. 核心价值取向

以人为本,一切为了妇女的体育利益。中国共产党结合中国国情

---

① 晏辉:《价值体系的层次及其共识的基础》,《中国政法大学学报》2011年第6期。

创造性地发展了马克思主义的人本观,在2003年党的十六届三中全会提出了坚持"以人为本"的科学发展观,至此,"以人为本"成为中国公共政策制定的核心价值取向。2022年,党的二十大报告将"坚持以人民为中心的发展思想"明确为前进道路上必须牢牢把握的五条重大原则之一,要求"维护人民根本利益,增进民生福祉,不断实现发展为了人民、发展依靠人民、发展成果由人民共享,让现代化建设成果更多更公平惠及全体人民"。[①] 党的"以人为本"就是指以人的价值为核心和社会本位,把人的生存和发展作为最高价值目标,强调的是把人民的利益作为一切工作的出发点和落脚点,不断满足人们的多方面需求和实现人的全面发展;就是以人的全面发展为目标,从人民群众的根本利益出发谋发展、促发展,不断满足人民群众日益增长的物质文化需要,切实保障人民群众的经济、政治和文化权利等。中国妇女体育政策制定的核心价值取向就是"以人为本",以中国广大妇女的根本体育利益为出发点,政策制定的每一个环节都要考虑是否有利于妇女享有体育权利。

因此,在妇女体育政策制定、执行、监控与评估等的全过程均需要做到"以人为本",这是妇女体育政策的核心价值取向,决定着妇女体育政策为谁而制定,服务的对象是什么。在政策的制定阶段,为了确保所制定的政策内容符合广大妇女的实际需求,在确定政策内容时要邀请不同领域的妇女参加,广泛征求意见,准确了解其真实需求;在政策执行阶段,要本着以人为本的态度,执行政策时要人性化,一方面,要确保政策执行符合广大妇女的需求;另一方面,要充分调动广大妇女的积极性与主动性,让她们积极地参与到体育活动中来,并激发新的、创造性的体育活动产生;在政策监控阶段,要充分调动广大人民群众,尤其广大妇女群众积极地参与政策实施效果的监督,全面了解妇女体育政策在不同体育领域实施是否达到了应有的政策要求与效果,对于不符合要求的情况或妇女群众不满意的地方,做

---

① 习近平:《高举中国特色社会主义伟大旗帜 为全面建设社会主义现代化国家而团结奋斗——在中国共产党第二十次全国代表大会上的报告》,https://www.gov.cn/xinwen/2022-10/25/content_5721685.htm。

第七章　现实需求：中国妇女体育参与走势及妇女体育政策文本内容体系建构

好记录与分析，作为调整、完善的依据；在政策评估阶段，要坚持以人为本，要重点评估广大妇女所最关心的、最现实的、最直接的体育利益是否得到满足和最急需解决的体育问题是否得到解决，评估的结果以最终是否达到、广大妇女得到的体育权益的量是否最大化作为评估标准。

反之，若在妇女体育政策制定、执行、监控与评估过程中，没有做到"以人为本"，则可能所制定的政策并不能真实反映广大妇女的需求，政策执行可能伤害妇女的体育权益，监控监督流于形式，评估结果与事实相悖等。

2. 基本价值取向

公平正义，促使男女两性平等享有体育权利。公平正义是人类社会政治文明"话语体系"中的一个关键词，是一个社会政治文明的标杆和尺度。党的十六届六中全会把"公平正义"确立为"社会和谐的基本条件"，并指出："制度是社会公平正义的根本保证。"正义的本质内涵是社会制度的公平，没有最基本的社会公平制度，就不会实现社会的普遍正义。而社会公平通常包括机会公平、过程公平与结果公平三个方面。党的二十大报告提出："着力维护和促进社会公平正义""围绕保障和促进社会公平正义坚持依法治国、依法执政、依法行政共同推进"。可见，"公平正义"是建设中国特色社会主义法治体系，实现中国式现代化的必由之路。对于中国妇女体育政策的公平正义价值取向，是指妇女体育政策的制定在确立政策内容时既要考虑区域之间、城乡之间、不同社会阶层之间等妇女体育的公平，也要涵盖男女两性之间的体育权利平等，使男女能公平地享有体育权利。具体来讲，妇女体育政策的公平价值取向包含五个方面的具体内涵：一是不同地区、不同阶层的男女均平等享有体育管理决策权，即妇女同男子一样参与体育政策的制定、体育活动的规划与管理、体育重要事项的决策权等。二是不同地区、不同阶层的男女均平等享有体育参与权利，即妇女同男子一样有参与各项体育活动的权利，包括体育健身与休闲、学校体育教育、竞技体育训练与竞赛等。三是不同地区、不同阶层的男女均平等享有体育领域就业权利，即妇女同男子一样在体育行政部门、体育组织、体育企事业单位、竞技体育运动队等享有平等就业权利。四是男女体育均享有平等的媒体关注与宣传的权利。五是男女平等享有满足各自需求的体育各类资源等。

3. 终极价值取向：尊重多元化选择，促使妇女全面参与体育，全面提升妇女幸福感

妇女体育政策尊重多元化选择，其内涵就是强调男女之间、不同女性之间由于个人文化、经历、爱好等的差异，其对体育的需求也存在差异，因此，在体育供给时应提供多样化体育活动、体育器材等满足不同需求。尊重妇女体育的"多样化选择"，倡导由"过去的强调个体为集体、为国家服务，服从国家需要"转向"国家应不断满足公民个体的需求，实现个体的全面发展"转变，这是中国社会高度发展的一个明显进步。

这里所指的"幸福感"，是公共政策领域的"公共幸福"，是指大多数社会公众为了个体或集体的美好愿望，在创造以及享受劳动成果的过程中，基于物质生活和精神生活的美满而产生的一种持久的、深刻的、美好的心理状态和心理体验。习近平总书记多次强调"中国梦"就是中国人民的"幸福梦"，"创新、协调、绿色、开放、共享"五大发展理念就是增强人们的"幸福感"，国民的幸福感是国家发展的终极追求目标，也是国家公共政策的终极价值取向。

因此，中国妇女体育政策的制定、执行应该充分尊重妇女对体育的多样化需求，供给更多可以选择的体育产品，激励与吸引妇女全面参与各领域体育活动，增强其身心健康，愉悦精神，提升生活质量，进而提升其幸福感。

二 中国妇女体育政策构建的主要目标与基本理念

（一）中国妇女体育政策构建的主要目标

政策目标是指在解决政策问题的要求下，进一步确立的通过政策规划和政策执行所要达到的具体目的，以及衡量目的是否达到的各项指标。确定政策目标的意义在于使政策问题的解决具体化。政策目标具有明确性、针对性、可能性、未来性、协调性与伦理性等基本特征。中国妇女体育政策制定其政策目标的确立也是其政策本身的要素，是中国妇女体育政策内容、政策工具选择、政策效果评估的依据

第七章 现实需求：中国妇女体育参与走势及妇女体育政策文本内容体系建构

与标准。因此，应科学、合理、实事求是地制定出切实可行的妇女体育政策目标。结合前面的国际调研与国内妇女体育状况分析，本着以人为本、公平正义及妇女体育利益为主，遵循科学性、前瞻性及可行性，本研究确立了中国妇女体育政策的目标体系：总目标、基本目标及衍生目标三个层次（见表7-66）。

表7-66　　中国妇女体育政策的目标体系构建

目标类型	具体目标内容
总目标 （最终目标）	1. 创造一种能够激励妇女参与体育各领域活动的文化氛围。 2. 平等地为男女两性提供参与体育各领域活动的条件与权利。 3. 激励妇女全面参与体育，促进妇女全面发展，提升国家共同幸福
基本目标 （中间目标）	1. 创建激励妇女积极、乐意参与体育的社会文化氛围。 2. 从小就为女童参加体育打下基础，让女性认可体育的内在价值及其对人们的发展与生活方式的积极影响（学前期）。 3. 为男女学生提供平等的学校体育教育（学龄期）。 4. 为女性提供应有的体育培训与训练，提升女性体育参与意识与能力。 5. 创造提供各种条件、各种体育活动项目，提升妇女体育参与率。 6. 为男女提供平等的条件，促进女性在竞技体育训练与竞赛中的成功。 7. 促进女性在体育行政、体育企事业单位、体育组织等中享有同男性平等的就业机会。 8. 促进女性与男性一样，在体育各领域管理与发展中，享有平等体育参政管理决策权。 9. 促进各类媒体平等地报道男女体育信息，提高女性体育媒体曝光率，增加妇女在体育媒体的就业率。 10. 提高社会对妇女参加体育活动对公共生活、社会发展及健康中国的重要价值与贡献的认知。 11. 建立全国妇女体育组织管理机构体系，并对妇女体育相关组织赋权，把男女体育性别平等纳入财政预算体系。 12. 建立全国男女两性体育活动科学、规范的统计体系。 13. 促进妇女体育研究，为妇女体育发展提供科学依据。 14. 加强国内外妇女体育交流与合作，借鉴成功经验。 15. 加强适宜妇女需求的体育活动类型及体育场馆器材开发，男女平等配置体育资源。 16. 促进国家或省市在制定其他体育政策时，增加性别平等相关表述，增强国家体育性别平等意识

续表

目标类型	具体目标内容
衍生目标 （促进国家其他 社会目标实现）	1. 儿童照顾政策。 2. 体育消费与体育产业发展。 3. 全民健身战略。 4. 奥运争光计划。 5. 家庭政策。 6. 男女平等基本国策。 7. 妇女体育志愿者政策。 8. 其他

1. 总目标（最终目标）

总目标即中国所制定妇女体育政策所欲达到的最终目标，这是妇女体育政策目标的核心。表7-66中所列总目标主要表述三层目标需求：首先，政策的目标要促进国家营造利于妇女参与体育活动的社会文化氛围，才能吸引妇女参与体育。过去及当今，由于中国发展程度及文化传统的原因，造成很多误区，人们想当然地认为体育活动是男人的事情，并且国家的现实体育环境也都是按照男性的需求去建设，甚至相当比例的女性也认为体育是男人的活动。因此，有必要首先进行妇女参加体育活动的社会文化氛围营造，改变以往人们的误区。其次，应按照性别平等意识改变中国从政府、社会组织、社区、企事业单位及家庭男女两性体育平等意识、体育供给及体育资源配置，确保女性同男性一样平等地享有体育权利。最后，妇女体育政策的最终的目标是全面提高女性参与体育各领域活动，促进妇女身心健康、能力、素养等全面发展，带动家庭共同发展，创造家庭幸福，进而带动全国共同幸福。总目标中的前两个目标是第三个目标达成的手段、措施目标，为第三个目标服务，第三个目标是最终达成目标。

2. 基本目标（中间目标）

基本目标，也通常称为中间、中介目标，是达成总目标的过程目标，是介于具体目标与总目标之间的子目标。表7-66所列的16个基本目标，事实上涉及了妇女体育发展的16个方面，它们既是目标，也是后面所要涉及的政策核心内容领域,这16个基本目标需要其对应的具体目标或具体政策内容去支撑。因此,本部分就不再一一赘述每一个基本目标,到后面的政策核心内容部分再进行分析。

3. 衍生目标(促进国家其他社会目标实现)

妇女体育政策目标的实现需要国内其他许多相应政策的支持与协助,同样,妇女体育政策目标的实现也一定有利于促进其他相关社会目标的达成。如在国外及国内的众多调研中,均显示制约妇女参加体育锻炼的因素主要有:缺乏时间、社会固化习俗、缺乏儿童照顾等,显然,妇女大量时间花费在照看孩子上。发达国家为了解决妇女照看孩子而影响妇女工作或参与其他活动的障碍制定了专门的儿童照顾政策,包括学龄前儿童、学龄儿童的课后照顾等,在体育休闲健身场所提供专门的儿童照看,确保妇女能够参加体育活动。同样,若中国为了确保妇女参与工作和参与各项包括体育在内的活动,也需制定专门的儿童照顾政策,进而促进了儿童照顾政策在中国的发展。同样原理,也会促进中国家庭政策的发展。并且,随着妇女体育政策目标的实现,越来越多的女性参与体育锻炼、竞技体育,这样侧面提高了竞技体育选材基数,有利于奥运争光计划实现,越来越多妇女参与体育活动也一定会刺激体育消费,提高身心健康水平,有利于体育产业发展和健康中国目标的实现。所有这些目标的实现,不是妇女体育政策的直接目标,而是副产品,我们因此称为妇女体育政策的"衍生目标"。

(二)中国妇女体育政策构建的基本理念

一般来讲,公共政策理念是解决某一政策问题的看法、观点和价值信念,它在某种程度上确立了政策执行的方向和目标。而本书所指的妇女体育政策构建理念主要是指包含在妇女体育政策指导思想或政策目标中的,对妇女参与体育活动的愿景描述和所需要达成的行动方向,代表着本书对妇女体育政策的理解与运行方向。本书结合发达国家经验及中国国情,确立了中国妇女体育政策构建的六大基本理念:

1. 推进体育性别平等,保障妇女体育权益是国家义务与政府责任

体育事业是国家事业发展的重要组成部分,体育事业的发展离不开国家与政府的管理与领导。而妇女体育事业是国家体育事业的重要

部分，同样，是国家的义务和政府的责任。在过去的实践中，曾出现过"妇女的事是妇女自己的事""妇女的事情找妇联"等的误区，没有把妇女事业看作国家和政府的事情，甚至一些政府官员也存在类似的认识。在美国、英国、澳大利亚、加拿大等发达国家，妇女体育政策的制定都是由国家体育主管部门组织，由国家政府、社会组织等多个机构联合制定与执行的。例如，英国妇女体育政策是由英国体育理事会（GB Sport Council）组织，由文化教育委员会、地方政府、高校、社会组织等制定的；澳大利亚妇女体育政策是由澳大利亚体育委员会（Australian Sports Commission）组织，由澳大利亚联邦卫生和老年保健部、联邦家庭与社区服务部、联邦移民与多元文化事务部、首相和内阁（妇女地位办公室）部、联邦工业与科学和资源部、联邦教育培训和青年事务署等政府机构联合研究、制定与颁布等。因此，中国妇女体育政策的研制，应该由国务院及国务院相关下辖政府机构或成立的专门机构来具体负责。

2. 社会性别意识纳入体育决策主流化是实现妇女体育政策目标的最佳途径

"社会性别意识纳入决策主流化"在1997年被联合国视为"是一种战略"，即将妇女和男子的关注事项和经验作为一个整体，纳入政治、经济和社会等所有领域的政策和方针的设计、落实、监测和评估中，使男女能平等受益，终止不平等现象，最终实现男女两性平等的目标。近年来，众多妇女学研究专家、人大代表等都在致力于这一呼吁，对中国产生了重要影响。这一思想，实际上是通过纳入决策主流，让所有政策决策的管理者、领导者及执行者能够在所有事项的决策中均考虑到男女两性平等权益问题，通过影响决策层来达成两性平等的目标。本书分析认为，这一思路同样适用于中国体育领域男女两性的平等实现路径，我们也可以把社会性别意识纳入体育政策、体育法律、体育条例、体育规划及各项体育事业的决策层中，通过改变体育决策层的性别平等意识，进而实现体育各领域的两性平等。这种途径是便捷的、高效的，是妇女体育取得预期效果的最佳途径。

第七章 现实需求：中国妇女体育参与走势及妇女体育政策文本内容体系建构

3. 体育社会性别统计是实现妇女体育政策目标的有效工具

社会性别统计是为实现社会性别平等目的，运用统计的特有定量分析方法和手段，建立有社会性别意识的统计指标和统计变量，描述、分析和测评女性和男性的社会参与、贡献及社会性别差异，为社会特别是政府决策提供数据及事实的定量研究的科学理论与方法。社会性别统计是一个重要的工具，可以量化地统计、反映男女两性之间的真实差距。在中国，国家层面的各类体育统计中鲜有从男女两性的视角统计相关数据，也鲜有从男女两性参与体育活动、体育领导决策、体育领域就业、体育教育、体育竞技、体育媒体报道等方面进行统计，造成我们了解男女两性体育参与平等状况时缺乏有力的数据支撑，为科学决策带来不利影响。因此，应把体育社会性别统计纳入国家体育事业统计指标体系中，科学设计统计指标与分析标准，量化评价妇女体育参与状况及男女平等状况，为下一步的调整完善提供依据。

4. 妇女体育政策的制定，不是对妇女的"特殊照顾""福利""同情"，而是实现男女平等的应然与必要手段

中国妇女体育政策的制定是基于过去及当今中国妇女体育明显落后于男性体育的现实而展开的，由于文化传统、历史原因及男女的生物性别差异，中国的体育环境、体育项目开展更多是依据男性的体育爱好而设置的，缺乏妇女参与体育活动的氛围与体育资源条件。妇女体育政策的制定，就是要正视女性体育明显弱于男性这一事实，一方面，通过妇女体育政策的颁布，采取特殊弥补措施，促进妇女体育快速发展，缩小与男性的差距或赶上男性水平；另一方面，通过妇女体育政策的颁布，增强全社会男女两性平等享有体育权利的意识，在今后的体育决策或体育活动中避免两性不公平现象出现。因此，妇女体育政策的制定，不是对妇女的"特殊照顾"，也不是给妇女的专有福利，更不是对妇女的同情，而是有效缩小已存在的男女两性突出差距的一种必要手段。若社会性别意识在体育发展中得到充分贯彻，消除男女不平等现象，并成为一种习惯，则妇女体育政策可能没有存在的价值，将来可能就会被废除。

5. 妇女平等参与体育，不仅是妇女个人的事情，更是社会发展的必然需要

国内外的研究均显示，女性参与体育运动对国家、对社会、对家庭、对女性自身均有重要价值。女性参与体育运动除对其自身有身心健康、增加自信、提升幸福感、增加教育机会、社会交往等价值外，其对社会发展也具有重要特殊价值：①女性参与体育活动可以为体育的发展提供特有的规范、价值观、态度、知识、能力与经验，女性的贡献（尤其在领导岗位）可以带给体育更多的选择和方法，丰富体育的发展。②妇女体育参与能够打破人们的刻板印象，能够展示女性的才能、领导力与决策力，打破男性垄断的局面，更有利于全社会的男女平等。③女性参与体育活动，更有利于促进公共生活和社会的和谐、健康发展，促进良好生活方式的形成，激励社会文化价值产品的品位提升。④成家妇女参加体育活动还可以在某种程度上带动丈夫、儿女形成良好的生活方式及健康习惯等。

中国正处在全面建设社会主义现代化国家新征程、向第二个百年奋斗目标进军的关键时刻。中心任务就是党中央团结带领全国各族人民全面建成社会主义现代化强国、实现第二个百年奋斗目标，以中国式现代化全面推进中华民族伟大复兴。习近平指出："开创美好生活离不开妇女事业全面进步，也需要广大妇女贡献更大智慧和力量"①。因此，给妇女创造体育文化氛围和体育条件，激励其参加体育活动和体育事务，不仅是妇女个人的事情，更是为了促进体育健康、快速发展，进而促进整个国家的和谐、文明、健康发展。

6. 强调体育中的社会性别（Gender）平等，而不否认体育活动中男女生理性别（Sex）的差异

社会性别是针对人的生理性别所提出的，是基于把人的性别分为生理性别和社会性别两个方面。社会性别理论认为，男女不平等的根本原因不是由两性在生理上的差异决定的，而是由两性的社会性别差

---

① 人民网：《在联合国大会纪念北京世界妇女大会 25 周年高级别会议上的讲话》，https：//baijiahao.baidu.com/s? id=1679388029026560526&wfr=spider&for=pc。

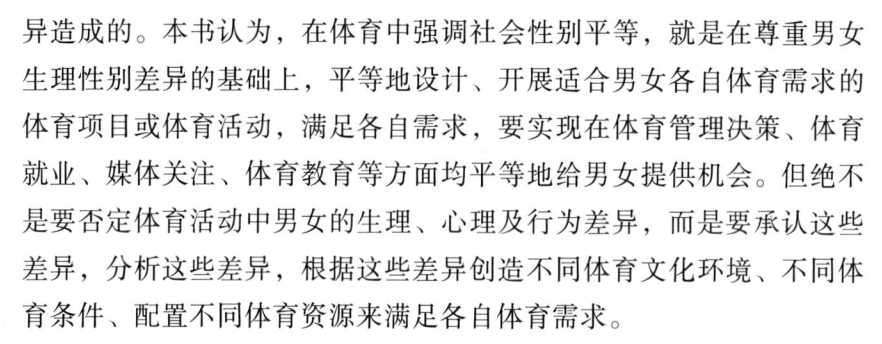

异造成的。本书认为，在体育中强调社会性别平等，就是在尊重男女生理性别差异的基础上，平等地设计、开展适合男女各自体育需求的体育项目或体育活动，满足各自需求，要实现在体育管理决策、体育就业、媒体关注、体育教育等方面均平等地给男女提供机会。但绝不是要否定体育活动中男女的生理、心理及行为差异，而是要承认这些差异，分析这些差异，根据这些差异创造不同体育文化环境、不同体育条件、配置不同体育资源来满足各自体育需求。

三 中国妇女体育政策核心内容体系的构建

综合借鉴国际组织与发达国家的成功经验、国际惯例，结合中国国情，依据调查结果，本书初步确立了中国妇女体育政策的核心内容，具体包括十大方面。

（一）妇女体育媒体宣传与男女平等体育参与社会文化氛围营造政策设计

目前，世界多数国家已经形成了刻板固化的体育文化氛围，这种文化氛围更多是男性主导的体育文化氛围，是以男性的视角构建的，体育的软件和硬件环境均利于激发男性参加体育活动。中国经历了漫长的封建社会，虽然中华人民共和国成立后，建立了社会主义国家，马克思主义发展观统领中国发展，但几千年封建社会的"三纲五常""三从四德"思想难以根除，在中国的社会文化中还仍然存在着"男权思想""大男子主义"，认为体育是男人的事情的传统文化氛围。另外，从媒体宣传、社会环境、学校环境、家庭环境等方面，也没有形成有利于女性参与体育活动的氛围。而这种氛围仅依靠国民自觉改变将会周期长、见效慢，不利于妇女体育的开展。因此，为了打破目前的"固化体育文化氛围"，则需要国家出台专门的政策引导国民、社会、政府等改变它。调研显示，主要从以下五个方面进行妇女体育文化营造。

1. 各级政府与社会组织应加强男女平等参与体育的宣传、教育及引导

国家各级政府、相关组织机构、企事业单位、社区等均应加强对妇女参与体育的重要价值与作用的宣传，宣传妇女同男子一样拥有体

育参与权利。宣传可以利用宣传栏、领导讲话、标语张贴等多种形式。

2. 促进各类媒体平等地报道男女体育信息，提高女性体育媒体曝光率

媒体是传播相关信息最重要的途径，传统的四大媒体主要包括报纸、杂志、电视和广播，当今随着互联网的蓬勃发展，网络媒体及自媒体也快速发展起来。国家可以在妇女体育政策中规定，各类媒体对男女体育报道的时间比例、时间段分布、报道内容、报道视角及媒体态度等方面做出具体要求，重点强调媒体体育报道性别平等意识。

3. 从小就为女童参加体育打下基础，让女性认可体育的内在价值及其对人类发展与生活方式的积极影响（学前期）

主要是指在女孩出生后及正式入学前，社区、托儿中心、幼儿园等婴幼儿培训机构，要开设女童体育活动的内容，安排固定的女童体育意识教育内容，并培养女童广泛的体育运动技能，让女童从小就认同体育的内在价值，了解体育对人们生活的积极影响。

4. 提高社会对妇女参加体育活动在公共生活、社会发展及健康中国的重要价值与贡献的认知

各级政府、组织机构、社会团体、企事业单位、社区等要加强对妇女参加体育活动的重要意义的宣传，同时，也提高本部门妇女体育在公共生活、社会发展及健康中国的重要价值的认识。

5. 促进国家或省份在其他体育相关政策、法规及组织的各类体育活动中，增加性别平等相关表述或内容安排，增强国家体育性别平等意识

国家、地方政府、各相关组织机构等，在其颁布的体育政策、体育法规、体育文件、体育规划中，以及举办的各类体育活动中，均应增加男女两性平等相关表述与内容安排，并重点审核政策或相关文件中是否有违背男女平等参与精神的内容，进而增强整个国家的体育性别平等意识。

（二）促进妇女群众体育活动参与政策设计

体育活动参与率是反映一个国家体育活动开展好坏的核心评价指标，目前，世界多数国家都把其列为国家体育活动的统计指标。体育活动参与率在不同国家有不同的统计方式。目前，在中国主要有两个

第七章　现实需求：中国妇女体育参与走势及妇女体育政策文本内容体系建构

调查统计口径：一是参加体育锻炼的比例，即过去一年内参加过体育活动的人口比例。二是经常参加体育活动人口比例，即常说的体育人口比例，指在一周内锻炼三次以上，每次持续30分钟，中等强度的锻炼人口比例情况。各个国家均在采取不同对策促进体育人口比例，并对男女两性参加体育活动的比例进行了一定的统计。2021年《中国年轻人运动健身白皮书》数据显示，男女运动人群分别为58%、42%；2022年《中国年轻人群运动发展白皮书》数据显示，男女运动人群分别为60.4%、39.6%，女性运动参与处于较低水平。[1][2] 因此，国家在妇女体育政策中应重点强调采取各种措施提升妇女体育参与率。具体可以从五个方面进行（见表7-67）。

表7-67　　　　　中国促进妇女体育活动参与政策设计

政策主要内容
1. 为女性提供应有的体育培训与训练，提升女性体育参与意识与能力。
2. 各级政府、组织机构、社会团体及社区等要为妇女创造各种条件、体育活动项目，鼓励妇女参与体育活动，增加妇女体育参与机会。
3. 在体育活动参与场所或其他场所提供儿童照顾，为那些做母亲的妇女提供时间保障。
4. 鼓励体育志愿者积极参与妇女体育活动指导。
5. 完善家庭政策，为妇女在家庭中提供良好的体育参与氛围

（三）妇女学校体育教育政策设计

学校时期是一个人成长最重要的时期，是人生观、价值观、世界观建立的重要阶段。同样，学校时期也是学生体育意识、运动技能掌握、体育习惯养成的重要人生阶段。按照中国学校体育的目标设置，学校体育主要达到三个目标：增强学生体质、掌握运动技能和养成终身体育意识。因此，妇女体育意识培养、运动技能掌握、终身体育习惯养成及体育性别平等也主要在学校阶段形成。学校阶段在人生中是

---

[1]　微克科技：《2021年Q1中国年轻人运动健身白皮书》，https://baijiahao.baidu.com/s?id=1700725456878601889&wfr=spider&for=pc。
[2]　艾瑞咨询：《2022年中国年轻人群运动发展白皮书》，https://mp.weixin.qq.com/s?__biz=MjM5OTIzNzQwMA==&mid=2650472550&idx=1&sn=bb79aa6aef66d93dfc8dc87c3fbbc73e&chksm=bf3122118846ab074ad9d5e4ec5fd41336afbe4ca4a4a50f83c10e9a62f73523c83d18203864&scene=27。

一个很长的阶段，美国从 K-12 年级 13 年，大学 4 年，累计可以达到 17 年，若加上硕士、博士研究生阶段将达到 20 多年。中国幼儿园 3 年，小学 6 年，初中、高中 6 年，大学 4 年，累计 19 年，若加上硕士、博士阶段也达到 25 年左右。如何在学生成长过程中，培养学生的体育意识、体育能力与性别平等意识至关重要。

国家应高度重视学校体育培养，把学校体育教育纳入妇女体育政策的核心内容中，要加强对女生体育意识、体育能力的培养。妇女学校体育教育政策应主要包括十个方面的主要内容，具体见表 7-68。

表 7-68　　中国妇女学校体育教育政策设计

政策主要内容
1. 男女享有平等的体育教育权利。
2. 教育部门应改革女性学生体育教学内容，使其适合女性的体育需求。
3. 确保学校体育教育场馆器材设计符合女性特征。
4. 给男女学生提供平等的体育业余训练与体育竞赛机会。
5. 在各类体育学业成绩评价、入学录用时，应制定男女平等的评价标准。
6. 加强对学校体育教师的性别平等培训，使体育教师了解哪些言行是性别歧视，体育教师不得出现歧视女生言行，和提供与男生不平等的体育教学内容、方法和评价等。
7. 为女生提供与男生平等的课后体育照顾。
8. 给予女生正确的体育教育引导，提高她们的体育认知，激发她们的体育兴趣，而不是模仿男生。
9. 给学校配置合理比例的女体育教师，并给女体育教师更多的职业发展机会。
10. 教育行政部门要建立专门学校体育性别平等督导或工作协调小组

（四）妇女竞技体育政策设计

竞技体育是妇女从事的重要体育事业之一，新中国成立以来，中国女性竞技体育得到快速发展，创造了多项世界纪录，取得众多世界奖牌，中国竞技体育曾被人们称为"阴盛阳衰"，可见中国妇女体育竞技水平发展的程度。但目前，中国女子竞技体育中也存在突出问题，如男女运动员待遇不公平问题、男女体育竞赛媒体转播不公问题、竞技体育商业化对妇女竞技体育的冲击、女运动员成名前训练环境与条件存在的突出问题等，影响和制约着中国女子竞技体育的发展，也制约着女性在竞技体育的成功。因此，中国应在妇女体育政策

第七章 现实需求：中国妇女体育参与走势及妇女体育政策文本内容体系建构

中，为进一步促进女性竞技体育发展，创造优异运动成绩，要制定专门的妇女体育政策。具体主要包括六个方面，见表7-69。

表7-69　　　　　　　　中国妇女竞技体育政策设计

政策主要内容
1. 政府和体育组织应为妇女提供平等的机会达到其最大竞技体育潜力，确保所有促进计划与安排考虑女运动员特殊的需求。
2. 建立男女平等训练与竞赛机会，确保公正、平等地给男女运动员提供其发展的竞争机会、奖励、赞助、促进计划和其他形式的支持。
3. 国家和体育组织所制定的竞技体育发展战略与规划要充分考虑女性的需求，达到性别平等。
4. 为女运动员提供平等的体育训练、竞赛体育场馆设施与科研、医疗等保障条件。
5. 为同等水平层次的男女运动员提供平等的资金支持。
6. 要公平招募女运动员，做到体育项目男女同样发展，投入同等资金与条件

（五）妇女体育领域就业政策设计

妇女在体育领域的就业有两个方面的重要价值：一是在体育领域内贯彻男女平等基本国策的重要实践。二是妇女在体育领域就业，会无形中增加妇女对体育的理解，同时，工作中也不自觉地把女性体育思维、体育意识、体育需求等融入体育实践，有利于促进妇女体育的发展。因此，国家应该制定政策促进妇女在体育中的就业。具体政策可以涵盖表7-70所示内容。

表7-70　　　　　　　中国妇女体育领域就业政策设计

政策主要内容
1. 各体育政府机构、体育组织、相关体育团体、体育企事业单位均应为男女提供平等的就业机会。
2. 体育领域就业男女同工同酬。
3. 加强对体育领域女性公务员、从业人员的职业培训，平等提供其晋升机会，促进其事业成功。
4. 工作安排要考虑男女的生理差别，对女性怀孕期、哺乳期、生理期的工作安排要考虑女性的特殊身体情况。
5. 体育领域在招聘启事或文件中，不得出现性别歧视。
6. 国家应给不同类别体育领域就业规定女性比例标准与目标。
7. 利用经济手段、奖惩机制对没有很好贯彻性别平等的体育政府机构、社会体育组织、体育企事业单位进行激励或惩罚

（六）妇女体育参政决策政策设计

女性只有真正参与到社会事务的领导、管理或决策层中，才能制定出确保男女两性平等权利的规章制度，也才能确保妇女在事实上享有与男性平等的权利。因此，国际发达国家呼吁和采取措施，增加妇女在国家和社会事务管理中的领导权、决策权和话语权。同样，妇女只有与男性一样在体育各领域平等地拥有体育领导、管理或决策权，才能制定出符合女性体育需求的体育规章制度。国际奥委会等国际体育组织，美国、英国、澳大利亚等发达国家，均把妇女参与体育领导管理决策权列为男女体育平等的重要指标，并对体育核心领域、核心岗位妇女的领导权做出了规定。中国也应加强妇女在体育领导、管理与决策中的权利，具体可参考表7-71所列政策内容。

表7-71　　　　　中国妇女体育决策层话语权政策设计

政策主要内容
1. 妇女参与体育领导、管理、决策是妇女的正当、法定权利。
2. 各级体育政府机构、社会体育组织、体育企事业单位等，要把妇女领导指数以百分比的形式进行规定，国际体育组织、发达国家通常规定领导岗位的25%—30%由女性担任。
3. 在核心体育领域和主要领导岗位，要有一定比例的妇女领导，提高女性体育决策权。
4. 各体育相关单位，在重要事项管理与决策中，要充分听取妇女领导的意见，并要把它纳入决策的议题中。
5. 体育领域女性领导要多深入广大妇女与女性员工当中，广泛了解妇女意愿和体育需求，并把意见带到工作决策中。
6. 各级体育政府机构等应加强对女性体育领导的培养，为其晋升提供良好条件。
7. 竞技体育竞赛技术官员、教练员的选派与招聘也纳入体育领导决策权中，其女性技术官员的选派和教练员的比例参考体育政府机构及体育组织等要求。
8. 在体育领域领导、管理人员的选拔不得出现性别歧视

（七）妇女体育场馆设施资源配置政策设计

体育场馆设施是体育活动开展的物质基础与基本条件。中国在以往的体育设施资源配置中在无形中侧重了男性体育项目场馆设施资源的配置，更多适合男性的体育需求。甚至从国家层面实施的体育工程也曾出现类似现象。如国家体育总局代表国家实施的"农民体育工程'一场两台'"，主要布局的是一个篮球场和两个乒乓球台。而篮球、

第七章　现实需求：中国妇女体育参与走势及妇女体育政策文本内容体系建构

乒乓球在农村主要是男性开展更好些的项目，不太符合农村妇女的体育需求。在英国、美国等发达国家，通常都会定期开展所在地区男女居民的体育项目需求调研，政府和社会组织会按照男女体育项目喜好、居民地理分布、年龄等配置相应比例的体育设施，分别满足不同的体育需求。随着国家的快速发展，综合国力的提升，中国男女参加体育活动的比例也大幅度提升，尤其女性体育意识增强与体育需求增加。因此，我们必须出台相关政策满足这些增加的需求，具体政策如表7-72所示。

表7-72　中国妇女体育场馆设施资源配置的政策设计

政策主要内容
1. 妇女有平等地享有使用体育场馆设施的权利。
2. 国家及各级地方政府，应组织广泛开展调查，充分了解男女不同的体育需求，根据男女不同体育需求，合理配置各类体育场馆设施的比例与地理分布。
3. 应鼓励组织研究和开发符合女性需求的新型体育场馆设施，在配套设备的配置上也应符合女性的实际需求。
4. 各类体育场馆要给男女提供同样机会的使用权，在场馆使用过程中，给女性提供平等的服务。
5. 鼓励有条件的体育场馆为妇女参加体育活动提供免费指导或志愿者服务。
6. 在体育场馆设施的使用介绍、注意事项等中，加强对女性科学使用注意事项的标注。
7. 鼓励有条件的体育场馆为携带儿童的妇女提供安全、舒适的儿童照看服务

（八）妇女体育组织机构建设与赋权政策设计

体育组织机构是开展体育活动的重要保障条件，其建立成败决定着体育事业发展的成败，它主要负责体育活动规划、实施、监督及评估、完善等。本书所指的妇女体育组织机构建设，主要包括两个方面的内涵：一是建立专门的妇女体育组织，负责对妇女体育活动的开展。二是加强现有体育组织建设，促进其开展妇女体育活动，增加妇女活动比例。中国还没有专门的妇女体育组织机构，相关机构主要为中国妇联和其下辖的地方妇联，协助开展相关妇女体育工作。另外，根据国外的成功经验，国家和地方政府要积极加强同各社会公益组织的合作，即第三方合作，可以通过经费划拨、项目支持、税收减免、能源优惠等形式，鼓励和委托这些机构开展妇女体育活动，并给它们赋予相应的资金、资源、政策权利。关于妇女体育组织机构建设与赋权政策设计内容如表7-73所示。

表7-73　　　中国妇女体育组织机构建设及赋权政策设计

政策主要内容
1. 国家和政府鼓励各社会组织开展妇女体育活动。
2. 国家和地方政府可以采取资金资助、税收减免、政策优惠等多种形式支持各社会组织开展妇女体育活动。
3. 国家鼓励有条件的地区或部门，成立专门的妇女体育组织机构，专门负责妇女体育活动的开展与评估。
4. 各组织机构妇女体育经费要专款专用，不得变更挪用。
5. 各体育组织的政策、文件等中要符合性别平等政策，并有专门表述

（九）妇女体育研究与交流政策设计

目前，很多体育运动项目、体育场馆设施多是根据男性的喜好所设计的，如何研究设计与开发出适合女性的体育项目及体育设施器材，对发展妇女体育运动至关重要。另外，关于女性如何科学健身、如何提高竞技体育水平、如何提高体育管理领导能力等均是需要进一步深入研究的课题。而且，妇女体育活动的开展也应该加强交流，包括国内和国际交流两个方面，吸取其成功经验，促进妇女体育活动水平提高。中国妇女体育政策中如何加强妇女体育研究与交流，主要考虑表7-74相关政策思考。

表7-74　　　中国妇女体育研究与交流政策设计

政策主要内容
1. 国家和政府鼓励建立专门的妇女体育研究机构或现有机构增加妇女体育研究课题。
2. 国家和政府项目立项应倾斜资助妇女体育相关课题的研究。
3. 国家鼓励开展妇女体育工作的国内国际交流，并提供支持。
4. 定期召开全国妇女体育研究科学大会，交流成果，推广经验。
5. 各妇女体育研究机构应根据政府要求严谨研究相关妇女体育课题，并定期递交研究报告，对本区域内妇女体育活动开展提出可行性建议

第七章 现实需求：中国妇女体育参与走势及妇女体育政策文本内容体系建构

（十）体育性别统计政策设计

社会性别统计是一个重要的工具，可以量化地统计、反映男女两性之间的真实差距。了解男女两性体育参与平等状况，需要有力的数据支撑，为科学决策提供依据，我们就需要运用体育社会性别统计的方法对中国男女两性参与体育活动、体育领导决策、体育领域就业、体育教育、体育竞技、体育媒体报道等方面进行统计。具体政策建议如表7-75所示。

表7-75　　　　　　　中国妇女体育性别统计政策设计

政策主要内容
1. 国家应建立或委托专门的研究机构或专门的妇女体育研究机构负责中国男女两性体育参与统计工作，并提供专门资金与政策支持。
2. 相关体育性别统计机构应定期开展两性体育调研、统计与分析工作，并定期向有关政府主管部门汇报和向社会发布两性体育统计调研报告。
3. 相关体育性别统计机构应建立科学的统计指标体系，并建设网络数据上传与处理系统。
4. 各相关部门有责任、有义务向两性体育统计相关部门上传相关数据信息，并可以获取一定的经费支持。
5. 对体育性别统计中弄虚作假的组织或个人进行严肃处理

四　中国妇女体育政策工具选择设计

政策工具是为实现政策的预定目标而采取的方法、手段的总称。政策制定是否成功、政策目标能否实现，科学的选择政策工具是关键。目前，我们国家还没有专门的妇女体育政策，本书将结合国际上发达国家的妇女体育政策所采用政策工具及中国的政治、经济、文化等国情，提出未来中国妇女体育政策工具选择的建议。由上述文献综述可知，政策工具的分类有多种，政策工具的选择往往与政策工具的分类紧密结合。不同学科背景的专家、学者往往会从不同的学科角度对政策工具的选择及分类进行研究。如：法学专家从法学的角度研究政策工具，利用法学的基本方法探讨政策工具的选择问题；经济学专家会采用经济学的原理分析政策工具的选择，建立政策工具选择的经济学模型；政治学专家则从政治学的视角研究政策工具的选择等。依据妇女体育政策的特点、发达国家妇女体育政策工具的选择与使用、不同类型政策工具选择模型的特点等，本书认为麦克唐纳尔和艾莫尔（L. M. McDonell and R. F. Elmore）的政策工具分类模型能够较好地分析妇女体育政策工具选择的问题，并采用此模型对未来中国妇女体育政策工具的科学选择进行分析。麦克唐纳尔和艾莫尔根据所要获得的目标将政策工具分为四类，即命令性工具、激励性工具、能力建设性工具和系统变化性工具，后来又补充增加了"劝告性工具"，将政策工具的分类扩大到5种。

（一）更多地使用"劝告"性政策工具，普及妇女体育健身知识，提高公众对妇女体育重要性的认知

"劝告"是国际组织和发达国家执行妇女体育政策时最常用的一种政策工具，以书面文件、口头语言、图片文字的形式传递妇女体育的重要信息和政府对妇女体育参与的态度等。如妇女体育参与对健康的促进作用、对社会适应能力的促进作用、对提高全民健康水平的贡献、对促进全国体育参与率的贡献、女性如何科学健身、男女平等参与体育意识、妇女体育参与的障碍等通过研究报告、宣传性手册、电视公益广告宣传、重要节日领导人讲话、漫画等形式进行宣传，营造妇女体育参与各种文化氛围，提高公众对妇女体育参与重要性的认知。国际上经常采用"劝告"性政策工具的案例很多，如世界卫生组织提出的"体力活动与妇女（Physical Activity and Women）"，对妇女参与体育的好处（Benefits of Physical Activityfor Women）、妇女缺乏体力活动的原因（Reasons for Physical Inactivityin Women）、如何促进妇女参与适当的体力活动（Appropriate Physical Activityfor Women）等进行宣传，使世界各国提高对妇女参与体育重要性、采取何种措施提高妇女全面参与体育的认知，倡议各国政府组织和社会组织为促进妇女参与体力活动行动起来，全面提升妇女健康水平。英国首席特丽萨议员阁下在2017年8月29日的妇女体育招待会的《庆祝妇女体育取得的成就》讲话中明确提出：提高妇女在体育管理机构中的代表人数、妇女体育同男性体育一样重要等对妇女体育发展观点的重要言

第七章 现实需求：中国妇女体育参与走势及妇女体育政策文本内容体系建构

论。加拿大促进妇女体育及体力活动协会（The Canadian Association for the Advancement of Women and Sport and Physical Activity）倡议出版了"Active Girls & Women"，并针对性出版了《在运动手册》（On the Move Handbook）、《在运动10大成功因素》、《与种族社区建立健康关系》（Making Healthy Connections with Racialized Communities）、《她的声音：年轻妇女体育及体力活动经验探索》（In Her Voice：an Exploration of Young Women's Sport and Physical Activity Experiences）、《妇女和女孩积极参与体育活动：强调社会心理学因素》（Actively Engaging Women and Girls：Addressing the Psycho-Social Factors）、《年轻妇女和女孩放学后的体育活动项目：政策和建议》（Active After School Programs for Girls and Young Women-Policy and Recommendations）、《自尊、体育和体力活动》（Self-Esteem，Sport and Physical Activity）、《新母亲：分享她们对体育活动的看法》（Newcomer Mothers-Sharing Their Thoughts about Physical Activity）、《董事会中的女性：参与指南》（Women on Boards：

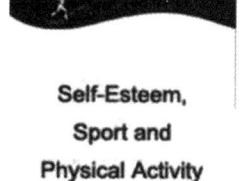

图7-7 加拿大妇女体育参与宣传手册

A Guide to Getting Involved）等多种促进妇女体育参与的文件和手册。妇女体育政策的目的就是提高妇女体育参与意识，提高妇女体育参与率，因此，让公众尤其是妇女意识到妇女体育参与的重要性，如何健康参与体育活动，通过政府和社会的舆论宣传是非常重要的，"劝告"性政策工具在整个政策执行的过程中起到了非常关键的作用。

（二）突出使用"激励"性政策工具，提高各级政府、公益组织对妇女体育发展事业的关注

激励性政策是指政策主体（政府或部门）通过向个人或组织提供特定的帮助、支持和奖励，重在引导人们自觉遵守某些规定或主动实施某种行为。"激励"性政策工具在消除男女性别差异的政策中经常使用。激励性政策工具在妇女体育政策执行的过程往往都是通过以下几种手段来完成，即：①资金鼓励。政府和企业向有关部门提供专项资金或赞助资金，通过经费补贴或奖励基金的形式鼓励相关部门组织妇女体育的各种培训、妇女体育各种赛事、制定妇女体育健身宣传手册等促进妇女体育快速发展的各种行为。②物品鼓励。通过提供体育器材、体育服装、健身充值卡、健康体检卡、生活用品等形式的奖励，充分调动各级政府部门、社会组织、社区及妇女个人等组织和参与体育活动的积极性。③精神鼓励。通过评选各种优秀组织、个人等对其进行表彰，颁发荣誉证书，从精神鼓励层面对先进政府机构、社会组织和个人进行鼓励，承认其在妇女体育事业中做出的突出贡献。④资金惩罚。对不能达到政策既定目标的政府组织机构将采用一定的资金惩罚措施。这一政策工具的使用能够充分体现国家、社会对妇女健康、妇女体育的高度关注和关怀，显示出一个国家制度的优越性和政策的全面性。如：《如果你愿意，我会的》（I Will if You Will）是英国为促进妇女和女孩体育参与的一个新规划项目，该项目由英格兰体育局联合各种私人和公共部门投资230万英镑，以英国布里市为试点，由布里委员会领导和负责改善妇女体育参与的体育设施、市场、交流、教练、组织者和更衣室等各个方面，并取得了巨大的成功。如美国妇女体育协会联合政府机构于2001年发布了"GoGirlGo！"健康教育计划，该计划旨在通过各种课程提高小学、初中、高中女生体育

第七章　现实需求：中国妇女体育参与走势及妇女体育政策文本内容体系建构

活动参与率，改善久坐女孩的健康水平。该计划通过向女孩免费提供各种屡获荣誉的课程，为女孩参与体育活动提供工具，已吸引了百万女孩的参与，并向女孩服务组织提供了超过560万美元的资金资助，同时GoGirlGo! 课程先后在2004年、2006年、2008年和2011年获得"全国健康信息奖（National Health Information Award）"，既有资金鼓励，又有精神层面的奖励，既提高了参与组织机构的积极性，又弥补了组织机构在资金花费上的不足。如英国政府体育机构中妇女领导代表比例自2014年以来下降了6%，而英国妇女体育政策的目标是英国政府体育机构中高层女性领导岗位的比例不低于30%，为遏制这种持续下降的状况，英格兰体育局起草了行动方案：规定至2017年4月1日前，女性领导代表没有达到30%的政府体育机构将不能获得资助资金。

图7-8　美国"GoGirlGo"健康教育计划

（三）能力建设性工具能够提升妇女参与体育各个领域的能力，着眼于促进妇女体育发展的长期效应

能力建设性工具是政府机构、社会组织团体或个人向政策执行机构（个人）、健身团体、女性体育参与者提供特定形式的授权（减免税收、补贴、贷款或担保等）、专项资金支持，旨在提高个人、团体、组织、机构和社区等解决问题、履行关键职能、确定和实现预期目标的能力，并能够深入理解和处理各种事项可持续发展所需的各种要

求。这一进程旨在加强一个组织或多个组织的技能，以提高其运作能力；关键是要提高组织的技能，而不仅仅是那些组织中个人的技能。能力建设是一种强有力的工具，能够真正赋予妇女权力，充分发挥她们的潜力。能力建设性政策一般包含三个层面的发展：①人力资源的发展；②组织机构的能力发展；③制度的建设。同时，能力建设性工具一般通过技术支持、资金支持和其他特定资源的支持三种形式来完成预期政策目标。如向妇女体育组织提供项目管理、战略规划和组织发展的系列技术培训；向妇女提供各种技能培训课程，为相关妇女体育组织机构、个人提供学习和培训的机会；为提供各种技术培训的单位提供资金援助。

同时，提高妇女在体育领域内的全面发展需要提升妇女自身的能力，如在幼儿园、小学、中学、大学培养女性的体育意识、传授体育的基本技能，提高女性在体育学科的升学率，通过各种培训课程提升体育教师、教练员、裁判员、技术官员、领导人、管理者（管理机构）、新闻工作者等妇女体育从业者胜任工作的能力，为营造积极向上的妇女体育文化氛围、妇女终身体育参与、妇女体育就业、妇女体育话语权等打下坚实的基础。比较而言，激励性政策工具是在为期较短的时间内为改善某种问题而采用的各种短期补贴的形式，有的甚至是一次性行为；而能力建设性工具则是在较长的周期内以长期投资或补贴的形式致力于妇女体育事业的发展，或许短期内不能看出效果，但从长远来看，妇女体育参与能力的提升会产生各种良性结果。如改善中小学的体育课程，专门开设女生喜欢的、符合中小学女生身心发展的体育教学内容，使每个女学生都能掌握体育健身的基本技能，并培养她们良好的健身习惯。这种行为从整个国家层面可能短时期内看不出明显的效果，但或许在十几年或几十年后，妇女体育参与率明显提高，甚至全民体育参与率都会大幅度提升，因为妇女自身体育参与率提高会促使全民健身参与率的提高。同时，妇女自身的体育参与意识会明显影响到整个家庭和其周围的同事、朋友，明显改善体育参与的文化环境，快速提高全国体育参与率。另外，不断改善妇女体育参与的各种环境，如体育场地设施环境、通过各种媒体宣传营造妇女体

第七章　现实需求：中国妇女体育参与走势及妇女体育政策文本内容体系建构

育参与的各种社会文化环境，改善妇女体育参与硬件和软件环境，也会对妇女体育事业的长期发展产生良好的效果。

（四）通过系统变革性政策工具使用，加大对妇女体育的扶持力度

系统变革性政策工具是指政策主体（政府或部门）通过重新配置资源或调解利益关系来调动政策目标群体的主动性与积极性，促进政策目标的实现。从上述的研究可知，中国历年来出台体育政策很少纳入性别意识，女性在体育领域内的代表和权威性严重不足。使用系统变革政策工具就是希望通过权威的转移改变当前体育领域内政治权利的分配，改变当前男性在体育管理岗位占绝对优势的政治格局，提高效率。未来中国妇女体育政策使用系统变革性工具的目的就是希望将体育公共基金通过公共服务产品的形式公平地分配给相关机构、组织和个人，真正地从公众需求的角度满足妇女体育参与的需求，而不是政府以绝对的权威想当然地分配体育资源，导致妇女体育资源严重缺乏。西方发达国家为改变体育资源分配上不均等，常常使用系统变革性政策工具。最典型的案例就是《美国的第九教育法案》，美国针对学校体育资源分配不均，女运动员比例较少、女学生健身资源较少、健身参与积极性不高、种族差异等颁布这一政策，对促进学校女性体育参与取得巨大的突破。英国要求资助政府体育机构，高层领导人的女性比例不能低于30%，未达到该目标的将不再提供资金资助，改善权威机构权威性的性别比例。

（五）适当使用命令性政策工具，保障妇女体育政策的执行效果

政府合法的权威包括许可、禁止或要求在特定环境下的行动，所期待的结果是服从，或行为与规则所要求的一致。权威工具主要在政府的等级系统中使用，从而指导其他层级的代理机构和官员的行为，而这种工具偶尔也扩展到政策对象中去。命令性政策工具在政府机构经常使用，也是当前中国使用频率较高的政策工具。妇女体育政策执行的过程中也经常使用权威性政策工具，但没有劝告性政策工具和激励性政策工具使用频率高，而且权威性工具的使用比较稳定，使用周期较长。命令性工具具有不可逾越的权威性，是自上而下地传达命令，实施成本较低而且容易实施、效果明显。在妇女体育政策的执行

中采用命令性工具一般包含两个部分，即：①对特定政策目标群体进行政策表述，通过法律、法令、规则等规范其行为；②对没有遵守政策规范的特定目标群体进行各种程度的惩罚，资金处罚在妇女体育政策执行中较为常见，而且大都以撤销资金补助的形式出现。对体育中出现特殊情况，如性骚扰、强奸、暴力事件等违法行为才用法律的手段对违法个人进行非常严厉的处罚。

第八章

结论与建议

第一节 结论

（1）妇女体育政策是由政府或其他社会组织制定的，为解决中国妇女全面参与体育领域内各方面的问题，保障妇女在参与体育过程中的合法权益（包括依法享有的特殊权益），消除体育中各行各业对妇女的性别歧视，促进男女平等，充分调动妇女参与体育活动和中国体育事业所采取的政治行为或行动准则，由一系列的谋略、措施、条例、法律、法规、办法等促进妇女参与体育的积极性政策组成。妇女体育政策具有导向功能、控制功能、激励功能、分配功能和规范功能五大核心功能。妇女体育政策能够唤醒妇女体育意识；提升妇女在体育领域内的领导权、参政权；消除妇女在体育领域就业歧视，提升妇女在体育领域就业率；建立培养妇女体育意识与体育能力的机制与条件，全面提升妇女体育参与率；促进媒体关注妇女体育，提高妇女体育媒体覆盖率五个方面的主要作用。

（2）中国没有制定全国性的妇女体育政策，相关妇女体育政策零星地分布于一些体育政策和妇女政策中。近代中国的妇女体育出现在晚清时期，《禁止缠足政策》使中国妇女身体获得解放，使她们参与体育活动成为可能；《奏定女子学堂章程》使中国妇女体育参与率有了大幅提高。民国时期出现了完整的教育政策、妇女政策、体育政策、体育法等，首次从国家政策层面规定了妇女的受教育权和体育参与权，义务教育、男女同校等使女生参与体育在学校领域全面展开，学校女生参与体育的人数迅速增加，体育项目更加多样化，女性体育教育、女性体育科研、女性体育媒体宣传出现，并初具规模；但军国主义体育、精武女子体育、锦标主义体育在学校体育中蔓延。中华人民共和国成立后，中国出台了一系列解放妇女的政策、体育政策以及一些零星的妇女体育政策，妇女体育事业全面展开，女子竞技体育取得了辉煌的成绩，并领先于国际女子竞技体育水平；但竞技体育与全民健身发展不均衡，男女体育发展不均衡，竞技体育后备人才较少，全民健身参与率低等，需要出台专门的、全国性的妇女体育政策保障中国的妇女体育事业全面、均衡发展。

（3）国际奥委会（IOC）、世界妇女与体育工作组（IWG）、英国、澳大利亚、加拿大、美国等国际组织和发达国家均制定有专门的妇女体育政策，政策内容涵盖妇女体育（竞技体育、学校体育、群众体育）参与、妇女体育培训、妇女体育管理及领导、妇女体育就业、妇女体育媒体覆盖率、妇女体育资源分配、妇女体育研究与国内外交流、妇女体育性别统计等领域；这些国际组织和国家在制定政策的同时，也制订了有针对性的、配合政策实施的行动计划，并取得了良好的效果。其成功之处是：政策具有明确的目标、政策内容全面有针对性、配套政策的行动计划可操作性强、资金支持力度较大、建立科学合理的评价标准等。

（4）当前中国妇女体育的发展现状不容乐观。女性竞技运动员后备力量明显不足，女子竞技体育保持国际较高水平，但项目普及率较低；妇女经常参加全民健身人数略高于男性，但与世界发达国家差距较大；学校体育中女性参与人数增加，但学校体育资源分配不均衡，不能满足女学生的体育需求，女学生参与业余训练人数低于男性，且随着学生年龄的增大，男女之间的比例差距就越大。女性体育领域内的就业水平明显低于国内其他领域和发达国家体育领域的就业水平；媒体报道男女差距较大，女性明显低于男性；管理岗位尤其高层管理岗位上女性领导人代表比例较低，低于发达国家水平；参与全民健身

第八章　结论与建议

的女性普遍认为当前中国的体育氛围、体育资源更有利于男性参与体育，存在一定不公平性；妇女体育需求与服务供给之间的矛盾较大；中国绝大多数妇女有参加体育健身的愿望，希望出台专门的妇女体育政策保护妇女参与体育的各项权利等。

（5）确立中国妇女体育政策构建的意义：是践行男女平等的基本国策和促进性别平等的具体承诺；是党和国家"'四个全面'战略布局"和"五大发展理念"的具体落实；是打造国际大国风范的应有之举；是实现妇女全面参与体育和实现妇女全面发展的重要举措；带动体育的全面发展，实现"全民健身""健康中国2030"国家战略。价值取向是：公平正义，促进两性平等的基本价值取向；以人为本，一切为了妇女的体育利益的核心价值取向；尊重多元化选择，促使妇女全面参与体育，全面提升妇女幸福感的终极价值取向。主要目标是：全面提高妇女参与体育各领域活动的终极目标；培养妇女体育参与兴趣、参与能力和文化氛围等的基本目标；促进国家其他社会目标实现的衍生目标。基本理念是：推进体育中性别平等和保护妇女权益是国家和政府的责任和义务；社会性别意识纳入体育决策主流化是实现妇女体育政策目标的最佳途径；体育社会性别统计是实现妇女体育政策目标的有效工具；妇女体育政策的制定，不是对妇女的"特殊照顾""福利""同情"，而是实现男女平等的应然与必要手段；妇女平等参与体育，不仅是妇女个人的事情，更是社会发展的必然需要；强调体育中社会性别（Gender）平等，而不是否认体育活动中男女生理性别（Sex）的差异。

（6）妇女体育政策核心内容体系应包括：媒体宣传与妇女体育文化氛围营造、妇女群众体育参与、妇女学校体育教育、妇女竞技体育参与、妇女体育领域就业、妇女体育参政决策、妇女体育场地设施资源配置、妇女体育研究与交流、妇女体育性别统计数据库的建立十个方面的政策内容。

（7）按照国际惯例和中国国情，确立了未来中国妇女体育政策应经常采用劝告、激励、能力建设、系统变革和命令等政策性工具。

第二节　建　议

（1）国家要深入宣传妇女体育的价值与意义，改变对妇女体育的传统观念，为妇女参与体育创建良好的政治环境、经济环境、社会环境和文化环境。

（2）促进妇女体育参与，保障女性与男性享有平等的各项体育权利，尽快出台中国妇女体育政策，缩小中国男女体育参与的性别差距，为确保妇女体育快速发展提供政策保障。

（3）要加强国家体育性别平等工作供给体系的建设，成立专门的国家级及省市级体育性别平等委员会和相关管理机构体系；鼓励社会团体成立妇女体育协会、妇女体育发展基金会等公益社会妇女体育组织，对致力于妇女体育事业发展的公益性社会团体、组织机构赋权，给它们提供专门的资金和政策性优惠，提高参与妇女体育事业的积极性。帮助解决妇女体育参与过程中存在的各种社会问题和现实困难；鼓励政府以已购买公共服务的形式给社会妇女体育组织一定的资金支持，为中国妇女体育的发展提供组织保障。

（4）国家应把性别平等意识纳入体育决策主流，建立对体育不同领域决策者进行性别平等意识培训的机制，注重建立女性体育人才培养制度，提高妇女自身在领导、就业等方面的能力，在出台和颁布的各项体育政策、法规、规章等文件中应涵盖性别平等的相关内容。

（5）按照妇女体育政策的核心内容，建立完善的性别体育统计体系，客观真实地反映体育各领域男女两性参与的动态变化，为妇女体育政策的执行、监管、评估与调整提供科学依据。鼓励和加强妇女体育科研工作的推进，深入研究和分析中国妇女体育参与的各种障碍因素，为促进妇女体育的参与提供技术上的支持。

（6）加大对妇女体育健身参与的投资力度，尤其加大妇女体育基础体育设施建设的投资力度，以及基础教育或培训经费等方面的资金支持，为中国妇女体育的快速发展提供资金保障。

（7）对妇女体育政策工具的选择，国家应重点采取劝告和激励性政策工具，减少命令性政策工具的使用频率。尤其要加强对弱势妇女群体、偏远不发达地区妇女体育意识的培养与培训，在政策上给予倾斜，促进弱势妇女群体的体育参与。

（8）制定中国妇女体育政策时，应考虑与国家上层机构的政策和法律相融合，在不违背国家大政策背景下和法律允许范围之内制定中国的妇女体育政策。

参考文献

《蔡元培全集》(第一卷),浙江教育出版社1997年版。

《金陵癸甲摭谈补·中国史学会·太平天国》第4册,神州国光社1952年版。

《孙中山全集》(第二卷),中华书局1982年版。

《运动会妇女界消息》,《申报》1921年5月12日第11版。

中国群众体育调查组:《中国体育人口年龄性别结构女性比率明显低于男性》,http://sports.sina.com.cn/o/2011-07-16/22515661311.shtml。

《中央人民政府政务院关于改善各级学校学生健康状况的决定》,《人民日报》1951年8月10日第3版。

《中央人民政府政务院关于改善各级学校学生健康状况的决定》,《山西政报》1951年第9期。

阿伦·古特曼著:《妇女体育史》,徐元民译,师大书苑2002年版。

白枚:《社会性别理论初探》,硕士学位论文,内蒙古大学,2006年。

鲍冠文:《体育概论》,高等教育出版社1995年版。

北京妇女联合会:《北京妇女社会地位研究(2000—2010)》,中国妇女出版社2013年版。

曹秋莲:《对中国女性参与竞技体育的历程及其伦理价值的探讨》,硕士学位论文,山东师范大学,2007年。

陈东原:《中国妇女生活史》,商务印书馆2015年版。

陈方等:《性别与公共政策》,对外经济贸易大学出版社2012年版。

陈娟:《烟台市中学女性体育教师从业状态与发展对策》,硕士学位论文，山东师范大学，2016 年。

陈庆云主编：《公共政策分析》（第二版），北京大学出版社 2011 年版。

陈依：《益阳市农村初中体育教师生存状态研究》，硕士学位论文，吉首大学，2016 年。

陈振明：《政策科学——公共政策分析导论》（第二版），中国人民大学出版社 2003 年版。

程菡：《北京市中小学新入职体育教师教学工作现状调查研究》，硕士学位论文，首都体育学院，2016 年。

程谪凡：《中国现代女子教育史》，中华书局 1993 年版。

程执：《进一步开展群众性的体育活动》，《人民日报》1953 年 10 月 14 日第 3 版。

邓小南等：《中国妇女史读本》，北京大学出版社 2011 年版。

丁煌、杨代福：《政策工具选择的视角、研究途径与模型建构》，《行政论坛》2009 年第 3 期。

丁莹：《苏州与台北两市中小学体育教师在职培训路径比较研究》，硕士学位论文，苏州大学，2016 年。

董进霞等：《女性·文化·体育研究动态》，北京体育大学出版社 2007 年版。

董一凡、牟少华：《高校体育教育研究》，云南大学出版社 2010 年版。

风笑天：《社会学研究方法》，中国人民大学出版社 2009 年版。

甘小娟：《江西省中学体育教师对自身专业能力现状认知的研究》，硕士学位论文，江西师范大学，2016 年。

谷世权：《中国体育史——第四届全运会总报告附录》，北京体育大学出版社 1997 年版。

顾明远：《教育大辞典》（第一版），上海教育出版社 1990 年版。

广少奎：《南京国民政府教育部及其行政制度研究》，硕士学位论文，湖南大学，2005 年。

国家体委体育文史工作委员会、全国体总文史资料编审委员会：

《改进学校体育案·中国近代体育决议案选编——体育史料（16 辑）》，人民体育出版社 1990 年版。

郝晓岑：《中国幼儿体育政策研究：权利保障与权利救济》，博士学位论文，北京体育大学，2013 年。

何黎萍：《西方浪潮影响下的民国妇女权利》，九州出版社 2009 年版。

贺宁：《新疆塔什库尔干塔吉克自治县体育现状与发展研究》，硕士学位论文，新疆师范大学，2016 年。

荒林：《中国女性主义》，广西师范大学出版社 2006 年版。

黄红华：《统筹城乡就业中的政策工具选择与优化》，博士学位论文，浙江大学，2009 年。

冀萍：《山西省中学体育教师职业素养的研究》，硕士学位论文，山西师范大学，2016 年。

贾浩：《小学体育教师反思能力培养方案设计与实施研究》，硕士学位论文，河北师范大学，2016 年。

蒋永萍：《世纪之交的中国妇女社会地位》，当代中国出版社 2003 年版。

蒋勇军、陈名锋：《浅析清末民初时期女子体育活动》，《湖州师范学院学报》2007 年第 1 期。

［美］杰·科克利：《体育社会学——议题与争议》（第六版），清华大学出版社 2003 年版。

郎静：《近代体育在上海（1840—1937）》，上海社会科学出版社 2006 年版。

雷欣：《社会性别理论探析》，硕士学位论文，华中科技大学，2008 年。

李彬：《唐山市中学体育教师科研现状研究》，硕士学位论文，河南大学，2016 年。

李超：《"国培计划"视野下黑龙江省农村中小学体育教师继续教育研究》，硕士学位论文，牡丹江师范学院，2016 年。

李钢、蓝石：《公共政策内容分析方法：理论与应用》，重庆大学

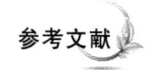

出版社2007年版。

李国等：《中国三次群众体育现状调查比较研究》，《沈阳体育学院学报》2013年第2期。

李海秀：《全国"亿万妇女健身活动"启动》，《光明日报》2000年4月4日。

李慧英、刘澄：《社会性别与公共政策》，中国社会科学出版社2014年版。

李慧英、刘澄主编：《社会性别与公共政策》（之二），中国社会科学出版社2014年版。

李慧英：《论社会性别理论的核心观点》，《山东女子学院学报》2015年第2期。

李科利、梁丽芝：《中国高等教育政策文本定量分析——以政策工具为视角》，《中国高教研究》2015年第8期。

李木兰：《性别、政治与民主：近代中国的妇女参政（澳）》方小平译，江苏人民出版社2013年版。

李为：《大华纺织厂重点推行广播体操》，《西安日报》1951年2月2日第2版。

李晓智：《中国当代女子竞技体育的发展》，《山西煤炭干部管理学院学报》2004年第2期。

李秀梅：《中华人民共和国体育史简编》，北京体育大学出版社2002年版。

李杨：《商丘市中学体育教师自我效能感与职业倦怠的关系研究》，硕士学位论文，河南大学，2016年。

李永进：《中学体育教师教学效能感、职业认同和工作满意度的关系研究》，硕士学位论文，北京体育大学，2016年。

林翠：《中国近代女子体育运动的兴起》，《衡阳师专学报》（社会科学版）1991年第1期。

林小英、侯华伟：《教育政策工具的概念类型：对北京市民办高等教育政策文本的初步分析》，《教育理论与实践》2010年第25期。

刘继同：《妇女与福利：女性主义福利理论评介》，《妇女研究论丛》2003 年第 4 期。

刘晶辉：《民族、性别与阶层——伪满时期的"王道政治"》，社会科学文献出版社 2004 年版。

刘凯：《新媒体环境下学校体育政策的传播策略》，《中国学校体育》2014 年第 10 期。

刘人锋：《晚清女子体育的兴起与发展》，《湖南科技学院学报》2009 年第 6 期。

刘人锋：《中国妇女报刊史研究》，中国社会科学出版社 2012 年版。

刘瑞莪：《记女学体操》，《女子世界》1904 年第 7 期。

刘晓辉、马焱：《男女平等价值观：我们的理解与认识》，http：//www.wsic.ac.cn/academicnews/88709.htm。

刘祎：《迁安市小学体育教师师资队伍现状研究》，硕士学位论文，河北师范大学，2016 年。

刘渊：《高中体育教师课堂有效教学行为调查研究》，硕士学位论文，山西师范大学，2016 年。

卢芬：《成都市武侯区初级中学体育师资现状调查与分析》，硕士学位论文，成都体育学院，2016 年。

吕思勉：《中国近代史（1840—1949）》，金诚出版社 2013 年版。

吕武：《中国当前学前教育政策工具选择偏向及其影响——基于〈国家长中期教育改革和发展规划纲要（2010—2020）〉以来的主要政策文本的分析》，《教育科学》2016 年第 1 期。

罗时铭：《中国近代体育变迁的文化解读》，北京体育大学出版社 2007 年版。

罗时铭等：《中国体育通史》（第三卷），人民体育出版社 2008 年版。

罗时铭等：《中国体育通史》（第四卷），人民体育出版社 2008 年版。

罗文：《北京市高等院校体育教师激励机制研究》，硕士学位论

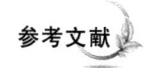

文，北京体育大学，2016 年。

马德浩、季浏：《论保护中国女性体育参与权利的意义与策略》，《体育文化导刊》2014 年第 11 期。

萍霞：《妇女体育运动的选择问题》，《女青年月刊》1934 年第 6 期。

邱亚君：《社会性别与女性休闲体育研究》，浙江大学出版社 2014 年版。

全国体育院校成人教材协作组：《体育概论》，北京人民体育出版社 1999 年版。

荣高棠：《当代中国体育》，中国社会科学出版社 1984 年版。

桑国强：《专业化视域下中国特殊体育教师教育研究》，硕士学位论文，福建师范大学，2016 年。

邵雍：《中国近代妇女史》，合肥工业大学出版社 2013 年版。

申圆博：《隆德县农村中小学体育师资队伍建设研究》，硕士学位论文，西北师范大学，2016 年。

沈承刚：《政策学》，北京经济学院出版社 1996 年版。

孙燕：《扬州市邗江区中小学体育教师继续教育现状与分析》，硕士学位论文，苏州大学，2016 年。

谭峰、乐钟萍：《试述中国近代女子体育教育》，《西安体育学院学报》2004 年第 2 期。

汤尼·白露：《中国女性思想史中的妇女问题》，沈齐齐译，李小江审，上海人民出版社 2012 年版。

佟亮亮：《对河北省保定市农村小学体育教师职业生存现状的研究》，硕士学位论文，河北师范大学，2016 年。

王传宏、李燕凌：《公共政策行为》，中国国际广播出版社 2002 年版。

王杰：《农村中学体育教师利益表达机制研究》，硕士学位论文，湖南师范大学，2016 年。

王群群：《上海市中小学体育教师绩效工资分配现状的调查研究》，硕士学位论文，上海体育学院，2016 年。

王骚：《公共政策学》，天津大学出版社 2010 年版。

王世洲：《关于体育法的若干基本理论问题》，《北京大学学报》（哲学社会科学版）2006 年第 3 期。

王书彦：《学校体育政策执行力及其评价指标体系实证研究——以黑龙江省普通中学为例》，博士学位论文，福建师范大学，2009 年。

王薇、齐玥：《中国女性心血管病流行趋势》，《中国实用内科杂志》2014 年第 34 期。

王文：《初中体育教师实施〈体育与健康课程标准〉的现状与分析》，硕士学位论文，青海师范大学，2016 年。

王政、陈雁：《百年中国女权思潮研究》，复旦大学出版社 2005 年版。

文慧：《南昌市中学体育教师职后培训研究》，硕士学位论文，江西师范大学，2016 年。

吴嘉玲：《21 世纪中国女性的健康体育观及其变化与发展》，《中南民族大学学报》（人文社会科学版）2006 年第 1 期。

吴雁南、冯祖贻：《中国近代社会思潮（1840—1949）》，湖南教育出版社 1998 年版。

吴燕：《百年中国社会图谱：从小脚女人到社会半边天》，四川人民出版社 2003 年版。

习近平：《坚持男女平等基本国策　发挥妇女伟大作用》，http://www.gov.cn/ldhd/2013-10/31/content_2519107.htm。

夏晓虹：《晚清文人妇女观（增订本）》，北京大学出版社 2016 年版。

肖前玲：《中国农民工教育政策体系构建研究——以包容性发展理念为视角》，博士学位论文，西南大学，2013 年。

肖文卫：《深圳市龙岗区中小学在职体育教师培训现状的调查与研究》，硕士学位论文，陕西师范大学，2016 年。

谢波、刘娟：《乡村教师队伍建设政策：价值取向与具体落实》，《宁夏教育》2016 年第 9 期。

谢丽娜：《〈布莱顿妇女与体育宣言〉和妇女体育》，《体育文化导刊》2002 年第 1 期。

谢振民：《中华民国立法史》，中国政法大学出版社 2000 年版。

熊恒：《成都市普通高校体育教师继续教育现状研究》，硕士学位论文，四川师范大学，2016 年。

熊欢：《性别、身体、社会：女性体育研究的理论、方法与实践》，中国社会科学出版社 2016 年版。

熊艳芳：《女性主义对奥运会女子体育项目发展的影响》，《体育文化导刊》2008 年第 5 期。

徐箐、肖焕禹：《从上海市体育人口的性别结构透视其妇女体育的开展》，《中国体育科技》2005 年第 41 期。

阎广芬：《简论西方女学对中国近代女子教育的影响》，《河北大学学报》（哲学社会科学版）2000 年第 6 期。

杨卫东：《〈2001—2010 年体育改革与发展纲要〉的政策学分析》，《中国体育科技》2004 年第 3 期。

杨文轩、冯霞：《体育文化在社会主义精神文明建设中的地位和作用》，《体育学刊》2006 年第 13 期。

杨英杰：《甘南藏区中小学体育教师工作满意度研究》，硕士学位论文，北京体育大学，2016 年。

杨早梅：《重庆市北碚区小学体育教育资源现状与对策研究》，硕士学位论文，西南大学，2016 年。

游鉴明：《超越性别的身体·近代华东地区女子体育（1895—1937）》，北京大学出版社 2012 年版。

喻琅：《特殊教育学校体育教师现状的调查研究》，硕士学位论文，北京体育大学，2016 年。

张帆：《张家口市农村中小学体育工作发展策略研究》，硕士学位论文，河北师范大学，2016 年。

张凤霞等：《二十世纪妇女解放与妇女体育的蓬勃开展》，《体育文化导刊》2002 年第 4 期。

张李飞：《西安市职业女性参与休闲体育活动的现状与对策研究》，硕士学位论文，西安体育学院，2011 年。

张赛玉：《女性主义福利视野下的中国福利制度研究》，《长春理工大学学报》（社会科学版）2015年第5期。

张文朋、王健：《新中国成立以来学校体育政策的演进：基于政策文本的研究》，《体育科学》2015年第2期。

张文婷：《武汉市中学体育教师工作满意度在人口统计学变量上的调查研究》，硕士学位论文，武汉体育学院，2016年。

张小亮：《泰州市民办中学体育教师专业化现状研究》，硕士学位论文，苏州大学，2016年。

张晓军：《近代国人对西方体育认识的嬗变（1840—1937）》，东北师范大学出版社2015年版。

张永亮：《北京市高等学校体育教师权益保障现状的研究》，硕士学位论文，首都体育学院，2016年。

中央编译局：《马克思恩格斯选集》第二版，人民出版社1996年版。

周青山：《体育领域反歧视法律问题研究》，博士学位论文，武汉大学，2015年。

"5th IWG World Conference on Women and Sport", Australian Women sport and Recreation Association Inc. WEBSITE, Retrieved 30 July 2013.

"Gender in Televised Sports News and Highlights Shows, 1989–2009", Center for Feminist Research, University of California, June 2010. Web. November 2014//www.sportengland.org/media/3926/20131128-y2-aw-eval-1-page-summary.pdf./health/health-systems/Table-of-Content-Metadata-OECD-Health-Statistics-2015.pdf.

"A Growing Problem: Trends and Patterns in Overweight and Obesity Among Adults in Australia, 1980 to 2001", Canberra: AIHW, 2003.

"Active After School Policy", http://www.caaws.ca/onthemove/e/after_school/documents/CAAWS_Acfive_After_School_Policy.pdf.

"Active Girls—A Resource for Schools about Girls, Physical Activity and Sport", 1993, Canberra: Australian Sports Commission — Active Girls Campaign.

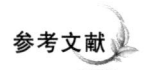

"Active Lives Survey 2015-2016 Year 1 Report", https://www.sportengland.org/media/11498/active-lives-survey-yr-1-report.pdf.

"Actively Engaging Women and Girls Addressing the Psycho-Social Factors", http://caaws.ca/ActivelyEngaging/documents/CAAWS_CS4L_Engaging_Women.pdf.

Affirmative Action (Equal Employment Opportunity for Women) Act 1986, 1986, Canberra: Commonwealth of Australia.

Australian Bureau of Statistics, "1996-1997 Women's Health in Australia: A Status Report", Canberra, ABS Cat. No. 3303.0, 1998.

Australian Department of National Parks, Sport and Racing, "*Women and Girls in Sport and Active Recreation Stakeholder Forum Report*", Department of National Parks, Sport and Racing, 2013.

Australian Institute of Health and Welfare, "*Cardiovascular Disease, diabetes and Chronic Kidney Disease — Australian Facts: Prevalence and Incidence*", Canberra: AIHW, 2014.

"Changing-the-Game-for-Girls-Teachers-Toolkit", https://www.womeninsport.

Commonwealth Scientific Industrial Research Organization (CSIRO), "Australian National Children's Nutrition and Physical Activity Survey", 2007.

"*Convention on the Elimination of All Forms of Discrimination against Women*", 1979, Np: United Nations.

Council of Europe, "Revised European Sports Charter", (2001), https://search.coe.int/cm/Pages/result_Details.aspx?ObjectID=09000016804c9dbb.

"Creating a Nation of Active Women: A Framework for Change", http://sportdevelopment.org.uk/index.php?option=com_content&id=678:creating-a-nation-of-active-women-a-framework-for-change&Itemid=65.

Developing an Active Australia, "A Framework for Action for Physical Activity and Health, 1998", Canberra: Commonwealth Department of

Health and Family Services.

Don't Stop for Menopause: A Guide for All Active Women", Canberra: Australian Sports Commission, 1995.

Dragan Martinović, et al., "Gender Differences in Sports Evaluation of the Active Women Programme-Interim Report", https://www.sportengland.org/media/3161/active-women-programme-first-year-evaluation-report.pdf.

"*Giving Girls a Sporting Chance: A Review of the Effects of Single and Mixed Sex Competition on the Participation of Girls in Sport*", 1994, Adelaide, Sale, B: Department of Education and Children's Services and Office for Recreation, Sport and Racing.

Gretchen Kerr, Beth Ali, "Perceived Barriers to Achieving Gender Equity in Canadian Interuniversity Sport: Perspectives of Athletic Directors", *Coaching Association of Canada*, ISSN 1496-1539, Vol. 12, No. 2, April 2012.

"*Harassment-Free Sport — Guidelines for Athletes*", 1998, Canberra: Australian Sports Commission, https://www.lancashiresport.org.uk/index.php?/research/gender-differences-in-sports.

Jacquelynne S. Eccles and Rena D. Harold, "Gender differences in sport involvement: Applying the eccles' expectancy-value model", *Journal of Applied Sport Psychology*, Vol. 3, Iss. 1, 1991.

Kane, M. J., et al., "*Exploring Elite Female Athletes' Interpretations of Sport Media images: A Window into the Construction of Social Identity and "Sell Sex" in Women's Sports*", Communication & Sport, pp. 269-298, 2013.

"Key findings from the second year of the Active Women evaluation", https://www.sportenyland.org/media/3926120131128-y2-aw-eral-1-page-summary.pdf.

"Making the Case: Investing in Physical activity and sport for Mothers and their Families", http://www.caaws-mothersinmotion.ca/e/resources/index. cfm.

McKay J. , "Why So Few? Women Executives in Australian Sport", 1992, Canberra: National Sports Research Centre.

Michael Hewlett, "Policy Instruments, Policy Styles, and Policy Implementation: National Approaches to Theories of Instrument Choice", *Policy Studies JoumaL*, Vol. 7, No. 2, 1991, pp. 1-21.

National Health and Medical Research Council, "*Acting on Australia's Weight: A Strategic Plan for the Prevention of Overweight and Obesity. Canberra: Australian Government Publishing Service*", 1977, New England Journal of Medicine.

National Policy on Women and Girls in Sport, "Recreation and Physical Activity National Policy on Women and Girls in Sport, Recreation and Physical Activity 1999-2012", 1999, Australian Sports Commission.

"On the Move Handbook", http://www.caaws.ca/onthemove/e/resources/index.htm

"*Participation in Sport and Physical Activities*", Canberra: Australian Bureau of Statistics, 1998.

"*Physical Activity and Health: A Report of the Surgeon General*", Atlanta, Georgia: US Department of Health and Human Services, Centers for Disease Control and Prevention, 1996.

Robert O. Deaner, et al. , "Sex Differences in Sports Interest and Motivation: An Evolutionary Perspective", *Evolutionary Behavioral Sciences*, Vol. 10, No. 2, 2016, pp. 73-97.

Sandra Taylor, et al. , *Education Policy and the Polilics of Change*, London and NewYork: Routledge, 1997.

Sheila Scraton and Anne Flintoff, "Gender, Feminist Theory, and Sport", http://library.pcw.gov.ph/sites/default/files/gender,%20feminist%20theory%20and%20sport.pdf.

"Sport and Sex Discrimination", Sydney: Human Rights and Equal Opportunity Commission, 1992.

Sports Council, "Women and Sport: A Consultation Document", 1992.

The Beijing Declaration and the Platform for Action Fourth World Conference on Women, Beijing, 1995, 1996, New York: United Nations Department of Public Information.

The Brighton Declaration on Women and Sport: *Women, Sport and the Challenge of Change Conference*, 1994, UK: UK Sports Council.

"*The Jakarta Declaration on Leading Health Promotion into the Twenty-first Century*", Geneva, Switzerland: World Health Organization, 1997.

"The School Report 2012 (The Experiences of Gay Young People in Britain's Schools)", http://www.stonewall.org.uk/documents/school_report_2012(2).pdf.

"*The Windhoek Call for Action: Second World Conference on Women and Sport*", Canada: Sports Canada, 1998.

UK Sport, "UK Strategy Framework-for Women and Sport", 2005.

"*Women, Sport and The Media: A Report to The Federal Government from The Working Group on Women in Sport*", Canberra: Australian Sports Commission and the Office of the Status of Women, 1985.

"Women's Participation in Sport Survey, *Summary of Results*", Brisbane: Department of Tourism, Sport and Racing, 1993.

Women's Sport and Fitness Foundation, "Creating a Nation of Active Women- A Frameword of Change", Women's Sport and Fitness Foundation Company Limited by Guarantee, 2008.

"OECD Health Statistics 2015-Frequently Requested Data", http://www.oecd.org/wp-content/uploads/2015/04/Changing-the-Game-for-Girls-Teachers-Toolkit.pdf.

附 录

附录 A 妇女体育政策制定专家访谈提纲

1. 您经常参加体育活动吗？若经常参加，您主要参加哪些方面的体育活动？（自己健身、观看比赛或是其他）[本题主要访谈妇女及妇女政策、政策科学研究方面的专家]

2. 作为妇女、妇女政策、妇女体育或政策科学方面的专家，您对未来中国有可能出台专门的妇女体育政策有什么看法？

3. 您作为中国妇女组织、工会的主要领导，您认为在过去的工作中，中国女性在参加各种体育活动方面存在男女不平等问题吗？若有，表现在哪些方面？[本题主要访谈妇女组织、工会主要相关负责领导]

4. 贵单位在过去的工作中，主要围绕妇女体育开展了哪些活动？贵单位在出台相关规章制度时是否考虑男女性别的差异？出台有专门针对女性的体育政策吗？[本题主要访谈国家体育总局、省市体育局主要相关负责领导]

5. 您作为中国体育部门的主要领导，您认为在过去的工作中，中国女性在参加竞技体育、群众体育及其他体育活动方面存在男女不平等问题吗？若有，表现在哪些方面？[本题主要访谈国家体育总局、省市体育局主要相关负责领导]

6. 您认为，目前中国妇女体育存在哪些问题？总体上，您感觉中国男女在体育参与上存在不平等现象吗？请举例说明。

7. 若出台专门的妇女体育政策，您认为首先应保证女性哪些方面的体育权利？

8. 您认为，可能有哪些因素会影响中国妇女体育政策的出台？

9. 从政策科学的角度看，您认为中国若出台一套妇女体育政策体系，我们应首要考虑的因素是什么？其程序与步骤是什么？〔本题限政策科学方面专家〕

10. 中国若出台妇女体育政策，我们的政策目标、理念、指导思想、原则及政策核心内容是什么？

11. 若出台中国妇女体育政策，应该重点考虑与中国哪些相关法律、相关妇女政策等相衔接或遵循哪些国家政策？

12. 您对将来中国出台单独的妇女体育政策有何建议？

附录 B　不同阶层妇女体育参与体育状况访谈提纲

1. 您经常参加体育活动吗？若经常参加，您主要参加哪些方面的体育活动？

2. 与男性相比，您认为目前中国体育环境或体育氛围，更有利于男性参加体育活动还是更有利于女性参加体育活动？

3. 您认为您工作单位或生活社区或所在居民小区，所建设的体育场馆设施更有利于男性体育，还是更有利于女性体育活动？

4. 您认为，男性更应该参加体育活动？还是女性更应该参加体育活动？

5. 您从小到大接受过专门的体育训练或体育健身指导吗？

6. 您认为从小到大，您在中小学甚至大学所学习的体育项目更适合男性多些还是女性多些？

7. 您认为掌握一项或多项体育运动技能是否会影响您现在参加体育活动的积极性或信心？

8. 您认为您所在单位或社区或居住小区开展的体育活动，是关于男性的体育活动多？还是关于女性的体育活动多？

9. 您认为影响女性参加体育活动的最大障碍是什么？

10. 目前，您所工作的环境，有适合女性参加体育活动的条件吗？有适合男性参加体育活动的条件吗？

11. 根据您的情况，总体上，您感觉中国男女在体育参与上存在不平等现象吗？请举例说明。

12. 您认为，国家有必要出台专门的妇女体育政策来确保中国女性的体育权利吗？

13. 若出台专门的妇女体育政策，您认为首先应保证女性哪些方面的体育权利？

14. 若出台专门的妇女体育政策，您认为政府应该给女性提供哪些方面的体育公共服务产品？

15. 您认为体育部门需要有更多的女性领导吗？

16. 您希望电视、报纸等媒体更多地报道女性体育活动吗？

17. 您在多年的竞技体育训练与竞赛、就业中，您感觉到男女运动员的机会、待遇等是否平等？［本题主要针对女运动员］

附录C 中国女性参与体育状况调查问卷

尊敬的女士：

您好！我是北京体育大学博士研究生。目前正在做关于女性参与体育锻炼状况的研究，为收集数据，特进行此次调查。本次调查采取无记名方式进行，且仅供研究分析，不做其他用途，分析结果对您的生活及工作不会产生任何影响，敬请放心作答，请您给予支持和帮助。在此，对您的支持与帮助，表示诚挚的谢意！

祝您身体健康，生活幸福！

请您回答以下问题，在符合的选项上打"√"。

一、您的基本情况

1. 您的年龄：

(1) 18—30 岁　　（2) 31—40 岁　　（3) 41—50 岁

(4) 51—60 岁　　（5) 61 岁及以上

2. 您的学历：

(1) 初中及以下　　　（2) 高中、中专及职高

(3) 大专、本科　　　（4) 研究生及以上

3. 您的职业、职位及级别：

4. 家庭婚育情况：

(1) 未婚　　　　　　（2) 已婚无子女

(3) 已婚有子女　　　（4) 离异或独居

5. 您目前家庭人员情况：

(1) 独居　　（2) 二人　　（3) 三人　　（4) 四人及以上

6. 您身体的健康状况：

(1) 非常好　（2) 比较好　（3) 一般

(4) 不太好　（5) 非常不好

您参与体育锻炼情况

7. 您经常参加体育活动吗？

(1) 经常（3次/周及以上）　　（2) 偶尔（2次/周及以下）

(3) 一般（4次/月及以下）　　（4) 很少　（5) 从未参加过

＊若经常参加，您主要参加哪些体育项目？（可多选）

(1) 广场舞　　（2) 球类运动　　（3) 武术

(4) 跑步　　　（5) 瑜伽　　　　（6) 游泳

(7) 其他

8. 您认为目前中国体育环境或体育氛围，更有利于男性还是女性参加体育活动？

(1) 非常利于男性　　（2) 比较利于男性

(3) 男女一样　　　　（4) 比较利于女性

(5) 非常利于女性

9. 您认为您所在单位和居民小区的体育场馆设施更有利于男性还是女性参与体育活动？

(1) 非常利于男性　　　（2) 比较利于男性

（3）男女一样　　　　　　（4）比较利于女性

（5）非常利于女性

10. 您认为您所在单位和居住小区开展的体育活动，是适合男性多一些还是女性多一些？

（1）男性非常多　　（2）男性比较多　　（3）男女一样

（4）女性比较多　　（5）女性非常多

11. 您认为男性、女性谁更需要参加体育活动？

（1）男性　　　　　　（2）女性

（3）男女都需要　　（4）男女都不需要

12. 您从小到大接受过体育训练或体育健身指导吗？

（1）总是　（2）经常　（3）偶尔　（4）很少　（5）从未

13. 您认为从小到大所学习的体育项目更适合男性还是女性？

（1）非常适合男性　　　　（2）比较适合男性

（3）男女一样　　　　　　（4）比较适合女性

（5）非常适合女性

14. 您认为掌握一项以上体育运动技能是否会影响您现在参加体育活动的积极性或信心？

（1）非常影响　　　（2）比较影响　　　（3）一般

（4）不太影响　　　（5）一点不影响

15. 您认为影响女性参加体育活动的最大障碍是什么？

（1）家务　　　（2）照顾孩子　　（3）照顾老人

（4）上班　　　（5）没有合适的体育项目

（6）掌握的运动项目技能太少　　　（7）害羞，没有勇气

（8）家人反对　（9）缺少资金　（10）其他

16. 目前您工作的环境，有适合男性、女性参加体育活动的条件吗？

男性：　（1）非常适合　　（2）比较适合　　（3）一般

　　　　（4）不太适合　　（5）非常不适合

女性：　（1）非常适合　　（2）比较适合　　（3）一般

　　　　（4）不太适合　　（5）非常不适合

17. 目前您工作单位系统内，经常开展体育活动吗？

（1）总是　　　（2）经常　　　（3）偶尔

（4）很少　　　（5）从未

18. 贵单位经常组织促进妇女社会体育参与的活动吗？

（1）总是　　　（2）经常　　　（3）偶尔

（4）很少　　　（5）从未

＊如果经常组织体育活动，贵单位组织的体育活动项目是什么？

19. 根据您的理解，总体上，您感觉中国男女在体育参与上存在不平等现象吗？

（1）非常平等　　　（2）比较平等　　　（3）一般

（4）不太平等　　　（5）非常不平等

＊若有不平等，请在下面举例说明：

20. 您认为国家有必要出台专门的妇女体育政策来确保中国女性的体育权利吗？

（1）非常必要　　　（2）比较必要　　　（3）一般

（4）不太必要　　　（5）不必要

21. 若出台专门的妇女体育政策，您认为首先应保证女性哪些方面的体育权利？

（1）平等参与体育活动的机会

（2）体育领域的领导、管理与决策

（3）平等的资金赞助

（4）体育领域就业机会

（5）平等的新闻媒体报道率

（6）体育活动信息咨询

（7）其他

22. 若出台专门妇女体育政策，您认为政府应给女性提供哪些方面的公共服务产品？

（1）健身指导与咨询　　　（2）体育康复与保健

（3）场地设施　　　　　　（4）体质监测

（5）体育裁判　　　　　　（6）体育信息宣传

（7）体育活动组织与管理　　　　（8）体育技能培训

（9）女性体育参与各项数据统计　（10）其他

23. 您认为当前所在单位体育部门需要增加女性领导比例吗？

（1）非常需要　　　（2）比较需要　　　（3）一般

（4）不太需要　　　（5）非常不需要

24. 当前的电视、报纸等媒体关于体育的报道能满足您的需求吗？

（1）完全满足　　　（2）满足　　　　　（3）基本满足

（4）部分满足　　　（5）不能满足

＊如果不能满足，您最希望增加什么样的体育报道内容？

25. 您希望电视、报纸等媒体更多地报道女性体育活动吗？

（1）非常希望　　　（2）比较希望　　　（3）一般

（4）不太希望　　　（5）非常不希望

26. 您如果在体育部门工作过，您感觉到男女晋升机会、待遇等是否平等？

（1）非常平等　　　（2）比较平等　　　（3）一般

（4）比较不平等　　（5）非常不平等

27. 您还对女性参与体育锻炼有什么建议，请在下面横线处填写：_____

28. 您对制定中国妇女体育政策有什么好的建议，请在下面横线处填写：_____

29. 根据您多年的工作经验，您认为可能有哪些因素会影响中国妇女体育政策的出台？

30. 若出台中国妇女体育政策，应该重点考虑与中国哪些相关法律、相关妇女政策等相衔接或遵循哪些国家政策？

31. 您认为，中国妇女体育政策应该由哪个部门牵头组织制定？哪些部门参与制定？

附录 D　中国中小学男女生参加体育竞赛状况调查问卷

尊敬的老师：

您好！我是北京体育大学博士研究生。目前正在做关于中国中小学男女生参与体育竞赛状况的研究，为收集数据，特进行此次调查。本次调查采取无记名方式进行，且仅供研究分析，不会做其他用途，分析结果对您的生活及工作不会产生任何影响，敬请放心作答，请您给予支持和帮助。在此，对您的支持与帮助，表示诚挚的谢意！

祝您身体健康，生活幸福！

请您回答以下问题，或者在符合的选项上打"√"。

一、您的基本情况

1. 您的年龄：

（1）18—30 岁　　　（2）31—40 岁　　　（3）41—50 岁

（4）51—60 岁　　　（5）61 岁及以上

2. 您的学历：

（1）高中、中专及职高　　　（2）大专、本科

（3）研究生及以上

3. 您的职称状况：

（1）初级　　　（2）中级　　　（3）高级（含特级）

4. 您的主要教学工作在：

（1）小学　　　（2）初中　　　（3）高中

学校名称：_____。

二、您所在学校开展业余训练及竞赛情况

5. 您所在学校，目前有业余训练运动队____个，分别如下：

①队，参加训练总人数有____人，其中男生____人，女生____人；

②队，参加训练总人数有____人，其中男生____人，女生____人；

③队，参加训练总人数有____人，其中男生____人，女生____人；

④队，参加训练总人数有____人，其中男生____人，女生____人；
⑤队，参加训练总人数有____人，其中男生____人，女生____人；
⑥队，参加训练总人数有____人，其中男生____人，女生____人；
⑦队，参加训练总人数有____人，其中男生____人，女生____人；
⑧队，参加训练总人数有____人，其中男生____人，女生____人；
⑨队，参加训练总人数有____人，其中男生____人，女生____人；
⑩队，参加训练总人数有____人，其中男生____人，女生____人。

6. 您所在学校去年举办体育比赛有____项。分别如下：
①比赛，参赛总人数有____人，其中男生____人，女生____人；
②比赛，参赛总人数有____人，其中男生____人，女生____人；
③比赛，参赛总人数有____人，其中男生____人，女生____人；
④比赛，参赛总人数有____人，其中男生____人，女生____人；
⑤比赛，参赛总人数有____人，其中男生____人，女生____人；
⑥比赛，参赛总人数有____人，其中男生____人，女生____人；
⑦比赛，参赛总人数有____人，其中男生____人，女生____人；
⑧比赛，参赛总人数有____人，其中男生____人，女生____人；
⑨比赛，参赛总人数有____人，其中男生____人，女生____人；
⑩比赛，参赛总人数有____人，其中男生____人，女生____人。

8. 您所在学校学生去年参加的校外（国际、国家、省级、市级）赛事共有____项，如下：
①比赛，参赛人数有____人，男生____人，女生____人；比赛级别为____；
②比赛，参赛人数有____人，男生____人，女生____人；比赛级别为____；
③比赛，参赛人数有____人，男生____人，女生____人；比赛级别为____；
④比赛，参赛人数有____人，男生____人，女生____人；比赛级别为____；
⑤比赛，参赛人数有____人，男生____人，女生____人；比赛级别为____；

⑥比赛，参赛人数有____人，男生____人，女生____人；比赛级别为____；

⑦比赛，参赛人数有____人，男生____人，女生____人；比赛级别为____；

⑧比赛，参赛人数有____人，男生____人，女生____人；比赛级别为____；

⑨比赛，参赛人数有____人，男生____人，女生____人；比赛级别为____；

⑩比赛，参赛人数有____人，男生____人，女生____人；比赛级别为____。

您的出生年月：　　年　　月。

对您的支持再次表示衷心的感谢！

后　记

本书是在导师马鸿韬教授的悉心指导下根据我的博士论文修改完成的。从本书选题、思路梳理、资料的收集，到本书框架的构建及全书的撰写，每一步都凝聚着导师心血和智慧。能够师从马鸿韬教授，是我人生的一大幸事。从 2004 年我攻读硕士研究生至今，导师高尚的人格、渊博的知识、严谨的学风、敏捷的思维、宽广的胸襟和儒雅的风范深刻地影响着我的成长，无论做学问还是做人，导师都是我今生学习的楷模，崇拜、效仿的偶像。在攻读博士期间，我经历了太多，有导师的传道授业、有导师对我的鼓励、有导师对我生活上的帮助、也有导师为我心疼到流泪……在此，谨向我的恩师马鸿韬教授致以最崇高的敬意和最诚挚的谢意。

衷心地感谢接受我访谈，并在本书完成后期为本研究提供宝贵建议的专家学者：中华女子学院党委书记李明舜教授，北京体育大学博士生导师、国家体育总局科学研究所首席专家任海教授，北京大学妇女体育研究中心主任董进霞教授，中华女子学院、全国人大代表孙晓梅教授，中华女子学院女性学院院长魏开琼教授，北京体育大学管理学院副院长、博士生导师王莉教授，北京体育大学奥林匹克教研室主任、博士生导师黄亚玲教授，上海体育学院体育休闲与艺术学院院长、博士生导师李海教授，华南师范大学体育学院博士生导师熊欢教授等。上述专家、学者分别从体育学、妇女学、政策学、妇女体育学的视角启发着我的思维，分别对我的研究方法、研究框架、理论基础、研究视角等方面进行了指导，对本书的完成提供了极大的帮助。特向以上各位专家致以深深的谢意！

真诚地感谢接受我访谈的国家体育总局、全国妇联、北京市体育局、北京市妇联、上海市体育局、上海市妇联、沈阳市体育局、河南省体育局、河南省妇联、河南省教育厅体卫艺处、四川省体育局、四川省妇联、西安市体育局、西安市妇联、湖北省体育局等全国十五个国家、省、市体育局和妇联的领导和工作人员,他们从各自工作视角为本书完成提供了宝贵的意见和经验,因为他们的工作性质,不愿意把自己的名字显示在本书中,在此对他们表达最诚挚的谢意!

感谢全国第十三届全运会组委会潘政彬先生为本书提供了翔实可靠的全运会统计数据,为本书的完成打下了坚实的基础!

本书成稿后,北京体育大学黄亚玲教授、中华女子学院魏开琼教授逐字逐句审校了本书全稿,并在行文和研究结构上提出了许多宝贵的意见和建议,两位教授对待学生平易近人,一丝不苟的学风深深地打动着我,是我终生学习的楷模,也是我的偶像。在此,对两位敬爱的老师致以我最真诚的谢意!

感谢我的师弟巴宁,我的战友常蕾,师妹白金凤、李娜、谢珊珊,她们热情地帮助我找访谈专家、找运动员、找全运会统计数据,等等很多。她们不但给了我学术上的帮助,还给了我精神上的鼓励,生活上的照顾!

真诚地感谢北京体育大学研究院与体育艺术学院、河南大学体育学院的各位领导和同事,你们的支持和帮助是我能完成本书最有力的保障。

感谢我工作的单位河南大学体育学院研究生苗天潮、李欣玥、李瑞珍、张文浩、李素珍、丁豪军、李军言、谢雯等同学在问卷发放、外出调研、数据统计中提供的帮助和付出的宝贵时间,以及李欣玥、刘镇锋、田世界、张威威、寇祖杨等同学对本书稿细心的检查和校对。

感谢本书中所有被引用文献的作者,他们的成果为本研究的顺利完成作好了铺垫!

最后,感谢我的老公张大超先生,他既是我的老公,又是我的良师益友,从本研究的选题到本书撰写完成,每一步都离不开他的思想

后　记

启迪、观点互动，从精神上、生活上和学习上都倾注了无限的爱和心血，感谢女儿对我的理解和无奈，感谢父母及家人对我的理解、帮助和关爱！

李敏

2022 年 8 月 24 日